李旭东 著

大宋 这里是

 化学工业出版社
·北京·

内容简介

本书以《清明上河图》为线索，通过介绍图中的各种细节，力求以小见大，管中窥豹，向读者展现宋朝的社会发展状况，还原宋朝人民的真实生活情景，诠释宋朝的发展状况和有趣的民生民俗。不仅如此，多幅古代艺术家的名画、后人绘制的示意图以及通过观察做出的逻辑清晰的推理，向读者展现了宋朝人民的智慧和追求。正所谓"一卷《清明上河图》，享大宋绝代风华"。

图书在版编目（CIP）数据

这里是大宋 / 李旭东著 .—北京：化学工业出版社，2022.10

ISBN 978-7-122-41974-3

Ⅰ.①这… Ⅱ.①李… Ⅲ.①中国历史 - 宋代 - 通俗读物 Ⅳ.① K244.09

中国版本图书馆 CIP 数据核字（2022）第 140248 号

责任编辑：邵轶然　　　　　　　装帧设计：水玉银文化
责任校对：赵懿桐

出版发行：化学工业出版社（北京市东城区青年湖南街 13 号　邮政编码 100011）
印　　装：盛大（天津）印刷有限公司
710mm×1000mm　1/16　印张 24　字数 250 千字　2024 年 1 月北京第 1 版第 1 次印刷

购书咨询：010-64518888　　　　　售后服务：010-64518899
网　　址：http://www.cip.com.cn
凡购买本书，如有缺损质量问题，本社销售中心负责调换。

定　　价：98.00 元　　　　　　　　　　　　　版权所有　违者必究

目 录

目
录

目录

序　章

　　如若你穿越去了大宋，一定要去北宋的都城开封看一看，那里四河环绕，人口众多，经济繁荣，文化兴盛，即便放眼整个世界，也是当时首屈一指的大都市，与如今的纽约、伦敦和巴黎等国际化大都市相比丝毫都不会逊色，引领着世界潮流，也推动着历史发展。

　　开封城外郊野的小路上，两人一前一后，赶着五匹驮着木炭的驴子，向着城门方向缓缓行去，橐橐的蹄声与汴河中正在行驶的舟楫上传来的舵橹击水声交织在了一起，宛若一曲雄浑的交响乐。

　　一艘艘造型各异的客船上搭载着各色乘客，有来上任的，有来复命的，有来经商的，有来求学的，有来赶考的，有来探亲的……

　　一艘艘满载而来的货船上装载着各式货物，有东平的阿胶、大名的花绸、延安的麝香、镇江的绫罗、寿春的石斛、江陵的柑橘、建州的茶叶、成都的笺纸、兴元的胭脂、广州的沉香、桂州的白银……

　　面粉作坊内的伙计们将一秤十五斤的面粉装入布袋之中，用太平车载着，用驴马驮着，向着城门方向急急而行；屠宰作坊里的屠户们将夜里屠宰好的猪羊切割好，差人挑着，雇车拉着，向着城内缓缓而去。

　　此时等着进城的人早早便候在城门外，有商人小贩，有农人匠人，还有书生行人。伴随着阵阵沉闷的声响，沉重的城门缓缓地打开，急着进城的人们迫不及待地涌进了城中……

　　五更时分，此时天还没有亮，寺院的行者头陀们用木槌不停地敲击着手中的铁牌子，高叫着"普度众生救苦难诸佛菩萨"等佛家话语，还播报着时辰和天气，低沉的报晓声传遍了城内的每一个角落。

　　油饼店、胡饼店等各式小食店内早就亮起了烛火，案板上传来擀面的啪啪声，油锅中传来下锅的刺啦声，灌肺、炒肺等各式诱人的早点纷纷出锅，等待着主顾上门。

宽二百余步的御街两侧设有朱漆权子，权子内侧是用砖石砌造的御沟，水中尽植莲花芙蓉，岸上遍布桃李梨杏，花团锦簇。从州桥至皇宫南门宣德门，朱漆权子外的御廊下传来此起彼伏的叫卖声。那些因赶着上早朝而没来得及吃上早饭的官员们，在上朝途中赶忙买些早点充充饥。

宣德门渐渐出现在官员们的视野之中。气势恢宏的宣德门由一字排开的五座城门组成，门上皆是金钉朱漆，城墙都是砖石相间，高耸的屋脊，威武的垛楼，恢宏的阙亭，雕梁画栋，朱栏彩槛，无不展现着大气磅礴的皇家气派。那些官员们不由自主地整理着自己的仪容仪表。

进了宣德门，大庆殿、凝晖殿、紫宸殿、文德殿、垂拱殿、皇仪殿、集英殿徐徐露出自己的本来面容，每一座都修造得气贯长虹，气吞山河！

开封城内街巷里的行人渐渐多了起来，有金匠、银匠、铜匠、铁匠、锡匠、木匠、瓦匠、陶匠、画匠；有卖洗面水的、代煎汤药的；有箍缚盘甑的、织草鞋的、磨镜的、造扇的；还有贩油的、卖香的、鬻纸的、卖蚊药的、鬻香的、卖粥的、卖花的……

在朝霞的照耀之下，幌子迎风飘扬，匾额熠熠生辉，幞头铺门前的招牌映出了金色的光泽，染店柜台上摆放的新花布被染上了红色的光晕，纸铺货架上的金银纸被照得闪着刺眼的光芒，在和煦的阳光下陆续开张的还有纸马铺、金银铺、衣帽铺、头巾铺、鞋袜铺、腰带铺、洗衣铺、首饰铺、药铺、纸马铺、铁器铺……

肉市、菜市、米市、鱼市、花市等各大市场也相继迎客，商铺鳞次栉比，叫卖此起彼伏，顾客络绎不绝，商品应有尽有……

街巷口聚集起越来越多的人，等待着城中那些衙门官署、富豪高官前来雇人。其中有手艺精湛的匠人，有吃苦耐劳的挑夫，有心灵手巧的使女，还有行事机灵的伙计；有的恭敬地站着，有的慵懒地坐着，有的打着哈欠，有的想着心事，有的已然被生活折磨得麻木而又冷漠，但也有人依旧怀揣着梦想，想着要在这藏龙卧虎的京城里出人头地，光宗耀祖……

开封在喧闹嘈杂声中缓缓醒来，迎来了新的一天。开封的富庶与繁华至今仍旧令人心驰神往，那就来一场说走就走的旅行吧！

虽然条条大路通开封，但走水路却不失为一个不错的选择！

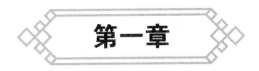

第一章

汴河上的"船只秀"

万艘龙舸绿丝间，载到扬州尽不还。

应是天教开汴水，一千余里地无山。

尽道隋亡为此河，至今千里赖通波。

若无水殿龙舟事，共禹论功不较多。

这首诗是唐朝著名诗人皮日休所写的《汴河怀古》。汴河的前身就是当年隋炀帝开凿的大运河中的一段，名叫通济渠。当年隋炀帝不惜耗费民力修造大运河，虽说藏着跑到扬州去游乐的小心思，却也未必就没有胸怀天下的万丈豪情。隋炀帝来了一场说走就走的旅行，小命却没了，隋朝也亡了，再次印证了一个血淋淋的教训——有权也不能任性！

到了北宋时期，汴河成为首都开封的生命线，行驶在汴河上的各色船只也成为那个时代的一个缩影。

※ 第一节　客船上别有洞天

宋代的"豪华游轮"

　　《清明上河图》在流传过程中形成了很多的版本，但最早的版本为北宋宫廷画师张择端所绘，本书所称《清明上河图》均为这个版本，未标明出处的画作也全都来自这个版本。

　　除此之外，《清明上河图》还有两个很重要的版本，一个是明代大画家仇英所绘的版本，另一个是清宫画师陈枚、孙祜、金昆、戴洪、程志道

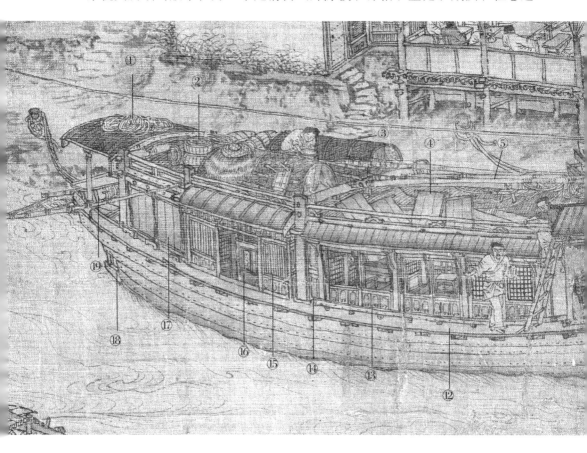

五人合作完成的清院本。

在《清明上河图》中，共计绘有28艘各色船只，一号客船无疑是其中最为高档的客船，堪称宋代的"豪华游轮"。这艘船采用的是前舱、客舱和艄楼的传统布局结构，处处透着大气典雅，尤其是前后两个造型独特的门庭最为引人瞩目。

前门庭由别致的版门和精巧的门额构成，两侧直棂窗的画板上还有精美的木雕，透着一种低调的奢华。旅客们通过前门庭上下船的时候能感受到一种扑面而来的高大上的感觉。

后门庭开在位于船尾的艄舱，给人一种暖暖的家的感觉。这里是乘客免进的私密空间，既是船工的工作区，又是船工的生活区，船工及其家眷便生活在这里，一个女子正透过敞开的后门庭向外张望着。

▲ 一号客船

① 纤绳
② 防湿油布
③ 守夜棚
④ 窗外护板
⑤ 放倒的人字桅
⑥ 绞盘盘车
⑦ 舵的操作把杆
⑧ 鞍形导向架
⑨ 艄楼
⑩ 窗外护板
⑪ 后门庭
⑫ 舷外走板
⑬ 画版
⑭ 腰门
⑮ 直棂窗
⑯ 前门庭
⑰ 前舱排门板
⑱ 豁口
⑲ 绞盘盘车

舱外设有舷外走板（也称为外阳桥），为了安全起见，游客并不允许在上面随意走动，不过上船的时候可以踩着舷外走板进入前门庭，然后再拾级而下进入客舱。舷外走板是船工们专用工作通道，其上正站着一名船工，还有一名船工正顺着摆放在后门庭旁边的木梯子准备从舱顶下到舷外走板上。

宋代船只与如今的船只有一个很大的不同——舱顶也被充分利用起来，俨然成了一个露天仓库。一号客船的舱顶便存放着划行用的长橹、成捆的纤绳、成堆的木板，还有暂时不用的矮桌，不过重要物资会存放在舱顶相对封闭的守夜棚内，避免被日晒雨淋。

一号客船静静地停靠在河边，舱顶中部的桅杆已经被船工们放倒。二号客船的桅杆是立着的，在纤夫们的拖拽之下缓缓向前行进着。正在通过

▲ 二号客船

① 立起的人字桅　② 中心杆　③ 斜杆　④ 转动轴
⑤ 厕所　⑥ 舵的升降装置　⑦ 舵的连接杆　⑧ 舵板

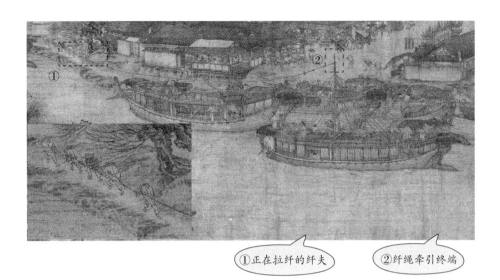

①正在拉纤的纤夫　②纤绳牵引终端

虹桥的三号客船舱顶的桅杆正被缓缓放倒。

二号客船的豪华程度比一号客船要稍稍逊色些，但也属于中等配置的客船，船票价格自然也会更为"亲民"。

二号客船的桅杆高高耸起，犹如一个巨大的"人"字，因此这种桅杆被称作"人字桅"。汴河上行驶的船只大多采用的便是这种人字桅，由于它的下端安装了一个转动轴，使得桅杆可以较为便捷地竖起和放倒，因此也被称为"转轴桅"。

二号客船是逆水行船，又难以借助风力，只得在纤夫们的牵引下，向着开封城的方向缓缓前行。桅杆的顶端也是纤绳牵引终端，这样便形成了牵引的角度，使得纤夫们拉纤时可以省些力气！

由于二号客船正在行进过程中，所以船工们大都在舱顶上忙碌着。还有一人站在舷外的走板上，手中拿着撑船的竹竿，随时关注着客船的行进方向和速度。

运货的"奇怪"客船

三号客船的档次更低一些，服务对象主要是普通的工薪阶层。这艘船已然行驶到了虹桥附近，但桅杆却还没来得及放下，船身急急地向着虹桥撞

去，一时间引得无数人驻足观看。

面对这个突发的紧急状况，船工们倾巢而出，有的站在船头，有的站在舷外走板上，有的站在舱顶；有的挥舞着手中的竹竿，有的忙着放倒桅杆，有的通过操作把杆来调控船只行进方向，一时间乱作一团。

三号客船的与众不同之处在于明明是一艘客船，却被改装成了货船。前舱舱壁上虽挂起了排门板，却仍旧能依稀见到舱中堆积的大量货物。客舱格子窗上也已装上了防护木板，因此舱中搭载的应该也是货物而非客人。即便是船工们走动的舷外走板上也捆上了木板，看来这艘客船利用所有能利用的空间来搭载货物。

这艘船吃水很深，船头的绝大部分都已没于河水之中，可见装载的货物可真是不少。或许是赶上了"双十一"，面对诱人的商机，船主决意暂时改行搞货运！

▲ 三号客船

① 通过操作把杆操控舵板　② 正在放倒的人字桅　③ 前舱排门板
④ 前舱中依稀可见的货物　⑤ 舵板　⑥ 格子窗外加装防护木板
⑦ 船工手中撑船的竹竿

观光游船载客多

四号客船的船身显得很是狭长，仿佛是一只游弋在汴河之上的大鳄鱼。由于载客量比较大，船上专门设置了敞开式客舱，既便于乘客上下船，也便于观赏河景。由于船身很长，外侧并没有设置舷外走板，长长的客舱外清一色地装有格子窗。

四号客船看着不太像是搞长途客运的，应是一艘游船，专门服务于那些想要观赏汴河风光的旅客们。夜晚时分，船只行驶在灯火通明的汴河之上，乘客吹着河风，吃着河鲜，喝着小酒，看着河景，那会是何等的惬意！

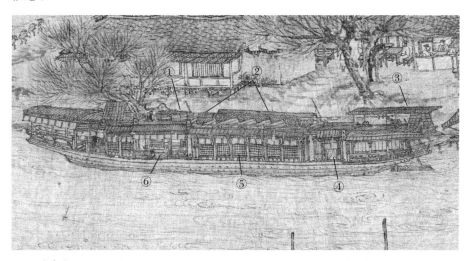

▲ 四号客船

① 防湿油布　② 半圆弧形守夜棚　③ 凉棚
④ 后门庭　⑤ 格式窗　⑥ 敞开式客舱门

宋代"抛锚"的技巧

那些行驶在汴河上的船只，无论是客船还是货船，均采用"前锚后

舵"的布局,这种设计思路也一直沿用到了今天。

汴河船只上的锚一般设置在船头,不过却并非是金属材质的锚,而是比较廉价的石碇。通常用绞盘盘车来收放石碇,工作原理与井上的辘轳差不多。

停船时,船工们摇动绞盘盘车,缓缓地将石碇沉于水中,以减轻河水对船身的冲击,起到固定船身的作用。开船时,船工们再摇动绞盘盘车,慢慢地将石碇收起并放置于下甲板上,注意这个下甲板是汴河船只的另一大特色,后面将会进行详细介绍。

绞盘盘车

①绞棍

②没于水中的前搪浪板

不过三号客船船头安装的却不是绞盘盘车而是绞棍。其实绞棍的工作原理与绞盘盘车差不多，但操作起来却不如绞盘盘车那么方便。

像渔船这样的小船采用的多是传统的手抛方式，由于船身重量比较小，所选用的石碇自然也就比较轻，用手抛也不会太吃力。

渔船上的手抛石碇装置

虹桥下停着一艘船，虽然只能看到船头与船尾，但看样子似乎是一艘中型客船，但船头却既无绞盘盘车，也无绞棍。这艘船的体量比小渔船要大许多，所用石碇自然也不会轻，它采用什么方式收放石碇呢？

拖拽石碇的锁链

这艘船的船头垂下五根绳索，船工们应该向河中抛下了五块石碇，将难抛的大石碇换成同等重量的五块小石碇，成功地解决了这个难题，这种化整为零的奇妙招法可真是令人敬佩！

船头的奇怪"豁口"

一号客船的船头有一个奇怪的豁口，不仅这艘船有，很多汴河船只的船头也有类似的豁口。这可不是造船工人偷工减料，里面可是藏着大玄机！

① 绞盘盘车　② 上甲板　③ 豁口　④ 下甲板

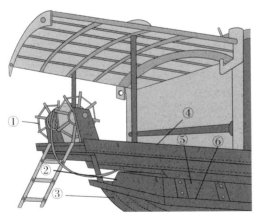

▲ 一号客船船头复原图

① 绞盘盘车
② 下甲板上的石碇
③ 前搪浪板
④ 上甲板
⑤ 豁口
⑥ 下甲板

汴河是一条人工开凿的河流，水虽并不深，但淤泥却不少，因此河床变得又浅又窄。汴河从开封一路流向江苏盱眙，由于上下游地势倾斜的缘故，汴河上游一旦来水，往往便会倾泻而下并无回流，因此在汴河上行船其实是件很危险的事情。

当船头与湍急的河水迎面相遇时，强大的冲击力会使得船身不断摇晃，剧烈颠簸，若是水势过大，甚至有可能会将整艘船彻底掀翻。为了对抗湍急的河水，一种神奇的设计便在汴河船只上应运而生了！

宋代船头通常都会有一组横向排列的木板，下端与船底板相接，上端与船头封板相交，这里是与水流最先接触的部位，称为"前搪浪板"。汴河船只对前搪浪板进行了改进，船头设有上、下两层甲板，上甲板用来放置起落石碇的绞盘盘车，下甲板用于放置沉重的石碇。下甲板其实就是将向外延伸的舱内垫舱板与船舱进行了封闭阻塞，同时拆掉部分前搪浪板，于是便出现了那个奇怪的豁口。

当风浪来袭时，河水会从两侧的豁口流入，此时豁口就起到了水压舱的效果。水的压力再加上石碇的重量，会使船头足以对抗湍急河水的侵袭！

在《清明上河图》中，各色船只的桅杆上都没有挂帆，桅杆要么是卧倒的，要么虽然耸立着却是光秃秃的，这些船只为何不借助风力航行呢？

开封属于温带季风气候，每年四月份，印度洋暖流开始抵达我国南方并逐渐向北推移，不过抵达

▲ （宋代）佚名《江城图》（局部）

开封时已是春夏之交了，随着气温不断增高，风势也变得越来越弱。秋冬交替时节，来自西伯利亚的冬季季风逐渐南侵，此后风势会变得越来越迅猛，很快汴河便开始结冰，直至彻底冻结。

对于在汴河上航行的船只而言，季风对于船只航行的推动作用很有限，尤其是逆水航行时，主要依靠纤夫们的牵拉。

《柳阁风帆图》描绘了宋代船只扬帆远航的情形。宋代船帆通常会用一种体形轻便却又韧性十足的特殊布制成，称为"帆布"，能够经受狂风暴雨的侵袭。

▲ （宋代）佚名《柳阁风帆图》（局部）

坐船的门道

《清明上河图》中所绘汴河客船大多属于大中型客船，通常都会将客人平安地送到目的地，但若是搭乘城外偏僻处的小型客船可就要格外当心了。

北宋元符年间（公元1098—1100年），福州一带曾连续发生恶性刑事案件。那些心怀叵念的船家故意将船驶往偏僻处，然后再通过暴力恫吓将乘客随身携带的财物洗劫一空，若是遇上舍命不舍财的客人，甚至还会将他们残忍杀害[①]。

乘客为了自身安全，在租船之前通常都会与船家签署租船合同，还会请牙人从中作保。租船合同的普遍签署在一定程度上遏制了类似恶性刑事案件的发生，即便仍旧有人会铤而走险，但租船合同有时也会成为官府破

---

① （南宋）梁克家《淳熙三山志·戒船户》。

案的重要线索。

北宋中期，崔公度在前往宣州（今安徽宣城）赴任途中发现了一艘形迹可疑的船只，那艘船寂然无声地与他们相随而行。

傍晚时分，崔公度命人将船泊在了岸边，而那艘船居然也诡异地停在了近前。他越想越觉得不对劲，赶忙派手下人去那艘船上查看，这一看却不禁惊出了一身冷汗。

那居然是一艘空船，舱中血迹斑斑。不过奉命前去搜查的人也算是见过大世面，耐心而又细致地在船上搜集相关证物，在船尾发现了一张黑色小条，上面似乎还有文字，借助火把的光亮一看，原来是租船合同，船家、乘客和牙人的名字写得清清楚楚，明明白白。崔公度随即派人前去抓捕具有重大作案嫌疑的船家，这起凶案也很快便得以告破①！

乘客怕遇见打家劫舍的船家，船家也怕遇见爱坐"霸王船"的官员。他们手中握有权力，坐船时常常不给船钱或者少付船钱，更有甚者包下整艘客船为己所用，船家却是敢怒而不敢言。

这种"吃白食"的行为严重影响了官员在人民群众中的光辉形象，朝廷自然不能坐视不管，于是出台了严厉的惩戒措施。如若官员确因工作需要搭乘船只，应向主管部门申请使用官船，不得随意搭乘私人客船。若是官府给你配备了官船，你又借机强行搭乘或者征用私人客船，一经发现便会判处一年有期徒刑②。

可这项规定在实际执行过程中却遇到了很大的问题：官船数量毕竟有限，申请使用官船的官员又有很多，那些掌管官船分配的官员也是看人下菜碟儿，如若不是达官贵人，很难申请到官船，只得搭乘私人客船。不过朝廷明文规定必须严格按照市场价格全额支付船费，严禁恃强凌弱不给或少给船费。

虽然朝廷出台了相应规定，但官员坐"霸王船"的情形却仍旧屡禁不绝，因为破坏规则的人往往就是制定规则的人，在他们的眼中规则是为别人而不是为自己定的！

---

① （北宋）张邦基《墨庄漫录·崔伯易因空舟得杀人船主》。
② （南宋）谢深甫《庆元条法事类·差借舟船》。

※ 第二节 关乎米袋子的漕船

漕船是种什么船

国以民为本，民以食为天，只有手中有粮，心中才会不慌，因此自古以来粮食运输都是头等大事，通过水路运送粮食也有了一个专属名称——漕运。

开封地处黄河中下游的大平原上，汴河、蔡河（即惠民河）、金水河、广济河（即五丈河）四河环绕，北接黄河，南通长江、淮河。宋代，全国经济重心已经悄然南移，北方各大城市都会不同程度地依赖于南方的粮食，人口规模庞大的开封更是如此！

开封之所以会成为都城就是因为坐拥四通八达的交通网，太宗皇帝赵光义曾感慨道："东京养甲兵数十万，居人百万，转漕仰给在此一渠水（即汴河）。"[①]每年有三千多艘漕船从江南源源不断地运来600万石粮食，正是一艘艘看似普通的漕船维系着开封城中令人艳羡不已的繁华。

《清明上河图》所描绘的各色船只之中，漕船的数量也最多。宋代漕船样式与普通货船有着明显的区别，最明显的特征就是弧形拱舱，选用质量很轻的薄木板采取平接或者搭接工艺打造出一层薄壳，吃水浅，质量轻，行驶在汴河之上更为轻快。

拱舱两侧开有大盖门，舱顶正中还设有天门，既便于装卸粮食，又利于粮食存储，舱门关闭后可以使得舱内保持相对稳定的温度和湿度，开启后又可以使得舱内气流快速流通，如此一来舱内的粮食不会轻易腐败变质。拱形舱位于漕船最中央，舱内大量堆积的粮食也使得漕船的重心更稳。

汴河从开封至江苏盱眙绵延1500里，顺水行舟会便捷些，但运送粮食驶向开封却要逆水行船，又很难借助风力，更多的是依靠纤夫牵拉，航行速度可想而知。若是在暴雨连绵的夏季，一旦遇到洪水暴发，或者在秋冬

---

① （南宋）李焘《续资治通鉴长编·淳化二年六月乙西》。

之际遇到气温骤降，河水突然结冰，汴河还会突然停航。面对这些突发状况，漕船只能暂时靠岸，等待重新起航的时机。

虽经过如此漫长的运输过程，舱内的粮食却不会腐败变质，寻常货船很难做得到！

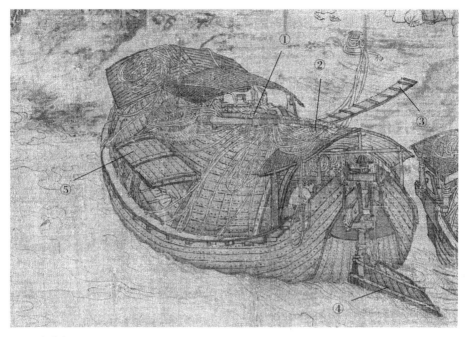

▲ 一号漕船

①收起的人字桅 ②凉棚 ③跳板
④舵板 ⑤拱舱舱门

大多数漕船同一号漕船那样采取平接方式修造拱形舱，拱形舱与船壳紧紧连在一起，同时在船壳外侧修建舷外走板。由于行船时，船工劳作需要四处走动，舷外走板便成为他们必经的交通要道，不过却有一定的危险性。一号漕船还在船尾搭建了一个凉棚，供船工掌舵时使用。

不过也有一部分漕船采取搭接工艺修造拱形舱（也就是拱形舱扎根在船面之

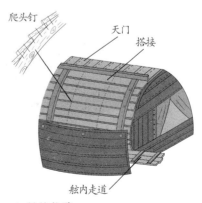

爬头钉

天门

搭接

舷内走道

▲ 搭接舱壁

17

上），利用舷墙内狭窄的甲板搭建起舷内走道，也就是内阳桥。采用这种工艺修造的漕船的船身更为光顺。二号漕船虽采用搭接工艺，却为了工作方便，通过吊拉方式搭建斜坡式舷外走板，其与寻常的舷外走板有着明显的区别。

① 守夜棚　② 天门　③ 艄楼　④ 舵板
⑤ 拱舱大盖门　⑥ 斜坡式舷外走板

▼ 二号漕船

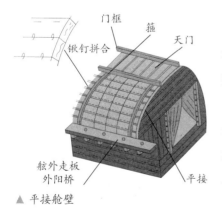

门框　箍
锹钉拼合　天门
舷外走板
外阳桥
平接
▲ 平接舱壁

二号漕船上修造有与拱舱相分离的独立的艄楼，楼内宽敞舒适，负责押运的官员往往会住在此处，省得与那些船工、运卒们挤在一起。

不过大多数漕船却如一号漕船那样并没有独立的艄楼，只是在拱舱内部靠近船尾的位置分割出部分区域，供船工及其家属生活，从一号漕船船尾依稀可以看到舱内的船工。

18

漕运究竟怎么运

坐在麻袋上的押运官员

北宋之初，漕运仍旧沿用唐朝旧制，以十船为一纲。每一纲都设有专门的押运人员，负责监督和管理本纲的人员、船只和物品，官府赋予他们管束处置船队相关事务的权力。《清明上河图》中那个坐在麻袋上指手画脚的人便是负责押运的官员，表现出一副颐指气使的样子！

虽然漕运押运人员手中握有官府赋予的公权力，却并非都是朝廷官员，主要由三类人员构成。第一类是离任官、进纳官或因铨试不中而尚未安排工作的文官。第二类是低级武职，《水浒传》中的青面兽杨志便属于此类。第三类是普通老百姓，又细分为两种，一种是正在服衙前役的老百姓，衙前役是劳役的一种，主要任务就是按照官府要求运送有关物品，这种人是不得不干押运这个活儿；还有一种是主动应募的老百姓，这种人是主动要求干押运这个活儿。

之所以会有人主动愿意去押运漕粮，是因为朝廷允诺不会让你白干。

第一章 汴河上的『船只秀』

普通老百姓服役达到一定年限并且考核合格后便可以获得当官的资格，注意这只是一个资格，究竟能不能当上官还要看你的造化，当然押运时也会获得一定的酬劳来维持自身生计。

负责押运的低级武职之中既有九品以上的武官，类似于今天排长以上的军官；也有并没有品级的军中小头目，类似于今天的班长，虽然比普通士兵地位要高一些，却并不属于真正的军官。

负责押运的文官主要是离任官、进纳官或铨试不中者，三者性质虽有所不同，却有一个相同点，那就是都具有当官的资格却因各种原因而暂时没能获得工作机会，有的是失业的官员，有的是尚未上岗的准官员。

无论是武职还是文官，都可以通过押运而获得晋升品级或者新官职的机会，这也是他们不惧辛劳押运漕粮的主要精神动力。

由于漕运事关重大，不仅押运人员精挑细选，即便是逆水行船时拉纤的纤夫以及搬运货物的搬运工都会从相对固定的人员范围内进行招募，从而保证漕粮的运输安全。

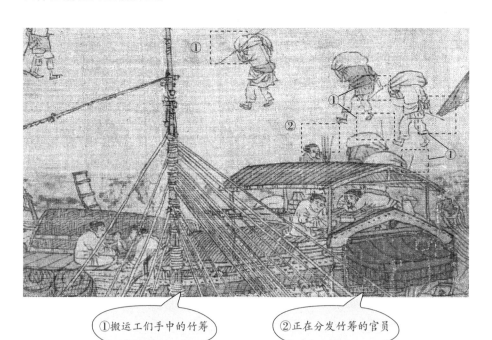

①搬运工们手中的竹筹　　②正在分发竹筹的官员

由于每袋粮食的重量都差不多，押运人员往往会根据每人的搬运量来给他们发放计件工资。为了便于统计，他们每搬运一袋或者数袋粮食便可以领到一根竹筹，等到搬运结束后便可根据手中竹筹的数量来领取相应的工钱。

这种方法可以防止有人出工不出力，鼓励大家多劳多得，还能防止有人领了工钱后借机逃走，或者趁工友劳作时偷盗钱财，跟赌场中使用的筹码可谓有着异曲同工之妙！

在押运过程中，每一纲的漕运船队都会设有厨船，负责为整支船队烧火做饭，运粮的漕船一律不得动火。这既是为了防止做饭时不慎失火而殃及整个船队，也是为了防止船上人员以做饭之名偷食船上的粮食[①]——还没抵达目的地粮食便吃没了，又如何向朝廷交代呢？

为了保证漕船上所载粮食悉数入京，官府规定押送途中不允许食用船上的粮食，所需粮食一律由沿途州县供应。这个政策的初衷是好的，却也为押运人员借上岸取粮之机大行不法之事提供了便利条件，以至于朝廷后来也不得不改变了这项政策，规定押运途中所需粮食不得再上岸领取，改为取用船上粮食，不过却要留下详细的取用记录。此举减少了靠岸次数，缩短了漕船的航行时间，在一定程度上抑制了不法之事的发生[②]，不过押运人员谋取私利的手段却多得是！

漕船赚钱门路多

朝廷之所以不惜以当官为诱饵鼓励有关人员押运漕粮，是因为押运这个活儿是个苦差事，压力大，风险高，常常是吃不好，睡不好，终日在风里浪里颠簸，整日在提心吊胆中度日。

押运人员之所以会咬牙坚持下去，无非是想着有朝一日能混上个一官半职，可时间久了，很多人便渐渐醒悟了，那不过是朝廷为他们画的一张

---

① （北宋）王巩《清虚杂著补缺》。
② （元代）脱脱等《宋史·陈从信传》。

看得见却吃不着的大饼而已。

《水浒传》中的青面兽杨志就因在运送花石纲的过程中不慎翻了船而落得个丢官罢职的下场，只得流落开封街头卖刀，可谓是凄惨至极！

在希望破灭之后，在利益的诱惑之下，一些押运人员渐渐忘记了初衷，甚至迷失了自我，开始偷偷地干一些谋取私利的非法勾当！

漕船运输的都是朝廷的官粮，经过沿途税卡时自然不需停船缴税，押运人员便利用这个难得的机会在船上私自夹带货物，偷逃大量税款，甚至还会勾结运卒大肆侵吞漕粮，事后却谎称是运输途中的正常损耗。

朝廷虽对此头疼不已，却始终想不出有效的应对之策，直到北宋大中祥符九年（公元1016年），主管东南漕运事务的李溥提出"三纲为一"的建议，也就是将原来的三纲合并为一纲，由三名主事者共同负责，互相监督，相互制约，监守自盗的现象大为减少，从此之后三十船为一纲便成为定制。

为了防止走私，朝廷一直有一项禁令，那就是汴河上的漕船不能驶入长江，而长江上的漕船也不能驶入汴河。那些从江南运来的粮食和其他物资会被存放在长江北岸的仓库之中，再由行驶在汴河上的漕船运抵都城开封。

不过这项禁令后来却渐渐松弛了，主管漕运事务的发运使大权在握，向其行贿的人络绎不绝，发运使拿了人家好处自然是睁一只眼闭一只眼。如此一来，原本在长江中行驶的漕船依托漕运之便将江南货物运到繁华的开封去，而原本在汴河中行驶的漕船也依托漕运之便去江南采买些新奇货物带回开封进行售卖，漕船行驶的路程越长，逃税的金额便越高，走私获利也越是丰厚。不过这却害惨了那些干活的船工们，很多人累死或者病死在了半路上。

朝廷也意识到了问题的严峻性，再度重申江船与汴船不得往来的禁令，这无异于硬生生夺走了那些人到嘴的"奶酪"，自然遭到他们的强烈反抗，有的拆掉漕船上值钱的物件进行变卖，有的偷盗漕粮后凿漏漕船消灭罪证，朝廷每年因此而损失的粮食高达二十万斛，甚至连漕运都一度被迫中断。

北宋熙宁二年（公元1069年），薛向出任江淮等路发运使，面对日渐凋敝混乱的漕运使出了一招撒手锏，引入新的竞争者，开始招募私人货船参与漕粮运输，彻底打破了漕运的垄断地位。

①客船　②漕船

　　这顿时让那些长期垄断漕运之利的人慌了神，不仅外快赚不到了，甚至还会面临失业的危险，更为紧要的是"没有比较便没有伤害"——人家私人货船运价又低，损耗又小。因此，漕船上的那些"蛀虫"们不得不开始有所收敛。

　　尽管如此，利用漕船赚钱的法子还有很多，只不过不再那么赤裸裸了而已！

　　《清明上河图》中绘有一处汴河码头，码头上停泊着三艘客船，其中一艘将跳板搭到岸边，正在等待客人们上船，可是一个挑着挑子的老者却上了旁边的一艘漕船，身后还有两人也准备登上那艘漕船。他们为何不坐客船反而要坐运粮的漕船呢？

　　那些漕船将粮食从江南运到开封卸完货后，返程时会趁机搭载些客人赚取外快。虽说坐漕船远不如坐客船舒适，不过船费却也会节省不少，对于很多穷苦人来说，可谓是一个很不错的选择！

※ 第三节　快递新干线

造型各异的货船

漕船是专门为运送粮食而设计的一种特殊货船，船舱的密闭性比较好，但圆弧状的拱形舱却比较低矮，难以运输体积较大又不便拆卸的货物，而灵活多样的货船却可以满足各种货物的运输需要。

一号货船虽是一艘中等体量的货船，却处处透着简陋和寒酸。货船正中是简易的房舱形货舱，两舷上装有排门板，可以根据不同货物的运送需要来决定排门板的开闭。需要密闭时，船工们便会将所有排门板都装上；需要通风时，便会拆下全部或者部分排门板。货舱与前甲板和后甲板都有宽阔的通道相连，便于货物的装卸。

一号货船的前甲板是一个没有任何遮蔽的露舱，为了防止货物遭受日晒雨淋，人们为其搭建起月牙形篷棚。后甲板上并没有建造艄楼，也是空

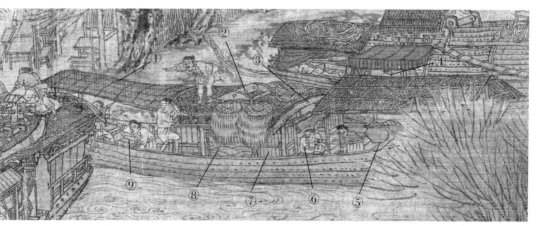

▲ 一号货船

①月牙形篷棚　②桅杆基座　③房舱形货舱　④人字形篷棚
⑤后甲板　⑥通道　⑦排门板　⑧舱门　⑨前甲板

荡荡的露舱，人们为其搭建起人字形篾棚。除了盛放货物外，这里也是船工及其家属生活的地方，由此可以真切感受到这些往来于汴河两岸的快递员们生活的艰辛！

二号货船属于一艘大体量货船，无论是造型还是装饰都比一号货船要高上好几个档次。这艘船既有开放式货舱，便于储存需在通风条件下运输的货物；也有封闭式货仓，便于储存需要密闭保存的货物。

▲ 二号货船

二号货船的船尾上也没有建造木质艄楼，而是在后甲板上搭建了一个月牙形篾棚，不过比一号货船看上去要高档些。蔑棚三面都有用篾子制成的篾窗，可以随时开关，密闭性更好。由于船尾没有艄楼，舵的操作把杆只得安装在后甲板上，船工们可以在篾棚下开船。

《清明上河图》中描绘的传统货船只有这两艘，不过还有一艘造型特别的货船，乍一看似乎是一艘普通的漕船，船形肥，干舷低，但船顶的桅杆却已被拆除，既不能借助风力航行，也不能靠纤夫拉行，只能依托人力划行。因此这艘船并不能像漕船那样远航，应该是一艘由漕船改造而成的专门跑短途的货船。

这艘船的前、后甲板均被改造成船工们划水的平台，船头和船尾各站着六名船工，用力地摇着长橹。船尾的舵也已被拆除，通过长橹来随时调整航行方向，控制航行速度。

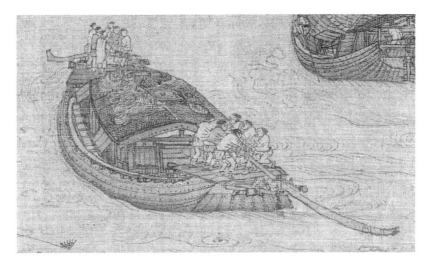

不过关于这艘船的用途还有另外一种说法。《清明上河图》中与上述那艘船类似的还有两艘。一艘被树木遮挡,不过船头和船尾却隐隐露出了大橹;另外一艘被虹桥遮蔽,船头的长橹伸入河水之中,船尾也露出了一只长长的大橹。

有的学者认为上述三艘船都是在汴河上游弋的引导船，既能在前面带路，又能在后面助力。下图中站在船尾的河工们正在奋力摇橹，涌起的大大的浪花向着前面的漕船冲击而去，对于前面那艘正在依靠纤夫牵引缓缓前行的漕船形成一定的推动作用。

▲ 带长橹的船和依靠纤夫牵引的船

公家的钱可不好赚

宋代造船业很发达，朝廷每年都会修造大量官船。太宗皇帝赵光义在位的至道年间（公元995—997年），官船数量便达到了3337艘之多①。虽然官船数量看似不少，不过随着运输量的持续攀升，仅仅依靠官船已然难以完成运输任务，官府只得采用"和雇"的方式租赁一些私人货船来运输物资。

为官府运送物资有着明确而又严格的时限要求，若是送迟了，可不是得个差评、扣点工钱那么简单！

考虑到运输途中可能会遇到种种难以预料的突发状况，官府通常会给负责运输的船家五日的宽限期。当然要是遇到洪水、地震等不可抗力，官府也会予以宽赦。可如若并没有免责事由，超过五日宽限期，延迟一日便会遭受笞刑三十下；延迟两日便会罪加一等，最高可判处杖刑一百下；延

---

① （宋末元初）马端临《文献通考·国用考三》。

迟三日再加一等，最高可判处两年有期徒刑。若是按期抵达目的地，却因装卸时间过长而导致货物没能按时入库，也会遭受一样的处罚[1]。

为了有效防范风险，官府往往会将运输任务交给有家室的船家，以免船家侵吞官府物资后逃逸。尽管如此，在运送官府物资的过程中，盗窃之风仍旧屡禁不止。

鉴于此，官府只得改变船费支付方式，先支付七成船费，剩余三成充作保证金，等到所运送的物资安全无损地抵达目的地并且查验无误后，再支付剩余款项。若是中途出现货物损坏或者丢失的情形，官府将会从保证金中予以扣除，如若保证金不足以赔偿，负责押运的官员还将会承担连带赔偿责任[2]。

承运货物在运送过程中难免会有一定的损耗，一些不法官员便鸡蛋里挑骨头，绞尽脑汁挑毛病，拒绝支付剩余三成的保证金，有的州县官甚至连七成的定金都想方设法地予以克扣。如此一来，这些辛辛苦苦搞货运的船主和船工们既受了累，又吃了苦，耽误了生意却又挣不到钱。

一些船家无奈之下便动起了歪心思，大肆盗窃官府物资，用来抵偿亏损的船费，如此一来便陷入"比坏"的恶性循环之中。

面对这个难题，朝廷只得思索应对良策，勒令各级官府将应支付的船费在起运前一次性支付给船主，不过是由负责押运的官员与船主共同掌管。如果物资在运输途中损毁，责成负责押运的官员与船主共同承担赔偿责任，负责押运的官员赔偿两成，船主赔偿八成。如若到期并未履行赔付义务，官府将会变卖他们随身携带的财物，仍不能足额赔偿便会变卖他们的家产。

这项政策既充分保证了船商的利益，又使得船主与负责押运的官员结成风险共担、利益共享的命运共同体，还明确一旦发生损失将用他们的个人财产来抵偿，不失为一项管理得当、责任分明的好政策[3]。

虽然出台了好政策，但在执行过程中却往往是大打折扣，一些官员说

---

① （清代）徐松《宋会要辑稿·食货四五》。

② （清代）徐松《宋会要辑稿·食货四三》。

③ （清代）徐松《宋会要辑稿·食货四三》。

一套、做一套，明里一套、暗里一套，仍旧以各种名义大肆盘剥船主。尤其是南宋时期，官府大量"和雇"私人货船搞得民不聊生，百姓名下的货船不再是赚钱的工具，反而成了赔钱的累赘。于是，有人将船只低价卖给官府，有人逃到海外永不回来，甚至还有人将船只故意凿毁①。

这些极端的反抗政策折射出的是人心尽失，一个王朝的灭亡往往是从失掉人心开始的，南宋王朝的丧钟也就此敲响了！

————————————

① （清代）徐松《宋会要辑稿·食货五十》。

※ 第四节　渔民的生活

苦中有乐的渔民

《清明上河图》中还绘有一种船，那就是渔民们平日里用来打鱼的渔船，因其只在附近水域航行，因此体形往往都比较小。这艘没有舵板的小渔船静静地停在邻近小桥的岸边，船的主人却不知到何处去了。

渔船不仅是渔民们工作的地方，也是他们平时生活的地方，甚至很多无家可归的渔民吃住都在渔船上。

下面这艘渔船比上面那艘稍稍大些，船头的石碇和船尾的舵板清晰可见。女船家刚刚洗完衣服，将新洗的衣服挂在船篷上晾晒，却将洗完衣服的脏水倒入河中，这个不太文明的行为可不值得提倡！

▲ （南宋）马和之《小雅南有嘉鱼篇书画卷》

　　《小雅南有嘉鱼篇书画卷》描绘了宋代渔民捕鱼时的场景。左下角那个渔民站在河水较浅的位置，双手抱着一个竹筐，目不转睛地盯着水中，当鱼群经过时便迅速将手中的筐扣下去。画面右上角那个渔民站在船头，正在拉起放在水中的渔网，这一网或许能捕到不少鱼。

▲ （宋代）佚名《渔乐图页》

　　《渔乐图页》描绘的是宋代渔民休憩时的场景。夕阳西下，两条渔舟停泊在寂静的港湾内，远处山水相接，近处芳草茵茵，仿佛一曲恬静的

31

《渔舟唱晚》。

渔船上方挂着湿漉漉的渔网，看来这趟打鱼归来收获满满。辛苦了一天的渔民们也迎来了难得的放松时刻。

里侧那条渔船上有四个渔民：一个中年男子坐在船舱之中怡然自得地吃着饭；舱外，一个年轻男子将饭碗放在船舱顶上，不知在低头想些什么；另外两个年龄稍稍大一些的男子对坐在船头，手中端着饭碗，悠然自得地吃着晚饭。

外侧那艘渔船的船舱中，一个老妇人正在给一个七八岁、梳着朝天辫儿的小孩儿喂饭。船舱口站着一个梳着造型极为简单的发髻、身穿低价衫裙的妇女。一个年轻男子划着一叶轻舟来到这艘渔船近前，将什么东西递给了那个妇女——此人应该就是宋代的快递员。那个妇女的丈夫原本盘着腿坐在船头吃饭，见有人来了，赶忙扭过头来看。

这些渔民苦中作乐的生活通过这幅画投射进万顷碧波之中，他们或许不会想到，若干年后那些平日里颐指气使的官员们也被迫接了一回地气，体会了一把渔民的生活！

南宋嘉定元年（公元1208年）三月，都城临安（今浙江杭州）突发大火，御史台、司农寺等中央官署一下被烧毁。事后经过统计，这场突如其来的大火烧毁了58097户宅子，城中房屋损毁率将近八成①，以至于很多平日里养尊处优的官员都无处可住，只得借住在私人船只上，每晚枕着波涛入睡！

盘中的鱼

宋人爱吃什么鱼

《清明上河图》中绘有一处军巡

---

① （元代）脱脱等《宋史·志第十六·五行二上》。

铺，门口坐着一个年长的铺兵，手中端着一个盘子，盘子里盛着一条鱼，可见鱼已然成为宋人餐桌上的重要食物。不过当时还不流行鱼类养殖，百姓们所吃的鱼基本上都是渔民们捕捞的。

在《雪江卖鱼图》中，寒林雪景，白雪皑皑，山势雄伟，江水涟漪。山下水边有一处亭榭，一叶小舟停在近前，舟上站着一个头戴斗笠、身披蓑衣的老渔翁，一手握着桨缓缓划向岸边，一手提着新捕到的鲜鱼。这处亭榭应该是一处酒家，而这个渔翁或许是他们的老客户了。人家看了一眼他手中的鱼，从屋内缓缓伸出手，想要买下他手中的鱼。

▲ （南宋）李东《雪江卖鱼图》（局部）

在画面右下角，一个瘦骨嶙峋、形单影只的老渔夫挑着两个大筐，挂着一根拐杖，迈着蹒跚的步子走在溪桥上。为了生计，他不顾年事已高，不顾天寒地冻，向着那处酒家快步走去，迫不及待地想要将手中的鱼卖出去。如今天寒地冻，鲜鱼自然成了稀缺商品，他希望能够卖个好价钱！

这些渔民卖的究竟是什么鱼？宋人又究竟喜欢吃什么鱼呢？

宋人的餐桌上时不时便会出现石首鱼等海鱼的身影，这是因为他们发明了冷链运输，也就是在寒冷的冬季里将冰块储存起来，等到春夏之际开海时，取出冬季所藏的冰将鱼冷冻起来。这样做能够起到很好的保鲜作用，使得内陆居民也能有幸吃上新鲜的海鱼。

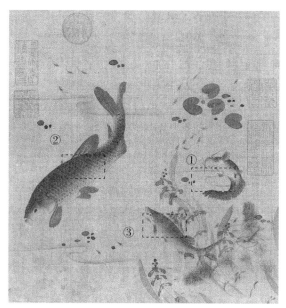

▲（南宋）陈可九（据传）《春溪水族图》

不过宋人平日里常吃的依旧是淡水鱼，比如鲫鱼、鳜鱼、草鱼、鲤鱼、鲶鱼、鲢鱼等；还有一些江海洄游鱼类，比如鲥鱼、刀鱼、鲟鱼、鳇鱼、河豚等。

①鲶鱼
②草鱼
③鲫鱼

※ 第五节　船工的日子

经验丰富的篙师

　　船工，顾名思义，就是在船上劳作的工人，根据各自分工又可分为篙师、舵工、水手和杂工四类。

　　篙师顾名思义就是撑篙的师傅。行船用的篙通常用竹竿制成，下端往往还会有铁制的尖篙头或铁钩。船逆流而上时，篙师将手中的篙用力伸向河底，助力船只前行；顺流而下时，篙师更多的是操控方向，避免与其他船只发生碰撞；靠岸时，篙师一般会钩住码头上已经停好的其他船只，帮助所在船只顺利靠岸。

　　篙师职责重大，多是有着多年撑船经验的老手，能够随时应对航行过程中的各种突发状况。"诗圣"杜甫曾在《水会渡》中赞道："篙师暗理楫，歌笑轻波澜。"

篙师

◀ 二号客船上的篙师

第一章　汴河上的「船只秀」

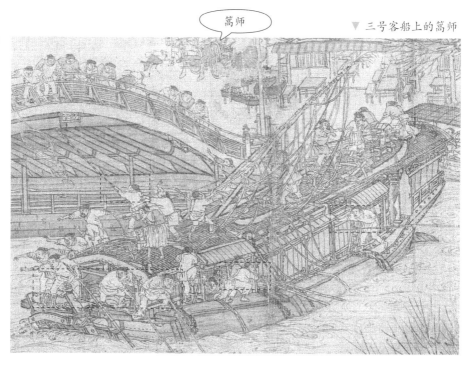

篙师

造型各异的驾驶室

舵工就是船上掌舵之人。汴河船只大多装有可以根据水况随时进行升降的舵，使得船只无论身处顺流还是逆流都能平稳航行，这项重大发明在当时处于世界领先地位。

现代船只通常会将驾驶室设置在船头，这样驾驶员的视野会较为开阔，便于随时观察前方水域的情况，及时调整航向或者调节航速。不过这需要复杂的传动装置，宋人还做不到，只得将操控舵板的操作把杆安装在与舵板距离最近的船尾，但问题也随之而来：舵工在舱尾掌舵时视线势必会受阻，就好比是蒙着眼睛开车，稍有不慎便会酿成交通事故！

高档船只的船尾通常建有艄楼，操控舵板的操作把杆便设置在艄楼顶上。舵工们工作时站在船顶，忍受着风吹日晒雨淋；烈日炎炎时，头上戴个斗笠；阴雨连绵时，身上披件蓑衣。苦涩的沙吹痛脸庞的感觉，像父亲的责骂、母亲的哭泣，永远难忘记……

①舵的操作把杆
②舵的升降装置
③舵的连接杆
④舵板

▲ 二号漕船露天驾驶室

①铺席子的杂工
②人字形篾棚
③厕所
④舵板

▲ 二号客船带顶的驾驶室

　　不过有的船的艄楼顶端还会搭一个人字形篾棚或凉棚，舵工待在棚子里工作自然要舒服许多，不过这却是可遇而不可求的事情！

▲ 四号客船带顶的驾驶室

　　五号客船船尾的艄楼顶上建有一个弧形凉棚，由于棚内高度有限，舵工在棚内无法站立，只能坐着或趴着来操控操作把杆，谁知趴着趴着便睡着了。

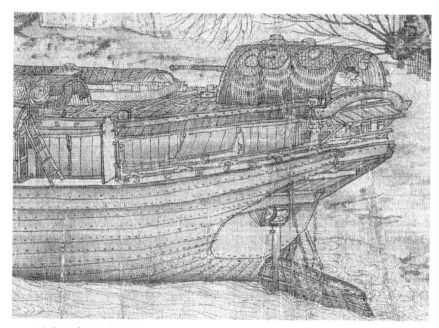

▲ 五号客船带顶的驾驶室

不过并非所有船只的船尾都建有艄楼。汴河岸边停泊着一艘被树木遮挡的客船，它的船尾便是一个四面漏风的露舱，为了遮风挡雨便搭建了一个人字形篾棚，依靠四根木柱来支撑。若是舵工在篾棚顶上掌舵，一旦将棚子压塌，摔成工伤可就麻烦了，因此只得将操控舵板的操作把杆放在船尾的甲板上。

▲ 被树木遮挡的客船上带顶的驾驶室

①舵的操作把杆 ②舵的升降装置 ③舵的连接杆 ④舵板

二号货船的船尾也没有艄楼，同样是用木棍支起了一个棚子。不过这个棚子却是四面密闭，需要通风时会支起船尾的篾窗，然后再取下两侧的

◀ 二号货船相对密闭的驾驶室

篾窗，若是下雨或天冷时也能将篾窗关闭，比其他棚子要舒适许多。

虽然上述两艘船的船工可以在驾驶室内悠然自得地掌舵，但视野却远不如站在艄楼顶上开阔，时不时便要将头探到舱外，看看外面的情形如何，一边开船一边还得默念着阿弥陀佛，求佛祖保佑！

卖苦力的水手与杂工

水手就是在船上摇橹划桨或者起降桅杆的船工。船只航行时，有风的时候需要依靠风力，水手需要根据风向不停调整桅杆方向或者升降船帆；无法借助风力的时候只能依靠人力。

人力划行时使用的用具主要是橹和桨，两者的外形比较相似，不过橹却要比桨更大更长，通常会架设在船尾，有时也会设在船头或者在船侧安装橹担。橹入水的一端通常呈弓状，水手们用手摇橹时会产生强大的推力，推动所在船只快速前行。

▲ 三号货船船头、船尾的长橹

▲ （元代）佚名《龙舟夺标图》中安装在船侧橹担上的长橹 ①橹担 ②长橹

船工之中还有一类人，因为太过年轻或者无一技之长，只能给篙师、舵工和水手们打打下手或者干干搬运物品、洗菜淘米、打扫卫生等杂活儿，统称为"杂工"。二号客船船顶便有正在铺席子的杂工的身影。

与船同行的日子

在客船上，除了船工之外，往往还会有许多客人：有的是短途乘客，坐一程便会下船，但也有不少是长途乘客。客船需要满足他们吃住拉撒等基本生活需求。

二号客船后部设有供客人们方便的厕所，但很多中低档客船却并不会给乘客提供方便的场所，乘客们恐怕只能自寻方便的地方去方便了！

停船之后，船工们大多喜欢爬到船顶上去吹吹风，聊聊天，让疲惫的身心得以放松。

第一章 汴河上的『船只秀』

▲ 二号客船上观赏汴河风光的母子

▲ 五号客船上正在休息的船工　　①坐着聊天的船工　　②驾驶室内聊天的船工

▲ 五号客船上做饭的船工

①休息的船工　②做饭的船工　③木几　④灶台

　　无论是客船还是货船，船工之中都会有专门或者兼职做饭的人。高档客船上往往还会有专职厨师，给乘客们提供可口的美食。但货船上负责做

▲ 坐在二号客船船顶的船主

饭的船工的手艺可就有些参差不齐了——有的人做的饭，人能吃畜生也能吃；有的人做的饭，畜生能吃人也得吃！

逆流而上的二号客船在纤夫们的牵引下缓缓向前行驶，船工们都在紧张地忙碌着，不过却有一人悠然自得地坐在船顶，若无其事地看着前方。他的身旁居然还放着一张方形小桌，桌上摆着饮茶用具和点心。此人应该就是这艘船的船主！

大中型船只往往都造价不菲，很多船主为了购置或修造一艘大船，通常会押上大部甚至全部身家，甚至还会典卖宅院田产，自然会将船视为自己的命根子。为了保证船只安全航行，很多船主会选择跟船，以便对船工们进行监督管理。

不过那些家财万贯的大船主往往拥有很多艘船只，自然也就不会将某艘船看得很重，况且跟船又是个苦差事。因此，他们往往会将船只的大小事务统统委托给技术精湛且忠诚度高的老船工，类似于今天的船长，而他们自己却过着花天酒地的生活。

汴河上的很多船只都是长途航行，往来一趟可能需要数月甚至数年之久，因此船东和一些船工还会带上自己的家属。船尾便是他们休息生活的专属区域，由于放着很多私人物品，因此乘客是不能随意去那里的。

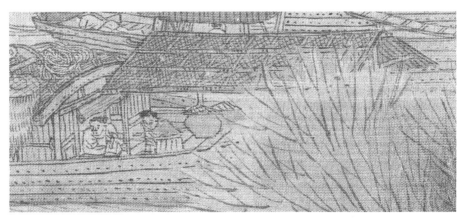

▲ 一号货船船尾的女眷

▲ 一号客船船尾的女眷

一号货船船尾的人字形篾棚内坐着一位女眷，紧张地望着前方那艘已然驶到虹桥边却还没有放倒人字桅的客船。

一号客船是一艘豪华客船，不仅在船尾修造有舒适的艄楼，楼门口还修造了一个看上去很气派的后门庭，里面露出一张女人的脸，应该是船东或者某位船工的家眷。

望着缓缓流淌的汴河水，她默默地想着心事，或许是在畅想自己未来的美好生活，不过女人的心思你别猜！

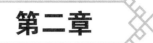

第二章

靠啥说走就走

※ 第一节　宋代车子的款式

重型货车的样式

宋代有一种重型运输车，名叫"太平车"。太平车车身上有车厢，却并无车盖，为敞篷样式。车厢壁板前端有两根长二三尺的木棍向前伸出，其上搭有一块木板，驾车人便坐在上面挥舞手中的鞭子，驱赶拉车的牲畜向前行进。车上还挂着铃铛，行进时会发出清脆的响声，与如今汽车上的喇叭有着相似的功能①。

太平车最多可搭载数吨重的货物，通常需要二十多头骡子或者驴子来拉，有时也会由五头到七头牛来拖拽。由于拉车的牲畜数量比较多，往往要排成前后两行。清院本《清明上河图》中便绘有这样的太平车，拉车的驴子足足有二十头之多，分为前后两行，车后还有三头备用的驴子。

---

① （宋代）孟元老《东京梦华录·般载杂卖》。

▲ 清院本《清明上河图》中的太平车

　　《清明上河图》中却并没有如此之大的太平车。刘家香铺所在的那条街的街角处有两辆太平车，后面那辆太平车只露出了拉车的四头驴。这两辆太平车都只由四头驴来牵引，这是为何呢？

▲ 途经刘家香铺的太平车

《东京梦华录》中有这样一句话："官中车惟用驴差小耳。"[1]也就是官府所用太平车车身比较小，用来牵引的驴子数量自然也会相应减少。

开封城中还有一种名叫"平头车"的货车，比太平车要小一些，也是敞篷货车。不过由于《清明上河图》画面存在缺损，拉车的牲畜已然难以辨认了。

▲ 虹桥桥北的平头车

① 双辕
② 串车
③ 平头车

▲ （五代宋初）卫贤（据传）《闸口盘车图》中的平头车和串车

《清明上河图》中还有一种专门给酒店运酒的特种平头车。由于酒桶是圆形的，边角很不规整，寻常的平头车装卸起来很不方便，这类特种平

---

① （宋代）孟元老《东京梦华录·般载杂卖》。

头车的车底便设计为半悬空样式，车底中间只有一块狭长的木板支撑。之所以一块木板托底就够，是因为圆形酒桶受力点主要集中在中间区域，两侧受力通常会比较小。因此，这种设计既满足了承运需要，也便于货物装卸。除了运送大酒桶外，平头车还会运送一种名为"梢桶"的小酒桶，每只梢桶只能装三斗酒，能卖一贯五百文[①]。

车底设计为半悬空样式

◀ 城内"王员外家"旅馆门外拉酒的平头车

人畜混合动力的"串车"

根据《东京梦华录》的记载，开封城中有一种独特的独轮车，它由前后两人把驾，两旁两人扶住车拐，前面还有驴进行拖拽，称为"串车"。《清明上河图》中关于串车的描绘比较多，不过与《东京梦华录》的记载还是有所出入：车子两旁并没有人来扶车拐，或许是为了节省人力而进行了适当的简化。

---

① （宋代）孟元老《东京梦华录·般载杂卖》。

护城河边的串车

护城河边的这辆串车上装满了货物，上面还盖着一块苫布，苫布上居然还写有书法作品。看上去颇为高雅的书法作品为何要盖在货物上呢？这不是白白糟蹋东西吗？

有的学者给出了一种大胆的推断，即《清明上河图》作者张择端借此来隐喻北宋新党与旧党之间惨烈的党争之祸：一派上台，另一派便会遭殃，轻则贬官，重则抄家。更有甚者认为画面所表现的是蔡京等新党人士在徽宗时期执政后大肆查抄"元祐党人"（也被称为旧党）的家，将"元祐党人"苏轼的书法作品推出城外烧掉！

汴河北岸一处小饭馆的门前也停着一辆两头驴拉的串车，不过车主却进店吃饭去了，串车也被支了起来。这辆车上也盖着一块类似的苫布，总不能同时有两辆车不约而同地都去焚烧苏轼的书法作品吧？宋代书法作品要么写在纸上，要么写在绢上，可无论是纸还是绢都不防雨，将其盖在货物上又有何用呢？其中的真相我们将在后面揭晓！

▲ 汴河北岸的串车

　　牛的体形比驴子要大上许多，无论是承载力还是耐力都明显优于驴子，因此若是串车上运输的货物比较重，也会用牛在前面进行牵引。

《盘车图》中的这辆串车的结构一览无余，硕大的车轮位于车子最中央而且会高出车底，在车轮隆起的地方有三个椭圆形架子，可以悬挂或搭载一些小物件，不过装载的大宗货物却主要集中在车身两侧。

虹桥边也有一辆串车，车轮上方的架子上放满了货物。负责拉车的那头瘦骨嶙峋的牛看上去很是吃力，不知这辆串车上拉的究竟是什么货物呢？

在不远处，也就是十千脚店门口，停着一辆几乎一模一样的串车，只是前面拉车的牲畜已经被卸下。车前的两人似乎正在搬运什么长条形状的货物，这其实就是用线穿好的铜钱，为了不至于太过引人注目而特意在外面罩上了一个布套。车旁还站着一人，一边清点着铜钱数量一边似乎还在说着什么。

▲ 虹桥边的串车

十千脚店是一家规模很大的脚店，每天来来往往的客人很多，自然需要大量的铜钱。这两辆宋代的运钞车看上去虽远不如今日的运钞车那般厚重大气，不过却也很是实用。

绿色环保手推车

开封城中也有不用牲畜牵引全靠人力来推的独轮车，与串车的形制相仿，不过最重要的区别在于这种车的前面并没有辕，因此无法驾牲畜。这种独轮车相传是三国蜀汉丞相诸葛亮在巴郡江州县（今重庆）创制的，因此也被称为"江州车"。

①车前没有辕

▲ 刘家香铺门前的手推车

王家布帛店旁停着一辆形制比较小的独轮车，车轮完全位于车板之下，类似于今天建筑工地上运送沙子水泥的手推车。

王家布帛店旁的手推车

多用途的客货两用车

在《清明上河图》中，护城河边有两辆牛车，拱形车篷由簟席编织而成，两侧均有木质隔板，前后还设有同样由簟席编织而成、可以向下开启的半圆形车门，车上所载货物依稀可见。这其实是一种在平头车的基础上改造而成的带篷的客货两用车。

① 簟席编织的拱形车篷　② 向下开启的车门
③ 衡　④ 轭　⑤ 单辕　⑥ 轮木

▼ 护城河边的长途客货两用车

这两辆车均由三头牛来牵拉，不过却是单辕而非常见的双辕。辕就是车子伸向前方的直木或曲木，主要是为了驾牲口用。这辆车平直的单辕位于两头牛的中间，辕头向下弯曲与轭（即短粗的弧形曲木）相连，轭压在牛的脖颈处，辕固定在车厢两侧的轸木上。轭上还有一根横木，被称为"衡"，主要是为了促使两头牛的行进速度保持基本一致。最前面那头牛的脖颈处并没有轭，而是通过捆在身上的绳索与后面那两头连接在一起。牛的耐力比较好，因此这种牛车应该是可以走很远路程的长途车！

在《闸口盘车图》中，四辆带车篷的牛车正在缓缓行进，车辆样式与《清明上河图》中的客货两用车颇为相似，不过侧壁和门板均为木质。前面那辆车正在转弯而被石头所阻挡，剩下三辆车子均为常见的双辕。

画面最右侧那辆车的牵引方式与其他车辆有所不同，由一前一后两头牛进行牵引。后面那头牛位于车子的双辕之间，辕下的轭正好压在它的脖颈处；前面那头牛的脖颈处也有轭，通过拴在轭上的绳索与车子连接在一起。

▲（五代宋初）卫贤（据传）《闸口盘车图》中的客货两用车 ①双辕 ②轭

《盘车图》中也有一辆类似的客货两用车缓缓行驶在盘山道上。这辆车由三头驴和两头牛来牵引，采用的也是单辕，前面三头驴的脖子上均套着套脖，通过拴在套脖上的绳索与车子连接在一起；后面两头牛的脖子上并没有轭，而是把绳套拴在牛的脖子上。车顶也是由篾席编织而成，不过看起来却要高档豪华许多。

▲ （宋代）佚名《盘车图》中的长途客货两用车

① 单辕　　② 套脖

宋人居然爱乘牛车

皇帝拥有一支豪华马车队，对于马匹和车辆都有着严格的要求。虽然车辆种类很多，但皇帝实际乘坐的却只有五辂（即玉辂、金辂、象辂、革辂、木辂）、大辂和耕根车，其他车辆都是皇帝仪仗队中的功能车。五辂之外还有副辂，以备不时之需；功能车之外还有属车，以备不时之用，可见皇家马车队伍之庞大。

皇帝仪仗队中的马车形制[①]

马车名称	马匹要求	马匹数量	车身要求	驾士数量	用途
玉辂	青马	六匹	青色装饰玉	六十四人	祭祀大礼
金辂	红色马	六匹	红色鎏金	六十四人	宴饮宾客
象辂	赭白色	六匹	浅黄色并装饰象牙	四十人	日常出行
革辂	黑嘴黄身的马	六匹	黄色	四十人	作战、巡视四方

① （元代）脱脱等《宋史·舆服一》。

马车名称	马匹要求	马匹数量	车身要求	驾士数量	用途
木辂	黑鬃黑尾的红马	六匹	黑色	四十人	打猎
大辂	青马	六匹	青色	六十四人	祭祀时乘坐此车从斋宫前往祭坛
耕根车	青马	六匹	青色	四十人	前往田地进行劝农活动
进贤车（安车）	—	四匹	红色	二十四人	—
明远车（四望车）	—	四匹	红色	四十人	—
羊车	小马	两匹	红色，门帘绣着羊	童子十八人	—
指南车	—	四匹	红色	十八人增至三十人	指示方向
记里鼓车	—	四匹	红色	十八人增至三十人	记录道路长度
白鹭车	—	四匹	红色	十八人	—
鸾旗车	—	四匹	红色	十八人	—
崇德车	—	四匹	红色	十八人	消除凶兆
皮轩车	—	四匹	红色	十八人	—
黄钺车	—	两匹	红色	十五人	—
豹尾车	—	两匹	车首垂有豹尾	十五人	—

虽然皇家马车队看上去很"高大上"，但使用频率却并不高。即便是大朝会、册命皇太子诸王、任命重臣等重要场合，五辂也只是放置在大庆殿前的广场上充充门面罢了①。

———————————

① （元代）脱脱等《宋史·舆服一》。

宋代皇帝日常出行主要是骑马。在宋代，凡是有身份、有地位的男子几乎都爱骑马，通常不会坐车，因此宋代客车也被称为"宅眷坐车"，一般只有女眷才会坐。

▲ 城门外十字街头的豪华车队

在《清明上河图》中，临近城门的十字街头出现了一支豪华车队，前面那辆车已经拐过了街角，后面那辆车正要拐弯。这两辆车的形制几乎一模一样，车顶用棕丝覆盖，如同歇山式屋顶。车厢四周装有低矮的栏杆，车门开在后面，门上挂有垂帘，车厢前面有宽阔的驭车座板，车厢后面有伸展的抵板。由于车身比较沉重，这辆车由两头牛来牵引。

豪华牛车可不是人人都能坐得起的，《溪山行旅图》中的这款大众型牛车无疑更适合普通民众出行。这辆牛车为单辕，后面那两头牛的脖颈处有轭，前面那头牛的脖颈处没有轭，只是用绳索拴着。

女眷在车子里坐着，丈夫在后面骑着驴跟着，可谓是宋代一家人出行的惯常模式。比较有趣的是，车子尾部居然还载着一只宠物，似乎是一条狗。主人想必是担心自己这一走，心爱的宠物难免会忍饥挨饿，于是带着它一起去远行！

▲ （宋代）朱锐《溪山行旅图》（局部）

① 绳索　② 衡
③ 单辕　④ 宠物

马车为何不受待见

宋代有权有钱人家的女子虽然仍旧习惯于乘车，却几乎不再乘坐马车，《清明上河图》中也并未出现马车的身影。为何曾经风光无限的马车到了宋代会如此没落呢？

其实牛车的地位曾经远低于马车，秦汉时期的贵族几乎都不会选择乘坐牛车。商人被认为是投机取巧、好吃懒做之人，于是政府便针对他们出台了诸多歧视性政策，其中一条便是不得乘坐马车，也不允许骑马，出门只能乘坐牛车，可见乘坐牛车曾经是一件多么丢脸的事。

东汉灭亡后，三国两晋南北朝是政治大动荡的混乱时代，牛车的地位却迅速提升，以至于很多身份显赫的大官和富豪竞相乘坐牛车。这是因为随着玄学的兴起，门阀士族垄断政权，这些士族子弟不管才能高低均能够出任要职，其中很多人赢弱得连马都骑不动，却能左右舆论、引领潮流。

骑马和乘坐马车居然被认为是行为放荡的举动，比如尚书江左酷爱骑马，动不动便骑着马遛上几圈，结果因此被御史弹劾。正是受到这种思潮的影响，牛车渐渐成了高档客车，车型慢慢变得丰富起来，装饰也渐渐变得奢华起来，以至于连皇帝都会选择乘坐牛车出行，瓦当篷、拱门篷、喇

第二章　靠啥说走就走

59

叭口篷、人字坡篷、螺蛳篷等不同造型的车子一时间层出不穷。

▲ （隋代）敦煌303窟壁画中的瓦当篷牛车

▲ （隋代）敦煌441窟壁画中的拱门篷牛车

▲ （初唐）敦煌62窟壁画中的喇叭口篷牛车

▲ （西魏）敦煌290窟壁画中的人字坡篷牛车

▲ 敦煌壁画中的螺蛳篷车

到了隋唐时期，牛车仍旧盛行，无论是皇亲国戚、达官显贵，还是低级官吏、黎民百姓，都热衷于选择乘坐牛车出行，以至于朝廷还专门出台了相关法令来确立牛车礼制：只有三品以上的高官才有资格乘坐通幰牛车，四品以下的官员只能乘坐偏幰牛车。两者的区别便在于幰，也就是车上的帷幔。偏幰牛车通常为长辕高轮大车，车厢之上覆盖拱顶，车厢两边或局部设置帷幔。通幰牛车与偏幰牛车最大的不同就是车厢上方宽大的帷幔会将整个车厢都罩住。

在《西岳降灵图卷》中，左侧是一顶共计八人抬的轿子，一辆牛车紧挨着这顶轿子。车厢上方虽然并未悬挂帷幔，不过却有帷柱，如果装上硕大的帷幔，便可将整个车厢全都罩住，因此这是一辆通幰牛车。

马车之所以越来越不受待见是因为乘坐时会产生剧烈颠簸。直到清末民国时期，我国使用的车子仍旧是两轮车，即便是与两千多年前先秦时期的车子相比，也没有多少技术革新。由于我国始终未能研制出车辆转向器，舒适性更高的四轮马车迟迟未能投入使用。由于车轮是木质的，马跑起来又比较快，即便采取一些避震措施，乘车人依旧会感到很是颠簸，选

▲ （北宋）李公麟《西岳降灵图卷》（局部）

择行驶更为平稳的牛车也就在情理之中。

可能很多人觉得牛走起路来总是慢腾腾的，怎么能够拉车呢？其实很多名牛的奔跑速度与马不相上下，比如西晋时期的大富商王恺府上就有一头名叫"八百里䮝"的牛，虽然日行八百里未免有些夸张，但这头牛奔跑的速度绝不慢。王武子与王恺比赛射箭，王武子所下赌注为一千万钱，王恺见状只得押上自己最为钟爱的"八百里䮝"[①]。虽然两者未必完全等价，但好牛价格之高也可略见一斑。好牛不仅跑得快而且还跑得稳，这恐怕是骏马所不能比拟的，所以牛车才会如此受追捧！

进入宋代之后，马匹变得很是稀缺，自然很少用来拉车，因此早就辉煌不再的马车愈加衰落，即便是曾经广泛使用的牛车也大不如前，通常只有女人外出时才会乘坐。男人们出门，有钱有权的通常会选择乘马，有点小权或者小钱的通常都会选择骑驴，乘车渐渐成为女人的专属。

由于，当时掌握社会话语权和主动权的一直是男人，因此越来越不受男人待见的车子自然也就很难再有所发展。车辆技术即便有所革新，也往往是为了

---

① （南朝宋）刘义庆《世说新语·汰侈》。

载货而不是载人。曾是身份地位象征的车，在其他出行工具的强烈冲击之下，渐渐沦为尴尬的配角！

开封城内的"4S"店

车辆用久了自然会出现这样那样的问题，但也不用太过担心，因为开封城中便有"4S"店，既能修车，也能造车。

◀ 修车铺

在《清明上河图》中，城门外十字街北侧便有一处修车铺，一个工人正在刨木板，另一个工人正抡着锤子在修理车轮，地上还散落着许多木条和各式工具，可谓是一副热火朝天的修车场景。

下面我们来看看宋代车轮的结构。宋代车轮主要由辋、毂、辐三部分组成，辋是指车轮最外侧的木框，毂是指车轮中心有孔的圆木，辐是连接辋与毂的木棍，与如今自行车上的辐条类似。

轴将车轮与车厢连接在一起，不过在车辆行驶过程中，在惯性作用之下，车轮与轴之间会产生很强的相互分离的作用力，因此需要安装防止车轴脱轨的装置。车轴末端与毂相交之处有个突起物，名叫"辖"，它的作用就是在车轮不停转动的同时将轴死死地固定在凹槽内，"管辖"一词便来源于此。

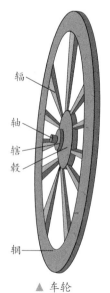

辐
轴
辖
毂

辋

▲ 车轮

※ 第二节　堪比跑车的骏马

马在宋代属于高端奢侈品

宋代常用牲畜为牛、马、驴和骡子，骆驼也得到了广泛应用，不过牛、骡子主要用来拉车，骆驼往往只在边陲地区骑乘，宋人日常出行以骑马和骑驴为主。

驴性情比较温顺，跑起来也不是很快，自然很受女人们的青睐。妓女骑驴时常常是披着凉衫，将披巾放在自己的背后，系在头顶的冠子上，一路驰骋，常常会惹得那些骑着马、穿着轻衫小帽的浪荡少年跟过来，在她们身后吹着口哨，期待着能发生什么香艳故事[①]。

▲ 开封城外郊野上骑驴的女子

不仅仅是女人，很多自命不凡的读书人和超凡脱俗的隐士也喜欢骑驴出行，可见经济实用的驴深受广大社会中下层人民的钟爱。

---

① （宋代）孟元老《东京梦华录·驾回仪卫》。

《清明上河图》所绘的马数量并不多，可谓是宋代马匹匮乏的真实写照，因此凡是能够养得起马的人非富即贵。

虹桥边一个骑着高头大马的人向着城门方向缓缓走去，前面一个仆人左手拿着一根竹条在开道，右手牵着马的缰绳，马后还有一个随从紧紧跟随。

骑马之人看上去一副忧国忧民的样子，从他的穿着做派看，显然是个成功人士。

▲ 虹桥边骑马的人

既然马匹在宋代价值不菲，买马时自然要悉心挑选，好马都有哪些特征呢？

唐代著名马医李石等人编著的《司牧安骥集·相良马论》详细介绍了好马的典型特征。挑选马匹时，既要看马的头、眼、耳、鼻和口，还要看它的形骨和马蹄。真正的好马头要稍小，骨骼轮廓分明，腮部肉要少；眼睛既要大，又要圆润饱满而有光泽；耳朵小而尖立，转动灵活；鼻子大而方，肉色红润；嘴要长而且嘴唇要厚实；牙齿整齐洁白，舌头要薄；颈要顾长而又弯曲，鬃毛密实，肩肉多而平，腰背平直有力，弹性要好，尾骨高而垂；马蹄前蹄圆，后蹄尖，薄厚适中，蹄质坚韧。

▲ 《司牧安骥集》中的相良马图

有了好马之后还需购置一套像样的马具，这样骑起来才会畅快，还能博人眼球，就好似如今开着高档跑车满街跑。

马鞍，甚至马鞍上所铺的马鞯也有讲究，通常都会饰以刺绣，图案往往还会与官员品级挂钩。按照北宋初年的礼制，只有宰相、使相（也就是带宰相衔的节度使，相当于荣誉宰相）才能使用绣有宝百花的马鞯；只有参知政事（即副宰相）、副枢密使、宣徽使、节度使、驸马等高级官员才能使用绣着盘凤杂花的马鞯①。

关于马鞯刺绣的礼制规定，官营作坊里的工匠们自然会知晓，但私营作坊中的一些工匠却并不是太清楚。

景祐三年（公元1036年），章得象升任同知枢密院事，他获得了一副御赐的鞍鞯，但他却嫌绣工有些粗糙，于是便寻觅能工巧匠重绣，结果绣出的花纹却是宰相所用②。仅仅两年后，他果真被仁宗皇帝赵祯任命为宰

① （北宋）杨亿《杨文公谈苑·赐鞍辔》。
② （南宋）吴曾《能改斋漫录·神仙鬼怪·赐鞍绣文》。

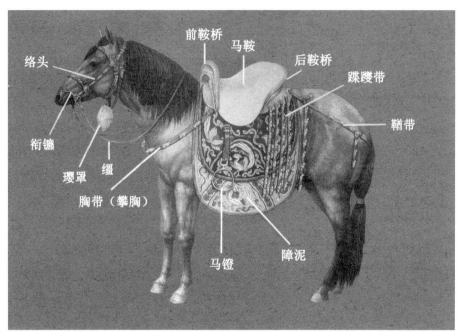

▲ 马具图

相，这段阴差阳错的经历一时间被传为佳话。

到了寒冷的冬日，官员们还会换上狨座。狨据说是生活在今四川地区的金丝猴。一件狨座往往要用数十片狨皮连缀而成，背面一般还缝有紫色的绮，周围再装饰簇四金雕法锦，可谓价值不菲。

拥有一副狨座可是身份地位的象征，因为朝廷下令严禁普通老百姓使用狨座，还对允许使用狨座的官员品级进行了严格限定，不过范围却屡有变动，到了南宋初年，限定为文臣中书舍人（正四品）以上、武臣节度使（从二品）以上才能使用狨座[①]。

之所以会对狨座的使用范围进行如此严格的限制，主要是考虑到大肆捕杀金丝猴将会给这个种群带来难以想象的巨大伤害。没有买卖便没有杀害，宋人的动物保护意识居然也会如此之强！

那些获准使用狨座的官员们自然可以在同僚面前大肆炫耀一番，奸相

---

① （宋代）叶梦得《石林燕语》。

蔡京当权时便以一家拥有十三件狨座为荣①，最终却落得个被抄家的下场。人不能把钱带入坟墓，但钱却可以把人带入坟墓！

　　每年九月，那些高官们便会兴冲冲地换上狨座，转年三月再撤下。不过朝廷并不会通知具体的更换时间，每每到了初冬时节，那些官员们便开始密切关注当朝宰相的一举一动，等到宰相换上了狨座，他们才能换；见宰相撤了狨座，自己也得赶紧跟着撤，否则便是"不讲政治"。

　　政和年间（公元1111—1118年），有一位在"九寺五监"任职多年的官员，觉得按照正常的迁转次序，自己很快便会得到提拔，也将会获得使用狨座的资格。想到此，这位官员有些得意忘形，居然擅自置备了一套狨座。不过他很快便被告发，最终落得个"躁进"之罪②，沦为同僚们的笑柄，可见"心急吃不着热豆腐"！

▲　（宋代）佚名《春宴图卷》

狨座

宋代为何如此缺马

　　《清明上河图》总共绘有46头驴子，有拉车的，有拉货的，有载人的，却只绘有21匹马，还不到驴的一半，可见马匹在宋代是何等的稀缺！

---

① （北宋）蔡絛《铁围山丛谈》。
② （北宋）朱彧《萍洲可谈》。

由于马匹是很重要的作战装备，因此历朝历代都会设立相关机构对马匹进行管理。宋代国营马场被称为"牧监"，北宋设立了80所牧监，南宋设立了35所牧监，专门负责驯养繁殖马匹等牲畜并划拨给禁军、驿站以及其他政府部门使用。监、副监为牧监的正、副长官，牧监之下设群，每个群大约管理120匹马，设一名牧长，统领若干牧子，负责具体的饲养工作。每15名牧长由一名牧尉进行监督管理[①]。

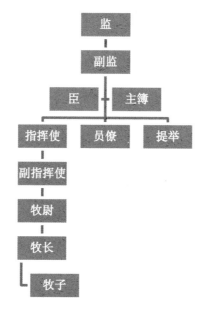

▲ 牧监官员设置情况

官马数量是衡量一个王朝实力的重要指标，宋代官马数量在太宗皇帝赵光义在位时达到了顶峰，高达21.2万匹，不过其中17万匹却是通过"括马"从民间搜刮而来，具有不可持续性，之后便一路下滑，降至10万匹以下，甚至在南宋初年骤降至1.3万匹。

---

① （南宋）李焘《续资治通鉴长编·天圣四年九月戊申》、（清代）徐松《宋会要辑稿·兵二十一》、（北宋）窦仪《宋刑统·牧畜死失及课不充》。

宋代官马数量变化①

年号	年份	马匹数量	数据来源
太平兴国四年	公元979年	21.2万匹	《宋史》
大中祥符六年	公元1013年	20余万匹	《文献通考》
天圣年间	公元1023年 至1032年	10余万匹	《文献通考》
熙宁二年	公元1069年	15.36万匹	《宋史》《玉海》
熙宁八年	公元1075年	3万匹	《宋史》
宣和二年	公元1120年	9万匹	《文献通考》
绍兴十二年	公元1142年	1.3万匹	《文献通考》 《建炎以来系年要录》

我们再来看看唐代官马数量。大唐立国之初从突厥人手中获取了2000匹马，又得到隋代遗留下来的3000匹马，凭借这区区5000匹马设立了陇右监牧。仅仅四十多年之后，到了高宗皇帝李治统治时期，官马数量居然猛增至令人不可思议的60.7万匹。

历经武则天篡权、韦皇后毒死中宗皇帝李显、太平公主干政等一系列政治动荡之后，唐代官马数量骤减，在开元初年只剩下24万匹。不过经过十余年的辛勤培育，到了开元十三年（公元725年）的时候，官马数量增至43万匹。

由于拥有规模如此庞大的官马，唐军作战时可以毫不费力地出动数万匹战马。天宝十三年（公元754年），也就是安史之乱爆发前一年，官马数量仍旧保持在32.57万匹②。

唐代鼎盛时期的官马数量是宋代鼎盛时期的3倍，即便后来官马数量有所减少，也大体维持在宋代中后期官马数量3倍的水平。

唐代官马数量为何会出现爆炸式增长并长期保有30万～40万匹的水平呢？这与唐代的强盛有着莫大的关系。唐军在与周边游牧民族的作战中保持着压倒性优势，比如有着"灭国战神"之称的名将苏定方早年曾追随大

---

① 张显运《宋代畜牧业研究》。

② （北宋）宋祁等《新唐书·志第四十·兵》。

将李靖攻灭东突厥，后又亲率大军灭掉西突厥，还将位于朝鲜半岛的百济一举铲除，一人灭三国而且生擒三国君主，可谓是彪悍至极。

一系列大捷使得大唐缴获了不计其数的马匹，比如贞观四年（公元630年），在攻灭西突厥一战中，唐军俘获了数十万头牲畜；贞观九年（公元635年），在讨伐吐谷浑之战中，唐军俘获了二十多万头牲畜[1]。那些被打服了、打怕了的游牧民族也会主动献马示好，比如贞观十七年（公元643年），薛延陀向大唐献马五万匹，请求与大唐通婚[2]。大唐从周边游牧民族手中获取的马匹数量保守估计也得有30万～40万匹，官马数量短时间内猛增至60.7万匹也就不稀奇了！

大宋朝廷在与周边游牧民族的战争中却是战绩惨淡，与强盛的辽朝交战屡屡惨败而归，被迫签署了澶渊之盟；与彪悍的金朝作战更是望风而逃、不战而降；即便是与实力明显逊色一等、疆域也限于一隅的西夏作战也是败多胜少。虽然北面的辽朝、金朝，西北的西夏，西南的吐蕃、大理、交趾（即今越南）都曾向大宋进献过马匹，但多是象征性的，有时才仅仅进贡几匹，多的时候也不过数百匹[3]，与薛延陀一次便向大唐进献五万匹马根本无法同日而语。

唐代官马数量之所以能够维持在较高水平，还因为拥有优质马场，陇右地区（今陇山以西地区，包括甘肃、青海、内蒙古西部等地）水草肥美，非常适合牲畜生长繁育，每年繁育幼马数量都很庞大。可宋代每年最多繁育一万余匹马，大多数时候只有区区几千匹，到了南宋时期，有的年份居然仅仅繁育几十匹马。宋代马匹的繁殖率为何会如此之低呢？

在我国大一统王朝之中，北宋疆域相对比较狭小，领土主要局限在北纬20°～40°的区域，边境线东侧从河北中部延伸，北至河套长城一线，西至陕西、甘肃、河西走廊以东的黄河中下游流域，西南到西藏、云南以东。在短暂收复幽云十六州之前，北宋领土面积仅为254万平方公里，还不到如今我国领土面积的1/3。

---

[1]　（北宋）司马光《资治通鉴》《资治通鉴·卷一百九十四》。

[2]　（五代）刘昫等《旧唐书·本纪第三·太宗下》。

[3]　（元代）脱脱等《宋史·外国六》。

南宋王朝偏安江南，疆域更为狭小，面积仅为172万平方公里，北部边界退至秦岭、淮河一线，宋金之间形成了东起淮河、西至大散关（今陕西宝鸡西南）的分界线，大致位于北纬20°～32°。

唐代疆域变化比较大，总章二年（公元669年），疆域面积达到了惊人的1239万平方公里，是北宋领土面积的4.88倍，不仅囊括了我国西北地区，还将如今的中亚地区纳入版图之中，疆域内散布着很多水草肥美的优质牧场。

我国古代农牧业分界线从东北的大兴安岭东麓经辽河中上游，沿着阴山山脉直达鄂尔多斯高原东缘（河套平原除外），继续沿着祁连山（河西走廊除外）再到青藏高原，这条线以南为农耕区，以西和以北则为牧区。

北宋时期，北部牧区被辽朝以及后来的金朝占据着，西北部的牧区被西夏、回鹘占据着，西南牧区被吐蕃、大理占据着，只有陕西、山西、甘肃、河北的部分地区为农牧混合区，可以勉强进行放牧活动。

到了南宋，由于找不到合适的牧场，有时甚至要到水塘之中去牧马，《柳塘牧马图》反映的便是当时牧马的情形。由于缺少优质马场，马匹繁育始终是困扰大宋朝廷的一大难题！

 （南宋）陈居中（据传）《柳塘牧马图》

北宋大臣李觉曾专门上书论及此事：马匹从边疆运至内地，离开赖以生存的环境，要么不幸病死，要么瘦弱不堪。一些居心不良的马匹饲养员还时常偷盗马料，损公肥私，导致被饲养的马匹时常吃不饱。为了泄愤，个别饲养员甚至会让马驹饮用石灰水，导致其惨死①。虽然朝廷设立了40所专门负责马匹繁殖的孳生监，在牧监中占比达34.78%，但由于优质牧场缺乏、牧养不得法、人员管理失当，导致马匹繁殖率基本一直处于较低水平，严重依赖马匹的进口。

获取马匹的途径

为了能够获得更多马匹，北宋朝廷曾鼓励百姓盗抢境外马匹。太祖皇帝赵匡胤于太平兴国四年（公元979年）下令，盗窃契丹马匹献给朝廷将会被赐予束帛②。北宋雍熙三年（公元986年），太宗皇帝赵光义北征辽朝，下诏招募边陲豪杰过境抢盗辽朝马匹，上等马赏钱10000文，中等马赏钱7000文，下等马赏钱5000文③，可见当时为了能够筹集到足够的战马，太宗皇帝已然有些急眼了。盗抢境外马匹的政策一直延续到了北宋灭亡，后来南宋又鼓励老百姓盗抢金人马匹，不过这种见不得光的方式能够获取的马匹实在有限。

朝廷要想获取大量马匹只能通过购买的方式，购置标准通常为四尺二寸到四尺七寸之间，所购马匹年龄在三岁至十三岁之间。天圣年间（公元1023—1032年），朝廷将购马年龄限制在四岁至十岁之间④。康定元年（公元1040年），宋与西夏全面开战，军队急需大量战马，于是又将购马标准降低为三岁至十四岁。

宋朝每年购马量在2万～3万匹，立国之初主要向对方支付铜钱或金

---

① （南宋）赵汝愚《宋朝诸臣奏议》收录（北宋）李觉《上太宗论自古马皆生于中国》。

② （南宋）李焘《续资治通鉴长编·太平兴国四年六月己巳》。

③ （宋代）佚名《宋大诏令集·募边城雄豪接应王师诏》。

④ （元代）脱脱等《宋史·兵十二》。

银，后来交易方式倾向于以物易物，有布、绢、帛等织品，还有珠宝，但最主要的还是茶和盐。

西北地区盛行以茶换马。西北游牧民族爱吃肉，使得他们的胃肠道承受着巨大的压力，茶虽有助于消化，可他们居住的地区几乎不产茶，于是双方各取所需。

广西地区盛行以盐换马，广西盛产海盐而西南少数民族又普遍缺盐，双方也是各取所需。

购买途径主要有三个。第一个是券马，主要是吸引在边陲养马的少数民族来内地，让他们以数十匹至一百匹为一券运至都城开封，行前需为每匹马预付一千文钱，途中食宿和草料也由沿途官府供应，运到开封后由估马司评估确定马匹价格，购买后再分配给各牧监[①]；第二个是省马，就是在边州置场购买马匹，由政府派人护送至京师或分配给诸军；第三个是马社，由陕西沿边广锐、劲勇等厢军结社买马，政府支付买马钱，如经费不够则由他们自筹解决。

还有一种最为遭人恨的方式——括马。每当边境发生大规模战争，朝廷便会强令百姓卖自家的马，颇有些强买强卖的意味。虽说是买，支付的价款却往往会低于市场价，有时甚至压根就不给钱。

太宗皇帝赵光义为了北伐辽朝一次性向开封府界和地方诸州括马173579匹[②]，带有饮鸩止渴的意味。等到神宗皇帝赵顼因讨伐西夏而再度括马时，能够搜罗到的马匹已然很是有限了，富庶的京畿地区只搜获了3476匹马[③]。恼羞成怒的神宗皇帝只得出台严刑峻法，规定只要平民（并不包括官员）家中藏有马而不卖给朝廷，一经发现马匹没收，当事人还需要受笞刑，于是出现了"人人以有马为祸"的悲惨局面[④]。

到了南宋时期，马匹更为稀缺，官府动不动便无偿括马，即便是官员都难以幸免。自家辛辛苦苦花了不少钱将马养大，最终却让官府白白夺

---

① （元代）脱脱等《宋史·兵十二》。
② （南宋）李焘《续资治通鉴长编·太平兴国四年十一月辛丑》。
③ （南宋）李焘《续资治通鉴长编·元丰七年四月丙子》。
④ （元代）脱脱等《宋史·兵六》。

去，很多百姓一怒之下将自家的马杀死后踏上逃亡路，以免连累了自己的子孙[1]。这种饮鸩止渴的做法只会使南宋的马匹更为缺乏。

由于马匹匮乏和草场缺乏，每年购马和养马的开支巨大，成为朝廷沉重的财政负担。马匹只能配备给一线精锐部队，军事物资运输等后勤保障工作基本上只能靠驴子来完成，因此《清明上河图》中马匹稀少也就不足为奇了！

开封城中的"出租马"

在宋代，虽然绝大多数家庭根本养不起马，但其中却不乏有人仍旧有骑马的需求，于是马匹租赁行业便蓬勃发展起来，甚至连马鞍等骑马用具都有人对外出租。

租赁方式多种多样，既有包月服务、包日服务，也有按次服务。服务内容也是多种多样，有的只租马，自己骑，属于动产租赁行业；有的不仅仅是租马，还会全程提供服务，属于交通运输业。若是求舒适，驭者可以在前头牵着马走；若是赶时间，驭者便会载着客人策马疾驰。"出租马"的业务有很多款，总有一款适合你！

由于马匹租赁行业从业人员众多，难免会有服务很差的，遇到此种情形，除了给个差评也是无计可施。

许将是北宋开国以来第48位状元，北宋熙宁十年（公元1077年），他任翰林学士，权知开封府事，可荣宠一时的他却遭遇到了恶劣服务。

北宋元丰二年（公元1079年），朝中爆发了一起惊天大案，也就是元丰太学案。太学生虞蕃一纸诉状告到了神宗皇帝赵顼那里，直斥太学之中种种令人气愤的黑幕。

太学生分为外舍生、内舍生和上舍生三个等次，外舍生不限人数，内舍生的名额为200人，上舍生的名额为100人。谁要是能升到上舍生便意味着拥有了大好前程。

---

① （清代）徐松《宋会要辑稿·兵二十五》。

上舍生中的上等生奏报朝廷后可以直接被授予官职；中等生可以不用参加前面的考试直接参加最后的殿试；下等生可以不用参加发解试，直接参加省试，也可以留校充任学正、学录等教职。不过谁能升为内舍生，谁能升为上舍生，可不是全看考试成绩，甚至压根就不看考试成绩。

虞蕃控诉那些升任上舍生、内舍生的太学生非富即贵，像他这样出身贫寒之人即便再努力也是无济于事。虞蕃的控诉刺痛了很多当朝权贵敏感的神经，也好似捅了一个大大的马蜂窝，导致很多太学生被逮捕。

许将也是个读书人，自然很同情那些被无辜逮捕的太学生，于是便设法释放了一些人。谁知此举却成为政敌构陷诋毁他的黑料。御史中丞蔡确借机将其"留置"于御史台，经过一个多月的审理，此案才得以结案，许将可谓吃尽了苦头。

御史台的官员告诉许将今夜便会放其出去，于是他托人给府上传去消息，命自己的仆人将马取来，在御史台大门口候着。可就在他即将被释放时，御史中丞蔡确却说还有些细节需要找他核实，一直过了二更天才将其释放。

许将步履蹒跚地走出御史台的大门，却发现门前空无一人。原来，府上的仆人的确按照他的吩咐，牵着马一直在门外候着，却始终不见主人出来，见天色已晚，觉得肯定是中间出了什么变故，于是便擅自回府去了。

如今已是深更半夜，重获自由的许将却陷入有家难回的尴尬境地。门口士卒见他着实可怜，便说御史台有规定，凡是放出去的官员如行动不便可以代为租赁马匹。

那个士卒果然为他租来了一匹马，许将踉踉跄跄地爬上马背，还没来得及抱紧坐在自己身前的驭者的腰，那个驭者便扬起手中的鞭子向着胯下马狠狠地抽了过去。马被抽得生疼，高高扬起前蹄，居然将尚未坐稳的许将重重地摔在地上，腰和膝盖都被摔伤了。

驭者赶忙跳下马，将受伤的许将重新扶上马，然后一扬鞭疾驰而去。夜晚的开封城虽然热闹非凡，但"出租马"的运营截止时间却是三更天，眼瞅着时间将近，驭者心中自然是焦急万分。坐在马上的许将却倒了大霉，被颠得东倒西歪，胃里一阵翻江倒海。

许将住在甜水巷，等到了府门前却发现大门紧闭。许将有气无力地坐在府门前的台阶上，命驭者前去叫门。驭者询问他的姓名，许将便如实相告。驭者一听，赶忙跳上马一溜烟地逃走了。

此时身心交瘁的许将已然没有力气叫门了，当时已是初冬时节，寒风萧瑟，凉气逼人，他却只能在台阶上苦等，直到天亮了，府内有人出来，他才得以进府去①。这还不是最让他心痛的，他因这场始料未及的政治风波被贬为蕲州（治所位于今湖北蕲春）知州。

除了遭遇恶劣服务外，租马过程中有时也会遇到一些令人啼笑皆非的趣事。

仁宗朝，开封府有个军巡判官名叫孙良孺。军巡判官为军巡使的副手，是个八品小官。他的日子过得比较拮据，买不起马，也养不起驴，若是因公事需要去很远的地方办差便会租马骑。

某日，开封府有一批犯人要在法场被处斩，孙良孺奉命前去监斩，于是便又去租马。按照惯例店主会问他去哪里，还要问是单程还是往返，因为往返的价格是单程的好几倍。所以，店主总会习惯性地问一句："你去了还回来吗？"

那日，孙良孺说自己要去法场，马主人依旧习惯性地问："你去了还回来吗？"法场是杀人行刑的地方，这句原本平淡无奇的问话在此情此景之下却充满了滑稽的意味，一时间在开封城内传为笑谈②。

---

① （北宋）魏泰《东轩笔录》。
② （北宋）魏泰《东轩笔录》。

※ 第三节　轿子里面有乾坤

轿子的前世今生

轿子的前身为辇和舆。辇本是宫中一种有轮子的便车，最初被称为辇车，靠人推着或者拉着前进①，类似于《九歌图卷》中的那辆车。不过乘坐早期的辇车时却并不是垂坐，而是盘坐或者站在车中。

车轮

▲ （宋代）佚名《九歌图卷》（局部）

后来辇车上的轮子却被拆除了，由人扛着走，于是便改称"辇"。唐代皇帝大多喜欢在宫中以辇代步，《步辇图》是目前所能见到的最早的皇帝乘辇的画作。

_____

① 《荀子·大略篇》杨注："辇谓人挽车。"《吕氏春秋·本生篇》高注："人引车曰辇。"

（唐代）阎立本《步辇图》

在《步辇图》中，唐太宗李世民端坐在步辇之上。步辇其实就是一块近似方形的木板，太宗皇帝盘坐在辇上，步辇前后各有两个长长的手柄，各有一名宫女紧紧攥着手柄抬着他走，此外还有六个宫女服侍在他的身旁。

到了宋代，陶毂创制的大辇要用六十四个人来抬，彰显了皇家气派，但宋代皇帝却不似唐代皇帝那么痴迷于乘辇。

再来说说舆。舆原本是所有车子的统称，后来出现了一种专门由人来扛的步舆，成为皇宫中的代步工具，之后传入民间，通常为老人的短途代步工具，

步舆依据抬舆之人受力部位的不同又分为肩舆、腰舆和襻舆。抬舆之人扛在肩上的步舆，称为"肩舆"，也叫平肩舆；抬舆之人只将手抬至腰部位置的步舆，称为"腰舆"，与《步辇图》中所绘差不多；抬舆之人一手抬着

舆上的杠子，同时将舆杠上的襻带系在自己身上的步舆，称为"襻舆"。

晚唐以后，随着椅子的广泛使用，人们习惯垂足而坐，无论是步舆还是步辇已然难以适应人们的需求，于是一种新型交通工具呼之欲出。

最初是在一把椅子上插上两根杆子，人坐在椅子上被人抬着走，类似如今四川地区仍在使用的"滑竿"。不过后来为了避免日晒雨淋，又在椅子外面罩上了一层罩子，至此轿子便诞生。

脚夫们所抬的舁竿位于轿身腰处位置，使得轿体重心降低，抬起来更为稳便。之前，人们乘坐肩舆时重心通常会比较高，四面又没有什么遮挡，会有一种摇摇欲坠的感觉；乘坐腰舆时离地面比较近，体现不出高高在上的感觉，不过轿子的诞生却解决了上述难题。

在宋代，轿子仍旧处于初创阶段，有着檐子等各种各样的称谓，起初并不太受人重视，不过到了南宋晚期，却成为身份地位的象征。这中间到底经历了怎样的重大转变呢？

坐轿之风盛行

◀ 城内大街上的轿子

城内大街上有两顶轿子，一前一后行进着，形制几乎一模一样，前面有轿帘，侧面还开有一扇小窗。后面那顶轿子上的窗子半开着，露出了一张女人的脸。

▲ 餐馆外停放的轿子

　　《清明上河图》中所绘的轿子多是寻常人家的轿子，皇家的轿子无疑要比这些轿子气派许多。

▲ （宋代）佚名《人物故事图卷（迎銮图）》（局部）

　　关于《人物故事图卷（迎銮图）》描绘的究竟是什么场景，史学界一直众说纷纭，目前比较有影响力的说法是南宋绍兴十二年（公元1142年），平乐郡王韦渊奉高宗皇帝赵构之命，率领仪仗奉迎宋徽宗赵佶和郑皇后的灵柩，同时迎接高宗皇帝的生母韦皇后南归。画面之中出现了十二人抬的大轿，高宗皇帝的生母应该就坐在此轿之中。

由于乘轿之人越来越多，因此太宗皇帝赵光义曾下令"非品官不得乘暖轿"。暖轿是指轿顶使用布盖、四周饰有布帷的封闭型轿子，又被称为暗轿。不过这项禁令到了北宋中期以后却渐渐松弛，乘坐轿子的普通百姓变得越来越多。

不过北宋时期，有身份的男子几乎不乘坐轿子，轿中坐的几乎都是女人。官员们通常会选择骑马，只有遇到雪天雨天道路泥泞时才会偶尔乘轿。一些行动不便的老臣或者病重的官员获得皇帝恩准后才可以乘坐轿子，通常都会诚惶诚恐地给皇帝呈上《谢肩舆入内表》。

北宋的士大夫们受儒家学说影响，胸怀天下，心系黎民，绝大多数人都对乘坐轿子心存抵触，不愿以人力来代替畜力，王安石等许多北宋名臣皆是如此。

不过这种局面到了南宋时期却发生了根本性改观。偏安一隅的南宋王朝始终有一种朝不保夕之感，官场上奢靡之风也是越来越盛行。江南地区多山，骑马在崎岖的山路上驰骋既危险又颠簸，坐轿子无疑要舒适许多。南宋的官员们只管自己舒适快活，哪里会管抬轿之人的辛苦。当然还有一个客观原因，南宋时期马匹稀少，皇帝只得允许官员们乘轿，最终造成了"南宋无官不乘轿"的局面[1]。

这个习惯一直延续到了明清时期，由于轿子成了官员出行必备的交通工具，以至于轿子越造越大，抬轿之人越来越多。明万历六年（公元1578年），当朝内阁首辅张居正从都城北京赶回江陵老家奔丧，来回乘坐的居然是32人抬的大轿。轿子发展到此时已然是对人力物力财力的极大消耗，逐渐走向消亡也就成了必然！

这顶轿子背后的奥妙

在《清明上河图》中，城外郊野上有一支队伍向着城里方向缓缓行

---

[1]　（南宋）黎靖德《朱子语类》。

进，队伍前方有一项轿子，轿子上似乎插着树枝之类的东西。《东京梦华录》记载："轿子即以杨柳杂花装簇顶上，四垂遮映。"①清明节时，开封市民习惯于将杨树、柳树的树枝以及各种杂花放在轿顶，垂下来之后几乎将整个轿子都遮蔽起来。这顶轿子所反映的究竟是不是这个清明时节特有的风俗呢？

▲ 城外郊野准备进城的队伍

对此，学界一直莫衷一是，因为这牵涉到一个重大问题：《清明上河图》中的"清明"二字究竟是何意？流传最广的说法自然是清明节，但也有学者认为是"政治清明"之意，还有学者认为是清明坊（开封府京东第一厢下辖的坊）之意。对"清明"二字的不同理解又衍生出了另外一个问题：图中所描绘的究竟是哪个季节？是春季，还是秋季，抑或是四时景？

---

① （宋代）孟元老《东京梦华录·清明节》。

其实早就有学者对传统的"春景说"提出过质疑①，还特地列出了六条证据：

第一，郊外有五匹载着木炭的驴子向城中而来，这些木炭是东京准备过冬御寒用的。

第二，一家农场中放着石碾，看样子好像刚打过秋收庄稼。

第三，扇子和草帽的出现，用以驱暑遮阳。

第四，一个饮子铺的招牌上写着"暑饮子"。

第五，虹桥南岸、北岸、桥上有几处摊子上放着切好的西瓜块。

第六，一家酒店门前的酒旗上写着"新酒"二字。

不过很快便有学者对此提出了质疑，结合那些质疑的声音，笔者谈一下自己的看法。

先来说一说木炭。木炭除了取暖外，还广泛用于生火做饭等居民日常生活，许多手工业作坊也需要用木炭作燃料，因此开封城中一年四季都需要大量木炭，并非只有到了秋季为过冬做准备时才会向城内运炭。

再来说说石碾。郊外一户农家院中放置着一个石碾，但看不出刚刚碾过秋收庄稼的迹象，也可以理解为春季时闲置在院内。不过春季田地里应该是一副欣欣向荣的景象才对，但画中的田地看起来却有些荒芜，似乎不太符合常理。

▲ 郊外的农家院

<hr />

① 孔宪易《清明上河图的"清明"质疑》，《美术》1981年第2期。

▲ 荒芜的田地

　　再来说说饮子铺。城内"王员外家"旅馆旁边有一家饮子铺，遮阳伞下挂着一块木牌，不过上面写的是"香饮子"而并非"暑饮子"。

　　再来说说西瓜。虹桥边的几个小摊上的确摆着一些条形块状物，与切好的西瓜看上去很像，但据此便认定这就是西瓜块，未免缺乏说服力。况且西瓜来自西域，北宋时期的开封究竟有没有西瓜，目前在学术界还存在着争议。

◀ 虹桥上的小摊贩

最后说说新酒。富丽堂皇的十千脚店门前挂着一面酒旗，虽说酒旗上的文字因时间太过久远而有些脱落，但仍旧能够认出上面写的是"新酒"二字。

城外汴河边有一处酒家门前挂着"新酒"字样的酒旗，虽然文字有些斑驳，但还是能够依稀辨认出上面所写为"新酒"。

▲ 十千脚店门前的酒旗

新酒在唐宋时期有着特殊的含义，并非所有新上市的酒都能被称为新酒，只有在夏秋之际用新近成熟的小麦所酿的酒才能被称为新酒，中秋前后饮新酒也成为当时人们的一种习俗[1]。很多历史文献对此均有所记载，这是不争的事实。

---

① （宋代）孟元老《东京梦华录·中秋》记载："中秋节前，诸店皆卖新酒。"（南宋）耐得翁《都城纪胜·酒肆》："天府诸酒库，每遇寒食节前开沽煮酒，中秋节前后开沽新酒。"

◀ 城外汴河边的一处酒家

虽说新酒是中秋前后酿造的，但新酒的销售时间却不仅仅局限于秋季，如果酿造的新酒数量比较多，转年春季也会继续销售，很多宋人也会在春季饮新酒。

北宋诗人张方平在《都下别友人》中写道："海内故人少，市楼新酒醇。与君聊一醉，公袂此残春。"

南宋诗人陆游在《春日杂兴十二首 其十》中写道："阴晴不定春犹浅，困健相兼病未苏。见说市楼新酒美，杖头今日一钱无。"

从北宋到南宋，百姓一直有春季饮新酒的习俗，因此新酒并不只会在秋季出现。

上述论据似乎都有些站不住脚。扇子和草帽虽是夏季常见之物，却并非只能在夏季使用。一些买不起帽子的穷苦百姓只能戴草帽挡风。扇子也不再仅在夏天扇风时才会用到，而是成为身份地位的象征。

在《清明上河图》中，一个骑马之人扭过头，似乎想要和某人说话，但那人却将扇子挡在自己的面前，扇子此时无疑又有了其他的用途。

▲ 用扇子挡脸的人

　　不过画中却有一个耐人寻味的细节，城外丁字街头的那辆豪华牛车车厢之中，一个女眷轻轻撩开帘子，随从心领神会地快步走上前去，递给她一把团扇。如果是某人在冬春季节为了附庸风雅拿把扇子倒也不足为奇，但她为何会迫不及待地索要扇子呢？

　　对此最为合理的解释恐怕是车内较为闷热。若是清明前后还不至于这么热，不过在秋季，暑热还未彻底散去，车内又相对封闭不通风，她才会如此急切地索要扇子。

▲ 豪华牛车内的女眷接过团扇

①女眷　　②团扇

89

我们再将视线移回那顶奇特的轿子。有的学者认为轿顶上放的东西其实是在初秋"报秋成"时用的"麻谷窠儿","窠"应该就是"棵"的意思，也就是将一大棵农作物绑在轿子上。在祭拜先人的时候特地将自家轿子装点成这个样子，是想禀告自己的祖先今年收成还不错。

其实《清明上河图》中有很多被认定为反映清明节风俗特征的场景，若说成是秋景也能说得通，比如王家纸马店门前堆积如山的纸马。清明节自然是祭奠先人的日子，但中元节（阴历七月十五日）前后宋人也会掀起祭奠祖先的高潮。

我们不妨再来看看那个抬轿的轿夫，他穿的居然是短裤。孙羊正店门口的两个伙计穿得更少，居然光着膀子练习拉弓。临近郊野的小茶肆门外也有一人脱掉了自己的上衣，将其围在腰间。

北宋末年位于两个小冰河期之间，天气自然要比今天更为寒冷，即便是在全球气候变暖的今天，在清明节前后的河南，恐怕也很少有人会穿得如此之少。

▲ 孙羊正店门口光着膀子的伙计

虽然个别穷苦人因没钱购置长衣长裤，只得穿短衣短裤过冬，但《清明上河图》中却有五十多人穿着短裤或七分裤，上身穿得也比较少，因此这并非是个特例而是普遍现象。这恐怕便只有一种可能了——画中所描绘的并非是春景而是秋景！

若是刚刚经历了严冬，气温虽已开始回暖，但也并不至于让人感到很闷热，人们自然不会一下子穿得很少。可若是刚刚经历了酷暑，尽管已是秋风萧瑟，天气转凉，但很多忙于劳作的底层劳动者还没有来得及换上冬装，这也就是很多画中人穿得比较少的原因！

笔者认为《清明上河图》中的"清明"二字应为政治清明之意，描绘的其实是秋景而非春景！

▲ 临近郊野的小茶肆门外脱掉上衣的人

［1］刘吉淼.《清明上河图》中宋代陆路交通工具的考古学观察［J］.长江丛刊，2019（21）：2.

［2］云弓.宋代官员的打的生活［J］.人才资源开发，2009（6）：1.

［3］赵蕊.唐宋时期陆路交通工具的演变历程［J］.青春岁月，2013（15）：1.

［4］郭军浩.宋代市马的几个问题［D］.桂林：广西师范大学.

［5］项榆婷.宋画中的车舆研究［D］.杭州：浙江大学，2017.

［6］乜小红.唐五代畜牧经济研究［M］.北京：中华书局，2006.

［7］张亮亮.《宋画全集》中的车、轿图像研究［D］.杭州：浙江大学，2018.

［8］闫艳.释"辇""舆"及其他［J］.艺术百家，2010，26（2）：185-188.

［9］陈彦姝.宋代官署故事三则［J］.装饰，2012（12）：3.

第二章 靠啥说走就走

第三章

为了碎银几两

※ 第一节　开封，梦想起航的地方

开封的标准称谓

开封府、开封县、开封城，估计很多人会分不清，我们先来说一下开封府！

唐代以前，地方行政区划之中并没有"府"这个建制，开元元年（公元713年），长安所在的雍州升为京兆府，洛阳所在的洛州升为河南府，太原所在的并州升为太原府，随后又增设了河中府、凤翔府、成都府、江陵府、兴元府、兴德府、兴唐府等7个府。

唐代府的数量最多时也不过10个，开元末期，唐代共有州府328个，府的数量只占总数的约3%，可谓凤毛麟角。其实府与州是同一级行政区划，只是府的政治地位会高一些而已。

唐代时，开封府被称为汴州，虽也属于区域性重镇，但影响力却颇为有限。开封地位的迅速蹿升得益于一个乱世枭雄，此人一生之中曾有过三个名字。最初名叫朱温，本是个过着寄人篱下生活的"草根"，却并不安于现状，投奔唐末农民军领袖黄巢麾下为将。朱温虽然名"温"，却绝非谦恭温顺之人，眼见着黄巢日薄西山，于是投降了朝廷，在农民军背后狠狠地捅了一刀。

朱温接受招安后被赐名朱全忠，却毫无忠诚之心，身为宣武节度使的他以汴州为大本营迅速扩充自己的势力，羽翼渐丰之后，竟将皇帝视为自己手中的玩物。

公元907年，朱全忠废掉了唐哀宗李柷，建立后梁，同时将自己的老巢汴州升为开封府并以此作为都城。可后梁却是个短命王朝。朱全忠的宿敌李克用有一个能征惯战的儿子李存勖，而朱全忠的那些儿子不仅不争气，还不团结，最终落得个亡国灭族的下场。

公元923年，李存勖灭后梁，建立后唐，定都洛阳，将开封府降为汴州。不过后唐的历史也不长。

公元936年，石敬瑭在契丹人出兵协助下灭了后唐，建立后晋，建都汴再度将汴州升为开封府并一直延续到了北宋，开封也一跃成为全国性政治经济中心。

北宋时期，府的数量大增，军事要地和经济重镇相继设府。到了明清时期，府彻底取代州成为县之上的行政单位。

开封府管辖着开封城及其周边很大一片区域，虽然辖区屡有变化，却长期管辖着17个县，其中开封、祥符两县是地位最高的京县。开封城中有一条纵贯南北的中轴线御街，御街以西为祥符县，以东为开封县，不过这两个县的区划范围却不仅仅局限于开封城内，还包括城外郊区。

随着厢的设立，开封城改由厢来管辖，后来又在厢的上面增设了都厢，由开封府直辖。虽然开封城名义上仍旧属于开封、祥符两县的辖区，但实际上这两县却丧失了对开封城的管辖权，只能管开封城外的郊区。

很多学者会说开封是一座拥有上百万人口的大城市，实际上这个表述并不准确。开封府的确拥有上百万人口，但除了开封、祥符两县外，还管辖着15个畿县。这些畿县的人口密度虽与开封城不可同日而语，不过辖区面积却不小，所辖人口自然也就不少。

北宋各时期开封府人口状况①

时期	主户	客户	总户数	总人口
太平兴国年间（公元976—984年）	90232户	88399户	178631户	893155人
熙宁年间（公元1068—1077年）	—	—	167194户	835970人
元丰元年（公元1078年）	183770户	51829户	235599户	1177995人
崇宁元年（公元1102年）	—	—	261117户	1305585人

开封府人口总数从北宋初期的80多万上升到了北宋末期的130多万，此外还居住着并不接受其行政管理的部分人口，比如禁军，数量在20万左右，还有皇族成员、中央官员及其仆从，数量在10万左右，因此开封府境内人口总数在160万左右，不过这些人却并非都住在开封城中。那么开封城中究竟住着多少人呢？

北宋天禧五年（公元1021年），开封城内有97750户，按照平均每户5口人来计算，人口约为488750人。如果考虑到没有登记的流动人口和不用向开封府登记的皇室成员和军队士卒，城中会有60万人左右，以今天的眼光看来，似乎并没有什么稀奇，但在当时可是一个不小的人口奇迹！

开封城连同近郊人口总数应该能达到70万～80万人，同时代的美洲还处于蛮荒阶段，欧洲大型城镇的人口才刚刚突破万人，即便300年后的伦敦也不过才4万人。1800年时，欧洲人口最多的城市伦敦才有近96万人，巴黎人口也只有50万稍稍多一些②，可见北宋时期的开封是多么繁华！

---

① 数据来源：《太平寰宇记》《北道刊误志》《元丰九域志》和《宋史》，人口按照每户5口人测算。

② （美国）刘易斯·芒福德《城市发展史——起源、演变和前景》。

开封城布局的奥妙

开封城共有三重，最里面的是宫城（也被称为大内），位于内城中央稍偏向西北的位置，本是唐代宣武节度使朱温的衙署，后来扩建为皇宫，之后却因受制于狭窄的地形而难以进行扩建。

宫城呈东西方向略窄、南北方向略宽的长方形。经过考古挖掘，东、西城墙约为690米，南、北城墙约为570米，四墙总长为2520米左右[1]，面积约为393300平方米。标准足球场为105米长，68米宽，宫城面积大致相当于55个足球场，比北京故宫一半稍多一点。唐代长安城中有大明宫、太极宫和兴庆宫三大宫殿群，仅仅是大明宫一处便有3.2平方公里，大致相当于8个开封宫城那么大。与那些被誉为"天可汗"的唐代皇帝比起来，宋代皇帝们住得实在是有些憋屈！

开封内城城墙呈准正方形，四墙总长11550米左右，面积大致相当于21个宫城。唐长安城和洛阳城宫城外专设有皇城，中央官署便位于皇城内，但开封城内却并无皇城，各个中央官署散落在内城之中，掩映在鳞次栉比的民居和商铺间。

开封外城城墙呈东西方向略窄、南北方向略宽的长方形。经考古实际测量，东侧城墙约7660米，西侧城墙约7590米，南侧城墙约6990米，北侧城墙约6940米，四墙总长29180米[2]，外城面积为53.11平方公里，大致相当于135个宫城或6.4个内城。唐长安城的面积为87.27平方公里，宋开封城的面积大致相当于唐长安城的60.86%。

汴河、蔡河、金水河、五丈河等4条河流穿开封城而过，形成了庞大的水利网，打造了开封"天下之枢"的重要地位，也带动了开封经济的繁荣。4条河流穿城而过的地方均修建有水门，只能通行船只而不能走人。为了防止敌军从水路发起进攻，水门上还建有可以开启的大水闸，战时便会将大水闸落下来。

第三章 为了碎银几两

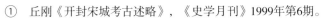

① 丘刚《开封宋城考古述略》，《史学月刊》1999年第6期。
② 丘刚《开封宋城考古述略》，《史学月刊》1999年第6期。

外城是开封城最为重要的防御屏障，城墙高耸巍峨，城门雄伟宏大，女儿墙、敌楼、战棚等军事设施一应俱全。站在外城东城墙下遥望城内，只能隐隐看到繁塔和铁塔两座塔。

铁塔是如今开封市区内所剩不多的宋代遗迹，始建于北宋皇祐元年（公元1049年），为八角十三层，高达55.88米，因位于开宝寺内，也被称为"开宝寺塔"。铁塔其实并非铁质，而是其遍体均为褐色琉璃砖，看上去好似铁铸一般，民间便将其称为"铁塔"。铁塔先后历经了37次地震、18次大风、15次水患，却依旧巍然屹立不倒。

开封流传着一句谚语："铁塔高，铁塔高，铁塔只搭繁塔腰。"繁塔建于北宋开宝七年（公元974年），原名兴慈塔，因建于北宋四大皇家寺院之一的天清寺内，故又名"天清寺塔"。它比铁塔早建了75年。繁塔共有9层，高240尺，约为76米，比铁塔高了20多米，可谓名副其实的"京城第一高"，与铁塔并称开封城内的两大地标性建筑。

包拯其实不是开封府尹

提到开封府，很多人会自然而然地想到开封府尹包拯，但实际上包拯从未担任过开封府尹。

开封府的一把手开封府尹是个从三品的职事官，通常由亲王来担任[1]，只有皇帝的弟弟、儿子才有可能获封亲王。在担任过开封府尹的四位亲王之中，晋王赵光义成为北宋第二任天子，史称"宋太宗"；寿王赵恒成为北宋第三任天子，史称"宋真宗"；另外两位齐王赵廷美和陈王赵元僖也都是很受皇帝青睐的亲王。

北宋至道元年（公元995年），寿王赵恒被父亲太宗皇帝赵光义册立

---

[1]　（南宋）陆游《渭南文集》。

为皇太子，此时他仍旧兼任着开封府尹，于是便有朝臣上奏说，皇太子与皇帝都属于超品，也就是位居一品之上，可开封府尹却是个三品官，由皇太子来继续担任开封府尹恐怕有些不妥。太宗皇帝也觉得他说得有道理，于是便命皇太子赵恒判开封府事。这是一个差遣而并非一个官职，自然也就没有品级。自此之后，皇太子以判开封府事的名义统领开封府便成了惯例，开封府尹这个位子便空置下来。

宣和七年（公元1125年）十二月戊午日，徽宗皇帝赵佶任命皇太子赵桓（也就是后来的宋钦宗）为开封牧，此举又招致朝臣的非议，因为开封府牧与开封府尹一样同为从三品的职事官，作为超品的皇太子担任这个官职也有些不妥。因此皇太子赵桓仅仅担任了两天便卸任了。

开封府尹、开封府牧在绝大多数时间内都空置着，判开封府事的皇太子往往并不管理开封府实际事务，因此朝廷通常会任命一名官员权知开封府事，由他来实际主持开封府内日常事务。包拯便曾权知开封府事，但并非开封府尹。

权知开封府事是差遣，开封府尹、开封府牧是职事官，两者到底有何区别呢？

神宗元丰七年（公元1084年），史学家司马光为皇帝奉上《资治通鉴》时所担任的官职是：

朝散大夫（散官从五品下）

右谏议大夫（职事官从四品）

权御史中丞（差遣）

充理检使（兼差遣）

赐紫金鱼袋

司马光的官职居然有一大长串，其中有官，有职，还有差遣。司马光担任的散官为朝散大夫，散官仅拥有能够决定穿什么颜色的官服、佩戴什么形制的鱼袋等比较虚的政治待遇。司马光担任的职事官为右谏议大夫，不过却并不代表他实际干什么工作，只能代表他是从四品的官员并由此确定他应该享受什么样的工资待遇。至于他究竟要去哪个单位上班，具体要干些什么活儿，还需要听候朝廷的差遣。也就是说右谏议大夫虽是中书省的官，但司马光却未必去中书省上班。

权御史中丞是司马光的差遣，御史台的一把手御史大夫在宋代经常空缺，因此他这个权御史中丞实际上就是御史台的一把手。

司马光还有一个兼差遣就是理检使，主持检院、鼓院事宜。理检使通常由御史台的负责人兼任。

司马光并没有"职"。"职"在宋代特指馆职，如包拯曾任天章阁待制、龙图阁直学士，被人称为"包待制""包龙图"。北宋诸殿、阁学士均为正三品，直学士为从三品，待制为从四品，直阁（全称为直龙图阁、直天章阁等）均为正七品。

在民间传说中，包拯担任的馆职被说成是龙图阁大学士。宋代确实有大学士，昭文馆大学士、集贤殿大学士均由宰相兼任，但龙图阁却并未设置过大学士。之所以要刻意在学士前加上一个"大"字，寄托着百姓们期盼包拯能够成为宰相的美好希望！

官员带馆职是能力和荣誉的象征。带馆职的官员有机会成为皇帝的文学侍从和私人顾问，与皇帝作诗聊天，共议朝政，但这只是一种可能而已，能否真正入得了皇帝法眼可就不一定了！

在北宋前期，职事官实际上承担着散官的职能，差遣实际上承担着职事官的职能，而散官却处于可有可无的尴尬地位。之所以会出现这种局面，是因为宋代权力配置过分强调均衡而导致的。

北宋发端于混乱黑暗的五代十国，为了能够长治久安，官制处处体现着权力制约与均衡，比如刻意剥夺了宰相的军事权，另外设立枢密院，侵夺了原本属于兵部的权力；蓄意剥夺了宰相的财政权，另外设立三司，管理盐铁、度支、户部三个部门，使得户部名存实亡，三司使因此号称"计相"，地位仅次于执政。执掌监察大权的御史台的官员不得由宰相举荐，而是由皇帝亲自选拔任用，使得御史台成为直接对皇帝负责并且足以与宰相抗衡的"耳目之司"；还成立谏院，剥夺了原属中书、门下两省的进谏权力，使其成为钳制相权和舆论的重要工具。

为防止发生军事叛乱，北宋确立了军事指挥、兵马管理和战役实施三权分立的军事统领格局。枢密院为最高军事指挥机构，负责军事战略制定和军事部署调动，却并不实际统领兵马。正规军禁军由殿前司、侍卫亲军马军司和侍卫亲军步军司"三衙"统领，不过只是负责日常训练与管理，并不参与军机。如若发生战事，朝廷会选派将领领兵出征，三衙按照枢密院的指令将有关兵马划归该将领指挥，不过等到战事结束后，那些兵马便会重新划归原单位管辖。

这种制度设计使得将帅们很难像之前那样在将士中间形成强大的影响力和号召力，自然也就无法发动叛乱了，不过也导致出征将帅对麾下将士的作战特点和战术素养并不了解，而将士们对出征将帅的用兵方式和打仗风格也不熟悉，造成了"兵不识将，将不识兵"的局面，严重削弱了军队的战斗力。

由于朝廷在原有正式行政机构之外又重建了一套编制外行政机构，还侵夺了它们的权力，三省六部、九寺五监等正式行政机构沦为闲散单位，编制外行政机构却掌握着实权。但编制外行政机构又没有被正式纳入正式官制之中，于是便用三省六部、九寺五监等体制内行政机构的官职来代表品级和确定待遇，同时让官员获得相应的差遣到编制外行政机构去工作，导致行政效率低下，"冗官"问题严重，很多官员拿着高薪却不干事，很多官员想干事却没有舞台。

北宋元丰五年（公元1082年），神宗皇帝赵顼对官制进行过一次大变革，撤销了有名无实的散官，设立寄禄官。寄禄官承担起阶官职能，一个官员的品级高低、政治地位和经济待遇均与寄禄官挂钩，不过却没有实际职掌。此外，神宗皇帝赵顼还按照唐朝初年权力运行模式恢复了早就被架空的三省六部和九寺五监的职权。

虽然差遣并未被彻底取缔，但数量大幅减少，职事官也渐渐变得名副其实，获得任命后便可以正大光明地去相关部门上班了！

※ 第二节　各种职业任你选

当官最容易的时代

这位正在出城的中年官员头戴斗笠，身着白色圆领长衫，衣领处还有衬领，怀中抱有一根马鞭，骑在俊秀高大的白马之上，气质儒雅，神情悠然。

他的身旁居然有九名属役跟随左右，这九人头戴样式统一的曲脚幞头，上身穿长达膝盖的圆领长衫或对领长衫，将长衫下摆掖到自己的腰间；下身穿长不到足腕的短裤，类似如今的七分裤。

走在最前面的那名属役手中拿着权杖引路，紧随其后的属役鸣锣开道，还有三人护卫在官员的马前，后面两人小心翼翼地牵着马，马后还有一人扛着古琴，最后那人吃力地挑着担子。

由此看来，在宋代当官的待遇还是很不错的，但如何才能当上官呢？

第一个途径是科举取士，朝廷按照人才需求设置考试科目，选拔考试合格人员为官，类似于今天的公务员考试。统计可考的两宋举办的贡举考试130次，可知总共录取了109950人[①]，再加上制举、童子举、宗室应举、

---

① 张希清《论宋代科举取士之多与冗官问题》，《北京大学学报》1987年第5期。

词科等其他科举方式录取的人员，总人数高达115427人。

北宋、南宋共计320年，平均每年取士361人；唐代延续了290年，通过科举方式取士20619人，平均每年录取71人；明代延续了277年，通过科举方式取士24612人，平均每年录取89人；清代从1644年入北京到1905年底废除科举止，通过科举方式取士26881人，平均每年录取103人。可见若想通过科举当上官，宋代无疑是前无古人、后无来者的最好时代！

第二个途径是门荫补官。如果你压根就不是学习的材料，估计科举这条路很难走得通，但若你有幸是个"官二代"，那么便可以走门荫补官这条道。

宋代门荫补官的名目有很多，比如举行祭祀活动，活动搞得很成功，皇帝会准予荫补；皇帝过生日，生日派对搞得很欢快，皇帝会准予荫补；更换年号进行改元，皇帝心情很愉悦，也会准予荫补；官员退休，皇帝觉得你在任上任劳任怨，没有功劳也有苦劳，会准予荫补；临终前给皇帝上遗表，皇帝看后感动得泪流满面，也会准予门荫补官。虽然门荫有着严格的制度，但皇帝的心情也很重要！

第三个途径是从军补授，先当兵，打仗立功后被提拔为军官。亲冒矢石斩获敌首、奋勇杀敌身负重伤、骁勇善战击退贼寇、运筹帷幄运粮守城、不辞辛劳修筑关隘都属于立功，其实就是以性命来换功名，可谓喜欢比勇斗狠者的首选。从军补授是没有品级的流外武职入流的主要途径。

第四个途径是胥吏出职，先在官府中谋一个胥吏的差事，然后再慢慢熬年头、等机会，幸运的话或许能混上个一官半职。胥吏出职是流外文职入流的最主要的方式，不过官与吏本就是殊途，虽有路相通，却也并不好走。

第五个途径是纳粟摄官，其实就是官方认可的赤裸裸的"买官"。北宋景德二年（公元1005年），为了保障河北前线的军粮供应，真宗皇帝赵恒采取了纳粟授官制度——根据运送路程的远近和进献军粮的多少，朝廷会授予相关人员十等官职。比如向河北边塞运送一千石粮食，朝廷将会授予本州助教、文学之职；要是达到一万石，将会授予大理寺丞、供奉官之职。这无疑为那些富商入仕提供了一条捷径。之后，这项制度并没有废

止，而是一直延续了下来。

南宋嘉定六年（公元1213年），吏部当年共计授官38870人[①]，其中通过科举入仕的官员为10925人，占比为28.1%；通过门荫补官入仕的官员为22116人，占比为56.9%，是通过科举入仕的官员的2倍多；通过胥吏出职入仕的官员为1834人，占比为4.72%；通过从军补授入仕的官员为2891人，占比为7.44%；通过进纳买官入仕的官员为940人，占比为2.42%；通过其他非常规方式入仕的官员为164人，占比为0.42%。

在宋人眼中，只有科举进士出身的官员才是国家的精英和朝廷的栋梁，通过门荫补官当上官的人因娇生惯养，多自命不凡，骄纵任性；通过胥吏出职当上官的人因长期浸染在官场这个"大染缸"中，极易舞文弄法，营私舞弊；通过进纳买官当上官的人普遍奉行金钱至上的理念，大多会贪污受贿，中饱私囊[②]。这种观点虽未免有些以偏概全，不过却也在一定程度上代表了宋人对不同出身的官员的基本印象！

当个农民很辛苦

自从商鞅变法之后，"重农抑商"便成为秦国的基本国策，其后历代王朝也大多延续着这项国策。社会各阶层被划分为"士农工商"四个等级，社会地位最高的当属士，主要指通过科举入仕的读书人；仅次于士的便是农民，"国以民为本，民以食为天"，因此农民的地位通常会被抬得比较高；次于农民的是手工业者，也就是靠一技之长吃饭的手艺人；最末等的是商人，古人认为商人是低买高卖的投机者，并不会增加社会财富，因此一直受人轻视。

虽说农民的社会地位并不低，但务农却是个苦差事，忙碌一生也只能

---

① （南宋）李心传《建炎以来朝野杂记·嘉定四选总数》，注意此数并不包括不经由吏部的旨授和堂除。旨受是由皇帝任命，比如宰相、御史台官员的任免。堂除是宰相机构中书门下（元丰改制后为三省）直接任命的高级官员，枢密院官员的宣授也是堂除的一种特殊形式。

② （南宋）魏了翁《鹤山集一百三·御策一道》。

勉强解决一家人的温饱。

在《清明上河图》中，一位农民站在井前，摇动着井口的辘轳，将水引入蓄水池中，需要灌溉田地时便会打开闸门，将水导入田地之中，浸润田里的庄稼。不远处还有一位农民挑着水，正在返回自家田地。

一间农舍前放着石碾子，还拴着一头耕牛。耕牛是农民耕作时不可或缺的牲畜。开封郊野的农舍多为茅草覆盖，墙身用黄泥包裹，用木柱支撑，可见农民的居住环境还是比较简陋的。

▲ 郊外的农舍

宋代农民依旧是靠天吃饭，极易受自然灾害的影响。虽然每逢灾年或者青黄不接时，官府会通过"赈贷"等方式紧急向农民拨付口粮或者发放小额贷款，帮助农民顺利渡过困境，不过却难以惠及所有农民。

每到大灾之年，大量农民被迫流离失所，无依无靠，无米无水。每到此时，朝廷便会招募部分灾民充实到厢军之中，也算是给那些濒临绝境的灾民一条出路，以免他们走投无路而沦为土匪强盗，但那些身体羸弱的男人和妇女儿童却只能自寻活路了。

即便并未遇到旱涝灾害，每年仍旧会有大量农民远走他乡。宋代农业税税率为10%，看上去似乎并不算高，但由正税却派生出支移、加耗等名目繁多的附加税。

支移就是官府借口前线急需补给，要求农民将作为实物税缴纳的谷物等农作物运送到边关等相关地区，由此产生一定的运输费，也就是脚钱，便被称为支移。

加耗就是作为实物税缴纳的谷物等农作物、绢等丝织品在保管和运输过程中会出现一定的损耗，需要在法定征收额度之外再多征收一部分。不少官员以加耗为借口大肆中饱私囊，使得越来越多的农民难以承受，只得将自家土地售卖，被迫走上打工之路。

很多失去土地的农民会选择成为佃户，大规模农场也开始涌现。《耕获图》所描绘的便是江南农场内的劳作场景。青山之下，田亩相望，阡陌交通，小桥卧波，绿树成荫，以小溪为界分别阐述了耕耘与收获两个主题。

这里是大宋

▲（南宋）杨威（据传）《耕获图》

① 主管官员　② 十字歇山式建筑　③ 彩楼欢门
④ 酒楼　⑤ 扬簸的工人　⑥ 搬运的工人
⑦ 淘洗的工人　⑧ 磨面的工人　⑨ 纤夫
⑩ 船工　⑪ 赶车人　⑫ 推车人　⑬ 船工
⑭ 挑水的工人　⑮ 有"新酒"字样的招牌

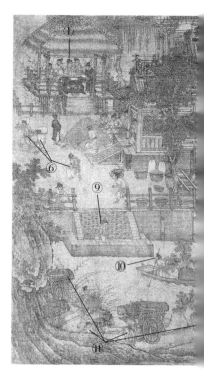

小溪东岸中间位置有一间房舍，一位老者策杖立于门前，此人应该就是前来视察农场生产状况的农场主。他的正前方有一架水车，四个佃户站在水车上不停地用脚转动链轮，将河水引入农田之中。

东岸北侧是一片稻田，十几有些佃户正在犁田，也就是将犁具挂在牛的身后，疏松脚下的土地。南侧也是一片稻田，有的在割稻，有的在插秧，有的在挑稻，有的在耘田。

一座小桥飞架小溪两岸，桥东头的田埂上有一人手持遮阳伞，应是农场之中负责督促佃客劳作的监工。

小溪的西岸是一片收获的景象，有的在打稻，有的在扬稻，有的在舂米，有的在堆垛，有的在入仓，忙得汗流浃背，气喘吁吁。

而麦子等农作物往往要磨成粉之后才能食用，自耕农通常会选择用石磨来自己磨，但对于粮食产量较大的农场来说，要么自建磨坊，要么将所产粮食都运到专业磨坊去磨。

▼（五代宋初）卫贤《闸口盘车图》

《闸口盘车图》描绘的是一处规模宏大的官营磨坊。这座气势恢宏的磨坊的屋顶为十字歇山建筑样式，四面是装饰精美的山墙。磨面的设备也很是先进，大水车驱动磨盘，小水车驱动筛谷。

磨坊两侧各有一处平台，东侧平台上堆积着运来的麦子，有的工人在挑水，有的工人在扬簸，有的工人在淘洗，有的工人在搬运。这些处理完毕的麦子会被运到磨坊之中去磨，磨好之后便搬运到西侧的平台上装袋。磨坊建在河边，无论是运来麦子还是运走面粉，都需要通过船只来运输。

西侧平台上建有一座茅亭，主管磨坊的官员坐在几案前，身穿青色公服，头戴直脚幞头，散官阶应为八、九品之间。一人毕恭毕敬地站在他的身旁，身穿皂色公服，应该只是个没有品级的胥吏，因他在皂吏之中地位相对较高，也头戴直脚幞头。两人身后还站着三名地位低一些的胥吏。这些官吏平日里负责监督磨坊工人劳作，及时将生产情况记录在案并报告上级部门。

画面右侧居然还有一座大酒楼，官员们正在楼上开怀畅饮。酒楼门前挂着写有"新酒"二字的招牌。

随身携带行李的穷苦人

北宋建立后，朝廷认为磨坊能带来丰厚的利润，于是便通过专营方式垄断了开封的水磨业。磨坊不仅仅能磨面，还能制作高端茶饼，皇帝对水磨坊的运营状况也极为重视。太宗皇帝赵光义仅仅在太平兴国二年（公元977年）一年之中便四次视察开封附近的水磨坊，还赏赐给工人布匹和丝绸。

不过官营水磨坊后来却招致越来越多的质疑批判之声。北宋元祐元年（公元1086年），开封赖以生存的汴河严重缺水，位列"唐宋八大家"之一的苏辙便给朝廷呈上《乞废官水磨状》，直斥朝廷与民争利，要求废除官营水磨坊，还专门为朝廷算了一笔账：那些建在汴河边的官营水磨坊每年虽可以为朝廷上缴40万贯的利润，但疏通河道的花费每次却高达240万贯，实际上是得不偿失。

虽然很多失去土地的农民会选择成为佃户，但也有很多人会去大城市中闯一闯，寻找能够改变自己命运的机会！

在《清明上河图》的结尾部分，一处大户人家的府邸前站着两个远道而来的人，一个将沉重的行李放在地上，另一个仍旧将行李背在自己身后。两人不似是来此投亲的，应该是前来打工，正用新奇的目光注视着眼前的一切。

他们或许就是因走投无路而进城务工的农民中的一员。农民们告别了熟悉的家乡，踏上了陌生而又未知的进城之路，有的扛着行李，有的肩挑着竹筐，有的担着担子，游走在开封城内外的大街小巷上，找寻着工作的机会，也找寻着生活的希望！

做个技术精湛的手艺人

若是有一技之长，你可以到开封城中那些大大小小的作坊里去当个手艺人。宋代手工业作坊规模之大、分工之细、生产技术之高都远超唐代。

私营手工业作坊渐渐摆脱了副业地位，日趋专业化，生产活动也不再主要依靠家庭成员，而是开始大量招募手工业工匠，为越来越多的进城务工人员提供了就业机会。

朝廷开办的官营作坊将各领域的手工业精英召入麾下，从事的多是尖端器物的研发制作，往往需要多工种密切配合。为防日后出现问题难以查明原因，于是实行勒名制，也就是工匠在自己所生产的产品上刻上自己的名字，一旦出现质量问题便会追究其相应的责任，这迫使那些官营工匠在生产时不敢有一丝一毫的马虎。

随着官营作坊与私营作坊的蓬勃发展，很多原本普普通通的小工匠会因为自己的重大发明而名垂青史。

毕昇本是个从事雕版印刷的普通工匠。当时每印一本书便要重新雕一次版，不但会耗费许多时间，还使得印刷成本始终居高不下。他想，若是能够改用活字版，虽然制作活字的工作量不小，但活字却可以反复使用。正是这个灵光一闪的想法使得他发明了活字印刷术。

毕昇用胶泥制成规格统一的毛坯并在上面刻上反体字，所刻之字凸出的尺寸如同铜钱边缘那么薄，然后再用火烧硬，制成一个个胶泥活字。常用字通常要准备几个甚至几十个，以防同一版内重复使用，遇到生僻字可以随制随用。为了方便查找，他还将胶泥活字按韵分类放在木格子之中并贴上标签，用的时候可以快速找到。

排完版之后用火烘烤，等药剂稍微熔化，用一块平板将活字表面压平，等到药剂冷却凝固后便可以印刷了。先在上面刷上墨，然后再盖上纸，只需轻轻按压便可印出想要的版面。为了能够连续印刷，他们会同时准备两块印版，一块用于印刷，另一块用于排字，两块印版交替使用，极大地提高了印刷效率。

印刷完毕后，将两块印版放在火上烘烤，等到药剂被烤化之后，只需轻轻一抖，活字便会脱落下来，工作人员将其放回原来的木格之中，以备下次印刷时使用。毕昇还试验过木活字，但印刷效果并不理想，胶泥活字便渐渐推广开来。

毕昇这个原本籍籍无名的小工匠发明的活字印刷术不仅节省了印刷成本，还缩短了制版时间，堪称印刷史上一次伟大的技术革命，为人类文明做出了重大贡献。

宋代工匠的成就还不止于此。最早的指南针司南虽然发明于我国战国时期，但实际应用效果却并不太理想，经过漫长的技术改进，到宋代时，造船工匠们已将改造后的指南针应用于航海——水罗盘的先驱指南鱼、旱罗盘的先驱指南龟陆续投入使用[1]。自此之后，水手们便可以依靠指南鱼或指南龟来确定航向，这也使得我国的航海事业在很长一段时间内都遥遥领先于世界，开创了世界航海史的新纪元。

火药虽诞生于唐代，但那时还处于草创阶段，而且还没有"火药"这个名称。到了宋代，设于开封的工程兵部队广备指挥（又名广备攻城作）

---

①　（南宋）陈元靓《事林广记》。

下设21个作坊，其中便包括"火药作"，即历史上最早的火药武器兵工厂。正是经过火药作工匠们的不懈努力，火药才变得越来越有威力。

在"四大发明"之中，居然有三大发明是在宋代创制或者完善并在随后传播到世界各地，极大地推动了人类文明的进步，但宋代工匠们的贡献还不止于此。

北宋建筑大师喻皓将自己几十年的实践经验上升为建筑理论，著有《木经》。在建筑领域耕耘多年的李诫在《木经》的基础上编撰了《营造法式》，它不仅成为宋代建筑设计施工的官方规范，而且成为世界上最早的完备建筑学著作，极大地推动了建筑业的发展。

那些苦心钻研技艺的工匠不仅可以名垂青史，还可以借此走上仕途。

北宋熙宁五年（公元1072年），三司军将（一个没有品级的武职）王靖发明了二灶酿酒法，后来虢州（今河南灵宝）工匠常震又在此基础上研制出了三灶酿酒法。这种新的酿酒方法在开封府境内各酒坊推广使用后，每年可节省木材钱16万贯。

鉴于两人推动的技术革新为朝廷带来了巨大的经济效益，朝廷也对两人进行了奖赏。王靖升迁为大将，听着似乎很厉害，但其实只是个低级武职，后来改为进武副尉，依然没有品级，只是位次在三司军将之前而已。常震任国子四门助教（从八品上阶），不过却只是个"试官"，要想转为正员官还需要经过一系列烦琐的程序。尽管如此，对于普通工匠而言，这依旧是一件可以骄傲一辈子的事情。

为了保证产品质量，无论是官营作坊，还是私营作坊，普遍实行勒名制，这既是约束，也是激励，使得很多技术精湛的工匠名扬天下，从此过上了富足的生活。

随着儒学的兴盛，士人对高端文具的需求量日益增大。开封附近有一个姓郭的制笔大师，凭借精湛的技艺一天的收入便可达到五贯钱[1]，相当于开封城中普通老百姓将近一个月的收入。南宋时期的制笔大师屠希擅长制造高档笔，上至天子，下至儒生，无不对他所制的笔推崇备至，一支笔在市面上便可

---

① （南宋）范公偁《过庭录》。

第三章 为了碎银几两

卖到一千钱①。

宋代那些技艺精湛的工匠既可以凭借惊世手艺扬名立万，也可以走上仕途，还可以过上富足的生活。

经商需要头脑

从秦汉开始，"崇本抑末"的思想长盛不衰，直到宋代才出现了"重商主义"的倾向，使得越来越多的人走上了经商这条路。

商人分为行商和坐商两类。行商并没有固定摊位，而是走街串巷贩卖货物，由此还诞生了一种专门往来于城乡之间的小贩，统称为货郎。他们有的推车，有的挑担，每到一处很快便会被孩童们团团围住，很多偏远农村的孩童见到货郎便犹如过年那么快乐。

为了能够吸引更多的人，行商们往往需要卖力地吆喝，但声音太大却又涉嫌扰民，于是聪明的小贩便将吆喝的内容配上小曲唱出来，后来渐渐发展成为一种艺术形式——吟叫。

▲（南宋）苏汉臣（据传）《货郎图》

———————————

① （南宋）陆游《渭南文集》。

110

坐商往往会寻一处相对固定的地方售卖货物，比如找一处门脸当作自己的店铺，不过由于开封城中地少人多，房租自然也是不菲，绝大多数小商小贩根本负担不起。

小本经营的坐商往往是摆地摊，就是在地上铺一层布，然后将售卖的货物放在布上展示。不过有些商品，比如食品，放在地上很不卫生，只能摆放在桌子上。

在《清明上河图》中，修车铺对面有一人头上顶着一个类似大盘子的物件，上面还摆放着一些东西；右手提着一个长方形的物件。很多人不知此人究竟是干什么的，不过只要看一看虹桥边那张交桌便会明白，那人手中拿的是交桌的桌腿，头上顶的是交桌的桌面，桌面上放的正是他要售卖的物品——原来他正赶着去出摊。交桌的两条腿可以折叠起来，便于携带，颇受小商贩们的青睐。

▲ 前去出摊的小贩

▲ 虹桥上的交桌

有的小贩还会将一块木板搭在两张椅子上，这样便可以拼成一张简易桌，拆卸起来也很方便。

▲ 孙羊正店门前的简易桌

宋代商业之所以会达到前所未有的繁华程度，一方面是因为取消了地域的限制，城市不再有坊市之分，经商不再局限于市场里面而是遍布城中的大街小巷；另一方面是因为取消了时间的限制，随着宵禁的解除，那些商贩将营业时间延续到了晚上，甚至有时还会通宵达旦营业，打造了宋代经济的"不夜天"。

在唐代，大城市都实行宵禁制度。傍晚时分，随着六百下闭门鼓此起彼伏地响起，城门和坊门将会陆续关闭，不要说出城，即便是离开所住的坊都很困难。街道上还会有负责巡夜的金吾卫士卒，发现随意走动的人便会将其逮捕，给予"笞二十"的处罚，只有给官府传递文书、操办红白喜事或是家中有人得了重病急需买药请医生等特殊情形才会免于处罚。每每到了夜晚时分，即便是繁华的长安城也会变得死气沉沉，但这种局面却在宋代有了根本性改观。

北宋乾德三年（公元965年），太祖皇帝赵匡胤下令开封城内的夜市在三更以前一律不得禁止①。到了北宋中期以后，通宵达旦的夜市也诞生了，

————————

① （清代）徐松《宋会要辑稿·食货六十七》。

宋人的夜生活也变得愈加丰富。

开封城内的夜市虽然分布很广，但主要集中在两个条形地带。一个在马行街一带，以土市子为中心。马行街夜市有猪胰胡饼、和菜饼、獾儿、野狐肉、果木翘羹、灌肠、香糖果子等特色小吃，即便是刮风下雨下雪等恶劣天气，夜市仍旧会照常营业。

另一个在御街一带，从开封外城气势恢宏的南薰门往北走，穿过内城的朱雀门便可直达宫城的宣德门。这一路上都是笔直而宽大的御街，全长七八里，至于宽度，有的说宽二百米，有的说宽三百米，莫衷一是！

御街一带的夜市有两个中心点，一个在朱雀门，另一个在州桥。以朱雀门为中心的夜市位于御街的南段，也就是南薰门往北，一直到朱雀门前的龙津桥。在这段长约五里的街道上，店铺鳞次栉比，民居错落有致，行人熙熙攘攘。

旋煎羊白肠、鲊脯、燠冻鱼头、姜豉、䬺子、抹脏、红丝、批切羊头、辣脚子姜、辣萝卜等特色各异的小吃每天晚上都会吸引众多食客前来一饱口福，此处的果子交易与纸画买卖也很兴盛。

大宋最高学府太学便设在这段街区，北宋末年太学学生达到三千余人，极大地带动了朱雀门一带夜市的繁盛。每到夜晚，商贩的叫卖声、学子的诵读声和妓女的弹唱声便会交织在一起。

不过最繁华的夜市当属州桥夜市，也就是过了朱雀门继续往北走。这不足一里的街区可谓城中最繁华的区域，每每到了夜幕降临，华灯初上，令人心驰神往的"州桥夜市"便悄然开张了。

州桥又叫天汉桥，位于御街与东西御道的交叉口上，汴河从桥下穿过。可见，州桥既位于开封城的中心位置，又是南来北往的交通要道。

夏日里，麻腐、鸡皮麻饮、细粉素签、沙糖冰雪冷元子、水晶皂儿、生淹水木瓜、药木瓜、鸡头穰、沙糖绿豆甘草冰雪凉水、荔枝膏等消夏食品令人垂涎欲滴。冬日里，从州桥到龙津桥，一路上会有盘兔、旋炙猪皮肉、野鸭肉、滴酥水晶鲙、煎夹子、猪脏、须脑子肉等香气扑鼻的小吃，哪怕是半夜三更仍旧会有商贩出摊，等待着那些吃夜宵的客人的光顾。

逛夜市的人不仅仅是为了吃，往往还会采买些日用百货。东角楼街巷

第三章 为了碎银几两

以东位于街北的潘楼周边便有一个夜市，主要是买卖衣物，古玩字画。在土市子东边的那条十字街，每天五更时分便点灯交易，主要买卖衣服，黎明前最后的黑暗时刻反而是这里最为喧嚣热闹的时刻，等到太阳出来后，摊贩们便会渐渐散去，因此得名"鬼市子"。

开封商业的繁盛为那些肯于吃苦耐劳的商贩带来了无限的商机，随之诞生了不计其数的商业大佬，缔造了数不胜数且令人惊叹的商业传奇！

［1］龚延明.宋代官制辞典［M］.北京：中华书局，1997.

［2］张希清.论宋代科举取士之多与冗官问题［J］.北京大学学报（哲学社会科学版），1987（5）.

［3］贾玉英，赵文东.北宋开封府管理制度研究［J］.史学月刊，2001（6）.

［4］侯博觉.界画《水磨图》与北宋官营经济［N］.深圳特区报，2015-10-21（B05）.

［5］丁学姣.宋代手工业者生计研究［D］.西安：西北大学，2017.

［6］程民生.宋代工匠的文化水平［J］.厦门大学学报（哲学社会科学版），2018（5）.

［7］黄宣正，江启明，殷首福.毕昇生平与泥活字发明考证探讨（上）［J］.徽州社会科学，2018（3）：37-39.

第四章

服装里的"摩登范"

※ 第一节　皇帝的穿搭风格

老古董冕服

古人头上戴的首服分为三类。第一类是巾，主要是为了收束头发，古代无论男人还是女人都会留长发，若是披头散发肯定会影响个人形象，因此需要用巾将头发裹起来或者扎起来。第二类是帽，主要是为了御寒，避免寒邪从头部进入体内。第三类是冠，虽也有一定的实用性，但更多的却是装饰性。冕是最为尊贵的冠。"冠冕堂皇"这个词虽说如今带着些贬义，但在古代却是庄严尊贵之意。

冕服是我国古代等级最高的礼服，从先秦盛行至秦汉，不过到了宋代却已经很少穿了，渐渐沦为只在参加重大祭祀活动时才会穿的祭服。

冕最顶部的冕板被称为"綖"，主要有三种形制。第一种是规规矩矩的长方形，前后左右四边都是直线型。第二种是前面那条短边为圆弧形，后面那条短边为直线形，取"天圆地方"之意。第三种是两侧的长边做成圆弧状。

① 旒
② 綖
③ 金附蝉
④ 旒
⑤ 章纹
⑥ 白纱中单
⑦ 剑
⑧ 玄衣
⑨ 带
⑩ 红色蔽膝
⑪ 绶
⑫ 纁裳
⑬ 赤舄

▲ （唐代）阎立本《历代帝王图》中的晋武帝司马炎像

① 綖
② 玉衡
③ 旒
④ 纮
⑤ 簪导
⑥ 纩（即充耳）
⑦ 纮
⑧ 缨
⑨ 冠卷

▲ 冕

冕板前后垂下的珠串，称为"旒"，不过有的冕却并没有旒，就是光秃秃的一块板。冠卷为綖下方的圆柱形帽盖，也被称为"武"。綖的下方有玉衡，嵌入冠卷顶端的凹槽中，这样綖便被固定在下端的冠卷上。玉衡两端有孔，两边各垂下一根丝线，一直垂到耳旁，称为"纮"。纮的两端通常会各缀一颗玉珠，恰好垂到耳朵附近，称为"纊"，也被叫作充耳。

冕的两侧各有一个簪孔，簪导通过这两个孔插入皇帝的发髻之中，这样冕就被固定在了头上。皇帝若只是平时参加大朝会，稳固性自然不成问题，但若是在户外举行祭祀活动，风比较大，一旦将头上的冕吹跑了可就是重大政治事故，因此冕下通常会加缨和纮。两者的作用很相似，都是系在下巴底下，用于固定头上的冕。两者的区别在于缨为两条，两侧各一条，上端与冠卷相连，下端直接在颔下打个结，系上就行；纮却为一条，并不直接拴在冠卷上，通常是一端拴在簪导的一侧，另一端拴在簪导的另一侧，剩余部分垂下，起到装饰作用。

如今我们身上穿的统称为"衣裳"，在古代"衣"特指上衣，"裳"特指下衣。皇帝所穿冕服通常为玄衣纁裳，也就是黑色上衣和红色下衣，腰间还会系上一个围裙，称为"蔽膝"，也写作"韨膝"。冕服上还会有造型各异的丝带，称为"绶"，通常用来拴佩，不过也有纯装饰性的绶。佩一般为玉质，与绶都是身份地位的象征。

穿冕服时腰间通常会束带，从材质上看，宋代的带主要有两种，一种是皮革制成的革带，另一种是用绫、罗、绸等织物制成的锦带。不过还有一种特殊的革带，在外面罩上一层丝绸，既如革带那么柔韧，也似锦带那么美观。革带与今天的腰带类似，通常会有束腰的作用，锦带却多为装饰性的带。

穿冕服时腰间通常还会佩剑，剑身上有各种精美的装饰。

虽然冕服的每一处都透着"高大上"，但穿起来却并不舒服。只要你一动，冕上垂下来的珠串便会叮当作响，迫使你不敢轻举妄动。那些珠串虽然使得别人看不清你，但也让你看不清这个世界。最难受的还是脚上所穿的舄，也就是红色木底鞋，穿起来很不舒服！

顺便说一些古代的鞋。虹桥上便有一个鞋摊，一个顾客正坐在矮凳上

试鞋。如今凡是脚上穿的我们都统称为"鞋"。

　　丝帛制作的有底、有帮的鞋称为"履"，履在很长一段时间内泛指所有的鞋；用麻、草、藤编的鞋子称为"屝"；在履的下面再加一层木底，称为"舄"，由于有两层鞋底，通常会被称为"重舄"。舄通常在祭祀朝会时穿，因为在这些场合往往需要站立很长时间，为了防止湿气通过脚进入人的身体，于是特意加装了木底。舄主要有三种颜色，赤舄、黑舄和白舄，皇帝通常穿赤舄。"屐"是另外一种木底鞋，鞋跟（称为齿）会比较高，这样便可以使脚高悬于地面之上，适合在泥土中行进。"靴"在宋代成为官员穿公服时的标配。

▲ 虹桥上的鞋摊

　　冕服有六种，分别为大裘冕服、衮冕服、鷩冕服、毳冕服、绨冕服和玄冕服，最主要的区别是冕上旒的多少和衣服上章纹种类的多少。

　　最为隆重的时刻要穿等级最高的大裘冕服，不过大裘冕却只有一个光秃秃的冕板，上面一串珠串都没有，衣服上也一种章纹都没有，体现了"大道至简"的思想。衮冕有十二条珠串，衣服上有十二种章纹；鷩冕上只有八条珠串，衣服上只有七种纹饰；毳冕上只有七条珠串，衣服上只有五种纹饰；绣冕上只有六条珠串，衣服上只有三种纹饰；玄冕上只有五条珠串，衣服上只有一种纹饰①。

十二章纹分别为日、月、星辰、山、龙、华虫、宗彝、藻、火、粉米、黼和黻，在周代被正式确立为服章制度的重要组成部分，一直沿用到了袁世凯复辟帝制时，不过具体的纹饰却有所变化。《三才图会》留有关于章纹具体图案的记载。

日选取的图案为太阳，下有祥云，内有凤凰。月选取的图案为月亮，下有祥云，内有类似老鼠的动物。星辰选取的图案为三点相连的星座。日、月、星辰代表三光照耀，象征皇恩浩荡，普照四方。山选取的图案为连绵巍峨的群山，寓意稳重镇定。龙选取的图案为两条腾云驾雾的龙，寓意神异变幻。华虫选取的图案为拥有五色羽毛的雉鸡，寓意博学而有文采。宗彝就是宗庙彝器，选取的图案为宗庙祭祀用的酒器尊，蕴含供奉孝养祖先之意。藻选取的图案为水藻，寓意洁净高雅。火选取的图案为熊熊燃烧的火焰，寓意明亮辉煌。粉米也就是白米，选取的图案为圆形排列的农作物，寓意有所养。黼选取的图案为黑白相间的斧子，刃白而身黑，寓意果敢而又魄力。黻为黑青相间的弓形纹饰，寓意明察秋毫、背恶向善。

---

① （北宋）宋祁等《新唐书·卷二十四·志十四·车服》。

119

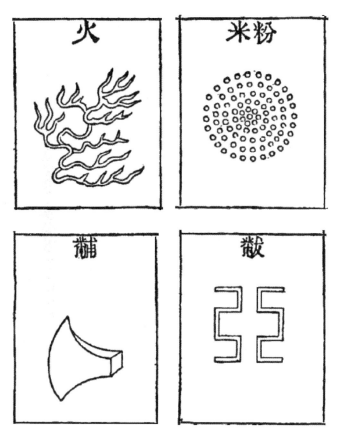

▲ 明代《三才图会》中关于十二章纹图案的记载

　　之所以要如此烦琐地设计出六套冕服，是为了适应不同场合下的礼制要求，比如祭祀天地是天大的事，皇帝自然要穿最为隆重的大裘冕服。古人以春分为朝日，以秋分为夕月，这两个节日均是普通节日，因此皇帝参加相关庆典时往往只会穿玄冕。

　　不过到了宋代，六种冕服只剩下衮冕服一种，皇帝也只是祭祀时偶尔穿一穿。它不再是传统的玄衣纁裳而改为青衣红裳，面料改用更为轻盈的丝织品罗。冕服里面穿的里衣，称为"中单"，类似于今天的衬衣，也改用罗。

　　罗的质地比较轻薄，丝缕较为纤细，最明显的特征就是多根经纱互相纠缠在一起形成的椒孔。罗的组织结构较为奇特，并非用传统的经纬交织方式织成，而是让互不平行的地经和绞经有规律地绞转后再与纬纱交织在一起，形成网纹状，看上去并无纵横的条纹。

罗又可细分为通体扭绞罗和不通体扭绞罗。通体扭绞罗通常以四根经线为一组进行织造，不通体扭绞罗通常以两根经线为一组进行织造。通体扭绞罗因工艺过于复杂导致产量一直都很低，到了明清时期逐渐被不通体扭绞罗彻底取代，退出了历史舞台。

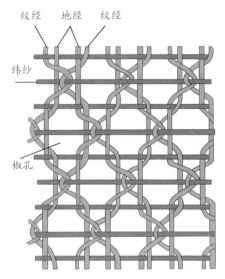

▲ 通体扭绞罗

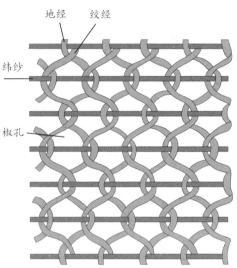

▲ 不通体扭绞罗

▲（南宋）马麟《夏禹王像》

若想更为直观地感受宋代冕服的风采，只能从宋人画作中管窥一二。虽然《夏禹王像》描绘的是夏朝奠基人大禹，但画家马麟却与大禹相距三千余年，因此他笔下的大禹所穿的冕服更多反映的是宋代冕服的特征，最明显的地方就是采用了青衣红裳样式而非传统的玄衣纁裳样式。

宋代冕服并未严格遵照传统的十二章纹，而是新增了雉、虎蜼等章纹。雉应该就是之前的华虫，虎蜼却不知为何种图案。不过蜼为某种体型较大的长尾猴，因此虎蜼很可能是长得像老虎的长尾猴。

神宗皇帝赵顼是一位锐意改革的皇帝，曾力主恢复大裘冕服，不过他去世后，在政治上支持守旧派的向太后却又废除了大裘冕服。等到向太后也去世了，真正掌握政权的哲宗皇帝赵煦以及他的继任者，也是他的十一弟徽宗皇帝赵佶继承了父亲的遗志，又恢复了大裘冕服。大裘冕服的兴废也成为力主改革的新党与反对改革的旧党之间进行权力博弈的一个缩影。

冕服并非只有皇帝能穿，皇太

鹿卢玉具剑

▲ （唐代）阎立本《历代帝王图》中的隋文帝杨坚像

子、亲王、高级官员和具体负责祭祀事务的官员都能穿，但只有皇帝所戴的冕才有十二旒，皇太子、亲王、高级官员所戴的冕只有九旒，中上级官员所戴的冕为七旒，中下级官员所戴的冕为五旒，负责具体事务的低级祭祀官员只能戴没有旒的平冕，其他参加祭祀的低级官员不允许穿冕服。

除了旒之外，区分冕服等级的标志物还有冕正前方的装饰物，宰相、亲王所戴的冕上有涂着金银的额花，其他官员所戴的冕上便没有此种额花。还有簪导的形制，皇帝用的是玉质的簪导，其他官员用犀角、玳瑁簪导。衣裳上章纹的数量，通常与旒的数量保持一致，如果是九旒冕服通常会有九种章纹。是否有剑、绶和佩及其具体形制，比如皇帝佩的是鹿卢玉具剑，剑柄顶端（即镖首）还镶嵌有大珠；亲王、宰相佩的是玉装剑；九卿（九寺的长官，相当于各部部长）佩的是银装剑；四品、五品官员佩的是铜装剑；六品以下官员不得佩剑。

第四章　服装里的『摩登范』

123

北宋初期冕服制度[1]

冕服种类	服饰搭配	适用官员
九旒冕服	涂金银花额，犀和玳瑁簪导，青罗衣绣山、龙、雉、火、虎蜼（即某种体型较大的长尾猴）等五种章纹，绯罗裳绣藻、粉米、黼、黻四种章纹，绯色蔽膝上绣山、火两种章纹，白花罗中单，玉装剑、佩，革带，晕锦绶，二玉环，绯白罗大带，绯罗袜（红色罗织造的袜子）、履	参加祭祀的亲王、宰相
	冕上无额花，玄衣纁裳（黑色上衣、浅红色下衣），章纹与上面一致，小白绫中单，狮子锦绶，二银环，其他同上	参加祭祀的三公（即太尉、司徒、司空）
七旒冕服	犀角簪导，上衣绘有虎蜼、藻、粉米三种章纹，下裳绘有黼、黻两种章纹，银装佩、剑，革带，其他同九旒冕服	参加祭祀的九卿（九寺的长官）
五旒冕服	青罗衣裳，服饰上没有章纹，铜装佩、剑，革带，其他同七旒冕服	参加祭祀的四品、五品官员，如果是六品以下官员获准穿此服，没有剑、佩和绶
紫檀冕服	冕上有五旒，紫檀衣，罗织成的朱裳（红色下衣），皂大绫绶，铜装剑、佩	参加祭祀的御史、博士
平冕服	冕上没有旒，青衣纁裳（青色上衣和浅红色下衣），没有剑、佩和绶，其他同五旒冕服	主持祭祀的太祝、奉礼

　　徽宗皇帝赵佶是一位喜欢标新立异的皇帝，他重新修订了冕服形制。之前冕服等级主要是与官员品级挂钩，此次改革后穿什么样的冕服主要看你在祭祀活动中充当何种角色，官员的品级有所淡化。

---

[1] （元代）脱脱等《宋史·舆服四》。

冕服种类	服饰搭配	适用官员
九旒冕服	正一品服，金涂银棱，有额花，犀簪，青衣上绘有降龙，朱裳，蔽膝，白罗中单，大带，金涂银革带，天下乐晕锦绶，金涂银装的玉佩，青丝网玉环，朱袜（红色袜子），朱履	亲祠大礼使、亚献、终献、太宰、少宰、尚书左丞。每年大祠，充当初献的亲王、宰相、执政官、郡王
	从一品服，无额花，白绫中单，红锦绶，银环，金涂银佩，其他同正一品	亲祠吏部、户部、礼部、兵部、工部尚书，伏在太庙进受币爵、奉币爵的皇室成员，每年大祠捧俎官、大祠中祠初献官
七旒冕服	二品服，角簪，青衣上没有降龙图案，其他同从一品	参加祭祀的吏部侍郎、殿中监、大司乐、光禄卿、读册官，负责在太庙荐俎、赞进饮福的皇室成员，担任七祀、配享功臣活动的分献官，每年大祀，谓用宫架者，大司乐、大祠中祠亚终献、大祠礼官、小祠献官，参加朔祭活动的太常卿
五旒冕服	三品服，皂绫绶，铜环，金涂铜革带，佩，其他同二品服	参加祭祀的举册官、大乐令、光禄丞、奉俎馔笾豆簠簋官、分献官，负责在太庙奉瓒盘、荐香灯、安奉神主、奉毛血盘、萧蒿筐、肝膋豆的皇室成员。每年祭祠大乐令、大中祠分献官
	御史服，紫檀绅衣，其他同三品服	参加祭祀的监察御史
无旒冕服	素青衣，朱裳，蔽膝，无佩绶，其他同三品服	奉礼协律郎、郊社令、太祝太官令、亲祠抬鼎官、进抟黍官、太庙供亚终献金罍、供七祀献官、执爵官

　　南宋时期对冕服制度又进行了一次大的改革，省去了与古礼并不相符的九旒冕服、七旒冕服、五旒冕服和无旒冕服，恢复了传统的鷩冕服、毳冕服、絺冕服和玄冕服，冕上旒的数量也从单数变为双数，分别为八旒、六

① （元代）脱脱等《宋史·舆服四》。

第四章　服装里的「摩登范」

旒、四旒和无旒，对应公、卿、大夫和士四个阶层。

之前皇帝着冕服时脚上穿的依旧是传统的木底鞋舄，但朝臣们穿的却是比较舒适的履。南宋时期恢复旧制，君臣全都穿舄，颇有些君臣同甘共苦的意味！

这里是大宋

南宋时期冕服制度①

冕服种类	服饰搭配	适用官员
鷩冕服	冕上有八旒，每串有八颗玉珠，分别为朱、白、苍三种颜色；角笄，青纩，紫罗纮，三色纮。青黑罗制成的上衣上绣有华虫、火、虎蜼彝三种章纹，裳（即下衣）的表面为缥色（即浅红色），里面为罗（即一种质地稀疏的丝织品），绣有藻、粉、黼、黻四种章纹；大带；中单；以珉（一种像玉的石头）为佩并串上药珠；绛锦银环绶，韨上纰下纯，绘有山、火两种章纹；革带，表面为绯罗（即红色的罗），金涂银装；袜和舄按照旧制穿搭	宰相以及担任亚终献、大礼使的官员
毳冕服	冕上有六旒，每串有六颗玉珠，分别为朱、白、苍三种颜色，上衣有虎蜼彝、藻、粉米三种章纹；下裳绣有黼、黻两种章纹，佩药珠、衡、璜等，以金涂铜带，韨（一种蔽膝）上绣有一种山形章纹，革带为金涂铜，其他与鷩冕服相同	六部侍郎以上官员
絺冕服	冕上有四旒，每串有四颗玉珠，分别为朱、绿两种颜色。上衣有粉米一种章纹，下裳绣黼、黻两种章纹，皂绫绶，铜环，其他与毳冕服相同	光禄卿、监察御史以上的官员以及担任读册官、举册官、分献官的官员
玄冕服	冕上没有旒，无佩绶，上衣纯黑没有章纹，下裳上刺黼，韨上没有刺绣，其他与絺冕服相同	光禄丞、奉礼郎、协律郎、进抟黍官、太社令、良酝令、太官令、奉俎馔等官，供祠执事官内侍以下
紫檀冕服	四旒，紫檀衣	博士、御史

---

① （元代）脱脱等《宋史·舆服四》。

平日里穿公服

重大祭祀活动时，皇帝需要穿冕服；重大典礼朝会时，皇帝需要穿朝服，朝服的具体形制将在后面进行介绍。这两种服饰更多的是凸显威严与庄重，并不太在意穿者的感受，穿上之后感觉并不舒服，行动也不方便。

盛夏时节，太祖皇帝赵匡胤召翰林学士窦仪进宫起草诏书。窦仪自然是不敢怠慢，顶着烈日急匆匆赶到宫中，却见到了令他惊诧不已的一幕：太祖皇帝赵匡胤正悠然自得地在树下乘凉，袒胸腆肚，赤裸双脚。窦仪此时穿着厚厚的朝服，早已热得汗流浃背，却停下了脚步，默默站在炎炎烈日之下，任凭身旁的宦官们如何催促，始终不肯向前半步。

赵匡胤见状只得有些不情愿地将袍服穿戴齐全，窦仪这才来到他的面前[1]。赵匡胤是武将出身，自由洒脱惯了，自然对那些繁复的朝服心存抵触，但如今却贵为皇帝，只得遵守相关礼制。

鉴于此，宋代皇帝将唐朝常服升格为公服。唐代的公服被称为"省服"，省略了一切服饰要素；朝服被称为"具服"，也就是具备一切服饰要素。那时的朝服与公服并无太大差异，只是减少了蔽膝、佩绶等配饰，但宋代公服却是在唐代常服的基础上发展而来，与朝服压根就是截然不同的两种服饰。

圆领下并无衬领

▲ （唐代）懿德太子李重润墓壁画（局部）

无论是皇帝，还是官员，穿公服时的标准搭配都是头戴幞头，身穿圆领襕衫，腰间束革带，脚穿乌皮靴，不过与唐代常服还是有所差异

----

① （宋代）王君玉《国老谈苑》。

第四章　服装里的『摩登范』

的。唐代官员所穿常服的圆领下通常并无衬领，宋代却普遍加装了较硬的衬领。宋代官员所穿公服通常比唐代常服更为宽大，更能彰显端庄威仪之感，不过也有相对窄袖紧身的款式。

幞头是从头巾发展而来，在周礼之中，普通老百姓不能随意戴冠，只能用头巾来包头，时至今日，陕北地区的农民仍旧习惯用羊肚手巾包头。北周武帝宇文邕觉得用头巾包头不好打结，便将一整块头巾裁出四个脚并且将其加长，先将两个脚系在脑后，然后再将另外两个脚反系在头顶，幞头便就此诞生了，也被称为"折上巾"或"四脚"。

1.发簪上罩上巾子　2.将幞头蒙在头上并将幞　3.将幞头的两个前脚向　4.系好之后的幞头
　　　　　　　　　 头的两个后脚系在脑后　　前翻转并系在额头

▲ 唐代软脚幞头的裹法

唐代最流行软脚幞头，但硬脚幞头也开始崭露头角。硬脚幞头就是在幞头里面用竹或铜铁丝做一个骨架，不再像之前那么软绵绵的。它可以制成多种造型，也渐渐成为官员们的"特供"。

到了宋代，幞头一般用黑色漆纱制成，不过在喜庆场合也可以戴色彩鲜艳的幞头，此时它已经从头巾彻底发展成为可以随时摘戴的帽子。官员戴的通常为直脚幞头，也被称为平脚或展脚幞头，幞头的两个脚又长又直，还能够自由拆卸。

宋代直脚幞头的脚之所以会那么长，有一个流传很广的说法，说是为了防止官员们聚在一起交头接耳。不过这个说法却不太靠谱：维持朝会秩序有执掌风纪的御史，只需强化监督问责即可，何必非要将幞头的脚设计得如此之长呢？况且皇帝戴的也是这种幞头，难道皇帝也要加强自我约束吗？之所以会盛行这种幞头，主要还是因为宋人以此为美。

与幞头搭配的服装为圆领襕衫。襕衫的膝盖处会刻意留有一道接缝，称为"横襕"，这也是襕衫得名的原因。至于为何要刻意留下这道缝，应该是时人对古风的一种崇拜和追求。之前受技术所限，织机织出来的织物宽度往往比较有限，一匹织物往往并不能做整身的服装，于是人们便在膝盖位置缝接另外一匹织物，这道接缝便渐渐演变为"横襕"。到了宋代，织造技术已经很发达，却依旧会人为地留下这道"横襕"，有点类似于今天那些故意在膝盖处留有破损的牛仔裤，被认为是一种时尚美！

北宋历代皇帝对舒适的公服都情有独钟，因为公服并没有那么多繁复的配饰，看上去简洁庄重，穿起来舒服得体。北宋初年的太祖皇帝赵匡胤和太宗皇帝赵光义喜欢穿浅黄色圆领襕衫，之后的皇帝除了英宗皇帝赵曙外，穿的几乎都是红色圆领襕衫，圆领之下均添加了硬质衬领。

① 直脚幞头
② 椅披
③ 圆雕髹金漆的凤头
④ 圆领襕衫
⑤ 带
⑥ 横襕
⑦ 壶门洞
⑧ 托泥
⑨ 云纹脚
⑩ 足承
⑪ 乌皮靴

▲ （宋代）佚名《南薰殿藏太祖坐像》

顺便介绍一下宋代的龙椅。赵匡胤所坐的这把龙椅其实并没有龙的造像，只有凤头造像，看上去更像是榻。他的脚下有一个专门用于脚踩的类似小茶几的物件，称为"足承"。龙椅和足承下方均设有托泥，托泥下方有很细的云纹脚，托泥的作用就是使得龙椅尽可能少地沾染泥土。龙椅的

第四章　服装里的「摩登范」

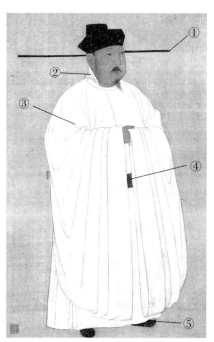

① 直脚幞头
② 衬领
③ 圆领襕衫
④ 带
⑤ 乌皮靴

▲（宋代）佚名《南薰殿藏太宗立像》

▲（宋代）佚名《南薰殿藏真宗坐像》

侧面有壸门洞，注意这个字比"壶"字多了一横，最早是佛教建筑中一种门的样式，后来成为家具的一种镂空造型。洞下有仿佛要升腾而起的如意云头纹。龙椅通身涂有艳丽的红漆，椅身上还覆盖有米黄色椅披。龙椅后面弓形搭脑的两端以及两侧水平扶手的前端均有圆雕鎏金漆的凤头造型。搭脑是椅背最上端的横梁，人坐在椅子上脑袋可以搭在上面，因此而得名。凤的嘴中还衔着"一悬三"式样的挂珠，也就是一串大珠下面悬着三串小珠。龙椅其他边角处也有鎏金镶嵌，还装饰有精美的草叶纹和云纹纹饰。

从真宗皇帝赵恒开始，宋代皇帝们所坐龙椅不再是榻的形制，而是与如今的椅子更为相似，造型也越来越简洁：椅背最上面搭脑两端有云纹造型，四条腿上也有精致的造型，除此之外并无什么特别之处，可谓低调奢华的代表！

英宗皇帝赵曙虽然继承的是仁宗皇帝赵祯的皇位，但他却并不是仁宗皇帝的儿子，只是仁宗皇帝的远房堂侄。赵曙是太宗皇帝赵光义的曾孙，他的祖父商王赵元份与仁宗皇帝的父亲真宗皇帝赵恒是亲兄弟。仁宗皇帝迟迟没能生出儿子，只得将年幼的赵曙养在皇宫之中，不过他后来却接连有了赵昉、赵昕和赵曦三个儿子，赵曙的地位也变得很是尴尬，几度被迫出宫。但仁宗皇帝的三个儿子最终全都夭折，赵曙这才苦尽甘来，登基称帝，这段坎坷的经历也造就了他怪异的性格。

在《南薰殿藏英宗坐像》中，他所坐的那把龙椅更像是一张宽大的榻，后面虽有靠背，却因太宽而难以倚靠；两侧应该有扶手，却因相距甚远而无法扶握。龙椅的搭脑两端均有曲颈龙头的装饰，看上去矫健而又大气，仿佛在刻意向世人昭示他这位逆袭登基的皇帝尽管不是老皇帝的儿子，却是真命天子！

▲（宋代）佚名《南薰殿藏英宗坐像》

生活中的便装

皇帝在私人时间自然可以不用受那么多拘束，穿衣自然也就可以随意些，只要无伤大雅，可以随心所欲地穿搭。因此，不同的皇帝也有着不同的穿衣风格。

在《听琴图》中，那个抚琴之人便是徽宗皇帝赵佶自己。他一向崇尚道教，头戴黄冠，身着法衣，俨然一副道士装扮，还曾给自己上尊号"教主道君皇帝"。

▲（北宋）徽宗皇帝赵佶《听琴图》
（局部）

※ 第二节　官员们的穿衣喜好

朝服讲究方心曲领

在重大典礼、重要朝会、君臣相见等场合，皇帝和百官都要穿朝服。朝服遵循古法，对冠、带、袍、鞋等都有着极其严格的礼制要求，无论是严夏酷暑，还是腊月寒冬，皇帝和百官都要穿戴齐整，不能有一丝一毫的马虎，这对那些年老体弱的官员无疑是极为严峻的考验。

王淮为南宋孝宗朝宰相，先任参知政事兼枢密院事，后升任右丞相兼枢密院事，再升任左丞相。有一次，他在酷暑时节接见臣僚，或许是时间有些长了，抑或是南方的天气实在太过闷热，又可能是养尊处优的王淮的体质实在太差了，谈着谈着居然晕死过去了[①]。

《南薰殿藏宣祖坐像》所绘的是北宋开国皇帝赵匡胤的父亲赵弘殷。其实赵弘殷并未当过皇帝，只是在死后才被追封为宣祖皇帝，不过画中的他所穿是典型的皇帝装束，头戴二十四梁通天冠，给人高耸通天的感觉。冠上的竖道称为“梁”，数量越多便越尊贵。

宋代朝服有别于其他朝代朝服最为鲜明的特征便是“方心曲领”，也就是用白罗制成的上圆下方的项饰，蕴含着天圆地方的寓意。穿戴时，只需将圆形部分直接套在脖子上，下缀的方框便正好悬垂于胸前[②]，并罩于外衣交领之上。方心曲领并非仅仅只是为了美观，也具有一定的实用性，比如交领服装往往比圆领服装更容易蓬起，而方心曲领能起到压贴的作用。

---

① （南宋）叶绍翁《四朝闻见录·大臣衩衣见百官》：“大臣见百官，主宾皆用朝服。时伏暑甚，丞相（王）淮体弱不能胜，至闷绝。”

② （南宋）卫湜《礼记集说》。

① 通天冠
② 笏板
③ 方心曲领
④ 绛纱袍
⑤ 赤舄
⑥ 蔽膝

▲ （宋代）佚名《南薰殿藏宣祖坐像》

① 二十四梁
② 簪导
③ 额花
④ 红缨

▲ （宋代）佚名《南薰殿藏宣祖坐像》（头部）

▲ （宋代）佚名《女孝经图》

①通天冠 ②方心曲领
③带 ④赤舄

宋代官员的朝服主要有三种，分别是进贤冠服、獬豸冠服和貂蝉冠服。

进贤冠始于两汉，盛于唐宋，废于元代，因文臣有向朝廷引荐能人贤士的职责而得名。进贤冠前低后高，前梁倾斜，后冠垂直，戴时通常会加于帻（即包裹发髻的头巾）上。

进贤冠上梁的数量也代表着官员品级的高低，宋代立国之初最多为五梁，后来又出现了七梁冠。

① 颜题之耳
② 立笔
③ 梁
④ 獬豸角
⑤ 博山
⑥ 额花
⑦ 颜题
⑧ 簪导

▲（宋代）佚名《却坐图》（局部）

　　《却坐图》清晰展示了进贤冠上的各个部件。颜题为进贤冠最下方的帽圈，通常为环形，位于冠后侧的颜题之耳到了宋代也变高变大，从汉代时的尖角变成了圆角，形成一个弧形帽筒包裹住冠身的后半部分。

　　展筒为颜题正前方向上延伸至脑后的黑色冠体部分，宋代沿用了唐代的棚形构造，纵向的竖道称为"梁"，七根竖道表明此冠为最高礼制的七梁冠。《九歌书画卷》中描绘的是五梁冠，为北宋前期最高礼制的进贤冠，不过最右侧那根梁因角度的原因并不是太清晰。

① 立笔
② 五梁
③ 额花
④ 方心曲领
⑤ 簪导

▲（北宋）张敦礼（据传）《九歌书画卷》（局部）

颜题正前方通常会有精美的装饰，因恰好位于额头之上，因此被称为"额花"。额花上方的山形物件为"博山"，因形状与传说中的海中名山博山较为相似而得名。

有的官员所戴进贤冠后会插有立笔。古时史官、谏官或近臣侍从有在冠上插笔的习惯，为的是随时记录皇帝的重要指示。不过到了宋代，冠顶立笔成为高级官员的专属配饰。

《却坐图》中所绘进贤冠前方还有一角形物件，笔者认为应是獬豸角。獬豸是一种能辨别是非曲直的神兽。北宋之初，只有负责监察百官的御史台的官员才能佩戴，凸显了朝廷对他们这些风纪官的器重。

进贤冠添加了这只獬豸角后便成为獬豸冠。由于獬豸冠只有少数人佩戴，因此学界对于獬豸角的具体形制目前还存在一定争议。不过《却坐图》中所绘角形物件与《宋史》中关于獬豸角的记载完全吻合，因此此冠应为獬豸冠。

▲ 獬豸

进贤冠上还有一个名叫"纳言"的物件，不过《宋史》只是记载纳言位于脑后，却并未记载它的具体形制。在《文姬归汉图》中，这位官员头上戴的冠明显为进贤冠样式，冠后有一道缝，缝上有一个蝴蝶状的饰物，此物应该就是史书中所记载的纳言。

纳言

▲（南宋）陈居中（据传）《文姬归汉图》（局部）

最后再说一说貂蝉冠，其实就是在进贤冠外加上笼巾和貂蝉。在北宋立国之初，只有在宰相机构中书门下工作的高级官员才能佩戴貂蝉冠，以示朝廷对这些重臣的恩宠。

在《范仲淹执笏像》中，范仲淹戴的正是貂蝉冠，里面是三梁进贤冠，额头上方为涂金银额花，再往上是金质博山，博山上有用黄金制成的蝉形装饰物，称为"金附蝉"；两侧还有用玳瑁制成的三枚蝴蝶状小蝉，不过左侧并未显露出来；侧面还插有用于束发的犀簪导。

进贤冠外罩方形笼巾，与唐代流行的圆形笼巾在样式上有着较大的差异。笼巾两侧的遮耳下垂至肩部，左后方插有貂尾。笼巾上方的红色绒球类似于《却坐图》中立笔最上端的绒球，通常只有七梁冠和五梁冠上才会有立笔，而范仲淹戴的却是三梁冠。由于这个物件的主体部分并未显现出来，因此难以下定结论。

画中的范仲淹身着绿罗衬里绯罗袍，圆领和袖口皆用黑罗，脖颈处露出穿在朝服里侧的白花罗中单，项下胸前悬挂着方心曲领的项饰。范仲淹双手拿着笏板，左手大拇指、中指、无名指紧贴笏板，食指、小拇指微微

① 方形笼巾
② 貂尾
③ 金附蝉
④ 博山
⑤ 额花
⑥ 笏板
⑦ 绯罗袍
⑧ 三梁冠
⑨ 三枚小蝉
⑩ 簪导
⑪ 遮耳
⑫ 白花罗中单
⑬ 黑罗衣领
⑭ 黑罗袖口
⑮ 方心曲领

▲ （明代）佚名《范仲淹执笏像》

上翘，五根手指均留有又长又白的指甲。他所持笏板为象牙材质，上圆下方，笏板顶端略高于额头。

笏板本是官员用来记事的工具，但历史文献中却并未记载具体的记录方式。南宋著名学者朱熹认为是将所记之事写在一张小纸条上，然后再将纸条黏贴在笏板背后，这无疑是一种便捷高效的方式。不过笏板的出现时间却早于纸张，在纸张出现以前古人如何用笏板记事便不得而知了，或许是真的刻在笏板上。

到了宋代，笏板的实用功能已渐渐有所淡化，成为官员们重要的礼器。无论是举行大典、日常朝见还是平时办公，那些身着朝服或公服的官员往往都会手执笏板躬身施礼，称为"叉手礼"。

虽然天子平时上朝无须携带笏板，但在举行重大祭祀活动时也会以玉圭为笏板，对天地、祖宗或神明行礼时，手中要毕恭毕敬地捧着。在《南薰殿藏宣祖坐像》中，赵弘殷的手中便捧着笏板。

北宋前期，只有五品以上文散官才允许用象牙笏板，九品以上文散官只能使用木笏板；武臣内职允许用象牙笏板，若是皇帝的贴身侍卫千牛，即便是五品以下也可以使用象牙笏板。元丰改制后，六品以上寄禄官允许使用象牙笏板，九品以上寄禄官允许使用木笏板[①]。

范仲淹曾在仁宗朝任枢密副使、参知政事。枢密副使为枢密院的副长官，参知政事为执政，在朝中地位和权力仅次于宰相。不过在范仲淹生活的北宋前期，枢密副使和参知政事虽位高权重，却并不属于正式官职，均为差遣，因此要确定范仲淹的品级还要看他所担任的官职。

范仲淹去世前任户部侍郎（正四品下阶），因此他虽权重，但位却并不算高，既不是三品以上官员，也不是中书省、门下省的官员，按照当时礼制，他似乎不应戴三梁冠。对于这个疑问，笔者认为有两种解释。

第一种解释是除了官之外，职也可以与朝服形制挂钩。元丰改制时在制度层面对此予以确认，但之前应该便已经开始在执行了。范仲淹担任的职为资政殿学士（正三品），自然可以戴三梁冠。

第二种解释是尚书省、中书省、门下省和御史台这四个部门的官员被

---

① （元代）脱脱等《宋史·卷一百五十三·舆服五》。

称为"台省官"，地位均高于其他部门的官员，通常都会给予相应的优惠政策：其他部门必须是三品以上官员才能戴三梁冠，但中书省、门下省五品以上官员，御史台四品以上官员便可戴三梁冠，唯独没有提尚书省，难道与其他部门一样也必须要是三品以上官员吗？很有可能是《宋史》漏记了。即便北宋初年出台的政策的确如此，时间一长，尚书省的官员难免会有意见，到了范仲淹生活的仁宗朝，相关政策很可能已经进行了相应调整。

不过还有一个问题，在北宋前期，三梁冠不应加貂蝉笼巾，只有戴五梁冠的一、二品高官才允许加貂蝉笼巾，身为四品官的范仲淹为何会戴貂蝉冠呢？或许是明人绘制这幅画像时并没有进行严格的考证，但还有另外一种可能，即这是皇帝给予曾任宰执的官员的一种特殊政治待遇。虽然他们的品级不是很高，却曾在最核心、最重要的岗位工作过，给予适当关照也是情理之中的事。

北宋初年朝服制度①

冠名	梁数	冠的形制	官员品级	相关服饰
进贤冠	五梁	涂金银花额，犀与玳瑁簪导，立笔	一、二品官员	绯罗袍，白花罗中单，绯色罗裙，绯色罗蔽膝，皂色褾襈（黑色衣服边饰），白罗大带，白罗方心曲领，玉剑、佩，银革带，晕锦绶，二玉环，白绫袜（用白绫织的袜子），皂皮履
	三梁	犀角簪导	诸司三品以上官员、中书、门下两省五品以上官员	无白花罗中单，银剑、佩，狮子锦绶，银环，其他同五梁冠服
	两梁	犀角簪导	其他四、五品官员	铜剑、佩，练鹊锦绶，铜环，其他的同三梁冠服
			六品以下官员	无中单，无剑、佩、绶

第四章　服装里的『摩登范』

———————

① （元代）脱脱等《宋史·舆服四》。

冠名	梁数	冠的形制	官员品级	相关服饰
貂蝉冠	五梁	进贤冠上加貂蝉笼巾	宰相机构中书门下的一、二品官员	同五梁进贤冠服
獬豸冠	三梁	进贤冠上加獬豸角	御史大夫 御史中丞	衣有中单，其他的同进贤三梁冠
	两梁		御史	根据自身品级分别穿紫色、绯色或绿色袴褶，白绫中单，白绫裤，白罗方心曲领

　　元丰年间（公元1078—1085年），神宗皇帝赵顼开始推行新官制，朝服制度也随之进行了修订。徽宗皇帝赵佶于政和年间（公元1111—1118年）再度对官制进行了调整，进一步完善了朝服制度。

　　朝服增加至七等，还新增了七梁冠；严格限制貂蝉冠的使用范围，只有三公（即原来的三师，太师、太傅和太保，均为正一品）、左辅（即侍中，正一品）、右弼（即中书令，正一品）、三少（即原来的三公，少师、少傅、少保，正一品）、太宰（即尚书左仆射，从一品）、少宰（即尚书右仆射，从一品）、亲王（正一品）、开府仪同三司（即使相，从一品）等一品大员才允许使用貂蝉冠，二品官员不经允许不得再戴貂蝉冠；同时扩大了獬豸冠的使用范围，不再只有御史台的官员才允许佩戴，司法机关刑部和大理寺的有关官员也可以戴，范围不再包括御史台中级别相对低一些的殿中侍御史和监察御史。

北宋中后期朝服形制①

等级	施行时间	品级与官职	冠的形制	佩绶形制	带的形制	服装形制	鞋的形制
一等朝服	元丰改制后	亲王、使相、三师（即太师、太傅、太保）、三公（即太尉、司徒、司空）	貂蝉笼巾、七梁冠、黄金附蝉	—	—	—	—
	政和改制后	三公、左辅、右弼、三少、太宰、少宰、亲王、开府仪同三司	七梁冠、金涂银棱、貂蝉笼巾、犀簪导、银立笔	金涂银装玉佩、天下乐晕锦绶、青丝网间施三玉环	绯白罗大带、金涂银革带	朱衣朱裳、白罗中单、皂褾（衣服皂色绲边）、皂襈黑色（衣服黑色边饰）、朱色蔽膝、方心曲领	白袜黑履
二等朝服	元丰改制后	枢密使、知枢密院至太子太保等诸官	七梁冠笼巾、没有貂蝉	—	—	—	—
	政和改制后	执政官、东宫三师	七梁冠、没有貂蝉笼巾	银装玉佩、杂花晕锦绶、青丝网间施三玉环	与一等朝服相同	与一等朝服相同	白袜黑履

---

① （元代）脱脱等《宋史·舆服四》。

等级	施行时间	品级与官职	冠的形制	佩绶形制	带的形制	服装形制	鞋的形制
	元丰改制后	尚书左右仆射至龙图阁、天章阁、宝文阁直学士等诸官职	六梁冠	方胜宜男锦绶	—	—	—
三等朝服	政和改制后	大学士、学士、直学士、东宫三少、御史大夫、御史中丞、六曹尚书和侍郎、殿中监、大司成、散骑常侍、特进、金紫、银青光禄大夫、光禄大夫、大尉、节度使、左右金吾卫、左右卫上将军	六梁冠	佩、方胜宜男锦绶、银环	银革带	白纱中单、其他与二等朝服相同	白袜黑履
	元丰改制后	左右散骑常侍至殿中、少府监等诸官	五梁冠	翠毛锦绶	—	—	—
四等朝服	政和改制后	太子宾客、太子詹事、给事中、中书舍人、谏议大夫、侍制、九寺卿、大司乐、秘书监、殿中少监、国子祭酒、宣奉、正奉、通奉、通议、大中、中大夫、中奉、中散大夫、其他卫上将军、节度观察留后、观察使、通侍大夫、枢密使	五梁冠	翠毛锦绶	与三等朝服相同	与三等朝服相同	白袜黑履
五等朝服	元丰改制后	客省使至诸行郎中诸官	四梁冠	簇四盘雕锦绶	—	—	—

等级	施行时间	品级与官职	冠的形制	佩绶形制	带的形制	服装形制	鞋的形制
	政和改制后	九寺少卿、大晟典乐、秘书少监、国子、辟雍司业、少府监、将作监、军器监、都水使者、起居舍人、谕德、太子左右庶子、少詹事、尚书左右司郎中、员外、六部诸司郎中、朝议、奉直、朝请、朝散、朝奉大夫、防御使、团练使、刺史、大将军、正侍、中亮、中卫、拱卫、左武、右武大夫、驸马都尉、带遥郡武功大夫以下武臣、枢密副都承旨	四梁冠	簇四盘雕锦绶	与四等朝服相同	与四等朝服相同	白袜黑履
	元丰改制后	皇城以下诸司使至诸卫率等诸官	三梁冠	黄狮子锦绶	—	—	—
六等朝服	政和改制后	殿中侍御史、监察御史、司谏、正言、尚书六曹员外郎、外符宝郎、少府少监、将作少监、军器少监、太子侍读、侍讲、中书舍人、亲王府记善、传读、大晟乐令、九寺、秘书、殿中监、辟雍丞、著作、两赤县令、大理正、司直、评事、著作郎、秘书佐郎、著作佐郎、太常、宗学、国子、辟雍博士、大史局令、正、丞、奉议、通直、朝请、朝散、朝奉、承议、左武、武德、直郎、中亮、中卫、拱卫、左武、右武、武显、诸卫将军、武节、武略、武经、武义、武翼大夫、武职翰林医正以上、内符宝郎、阁门通事舍人、敦武郎、修武郎	三梁冠	佩、黄狮子锦绶、镏石环	金涂铜革带	与五等朝服相同	白袜黑履

等级	施行时间	品级与官职	冠的形制	佩绶形制	带的形制	服装形制	鞋的形制
七等朝服	元丰改制后	寄资者如供奉官、殿头、三班使臣，陪位京官等诸官	二梁冠	方胜练鹊锦绶	—	—	—
	政和改制后	在京职事官、阁门祗候、看班祗候、副率、升辇格立侍内臣、率府	二梁冠	角簪，方胜练鹊锦绶	与六等朝服相同	与六等朝服相同	白袜黑履
特殊朝服	政和改制后	御史大夫、御史中丞；刑部尚书、刑部侍郎；大理寺卿、少卿；侍御史；刑部郎中；大理寺正、丞、司直、评事	獬豸冠	青荷莲锦绶，其他同进贤冠服	同进贤冠服	同进贤冠服	同进贤冠服

日常办公用公服

公服就是官员在日常朝会和平日办公时所穿的服装，可谓宋代官员最常穿的工作服。

▲ （北宋）徽宗皇帝赵佶《听琴图》（局部）

在《听琴图》中，徽宗皇帝赵佶端坐在正中央，双手抚琴，另外三人恭恭敬敬地听着。左边是王黼，他的身边还站着一个拱手而立的小童子；右边是大名鼎鼎的奸相蔡京，手中拿着一柄青篦扇，因扇柄与梳头所用篦子相似而得名。扇子不仅仅是纳凉工具，而且渐渐成为时尚用品。

王黼和蔡京听琴时穿的是公服，头上戴的是局脚幞头，与皇帝喜欢戴的直脚幞头有着较大差异。宋代常见的幞头

▲ 大英博物馆藏敦煌善童子供养人画像中的局脚幞头

样式有直脚幞头、局脚幞头、交脚幞头、朝天幞头和顺风幞头[1]。

局脚幞头也被称为曲脚幞头，幞头两端的脚并不是直的，而是有不同程度的弯曲，又细分为两个款式，一款是与直角幞头很像，主体部分是直的，但两端却有不同程度的弯曲，敦煌善童子供养人画的正是这种幞头；另一款是八字幞头，也就是《文会图》中王黼和蔡京所戴的幞头样式，曾在唐代很是流行，到了宋代流行程度虽大不如前，却依旧受到很多官员的青睐。

▲ 头戴交脚幞头的官员随从

交脚幞头指的是幞头上的两个脚相交在一起，也有两个款式，一款是两个脚相交后向上伸展，与朝天幞头较为相似，辽代张世卿墓壁画中对此有所描绘；另一款是相交后形成一个环形，《清明上河图》中的官员随从以及《歌乐图》中的乐师所戴幞头便是这种样式。

▲ （辽代）张世卿墓壁画中的交脚幞头

交脚幞头

朝天幞头的两只脚笔直向上，给人一种朝天伸展的感觉。《散乐图》中所绘朝天幞头向上伸展的两只脚又细又长，而《人物故事图卷

---

[1] （北宋）沈括《梦溪笔谈》。

146

（迎銮图）》中所绘朝天幞头向上伸展的脚却比较粗，类似于明代乌纱帽的帽翅。

《散乐图》中其他艺人所戴幞头的脚有桃形、树叶形等各种不同造型，这些造型奇特的幞头只是演出时才会佩戴的行头，在现实生活中很少使用。

顺风幞头较为少见，由于早期幞头多为软脚，风一吹两只脚便会飘向一侧，幞头设计师灵机一动便设计出了顺风幞头。这种幞头的两只脚全都偏向一侧，颇有些"奇装异服"的意味。青睐这种幞头的多是一些追求时尚的小青年，有身份、有地位的人一般并不会戴这种幞头。

▲ （南宋）佚名《歌乐图》中头戴局脚幞头的乐师

▲ 宣化下八里辽代墓壁画《散乐图》

147

朝天幞头

这里是大宋

▶ （宋代）佚名「人物故事图卷（迎銮图）」

顺风幞头

▶ 大英博物馆藏敦煌画作中的顺风幞头

在《听琴图》中，王黼身穿绿色圆领襕衫，蔡京身穿红色圆领襕衫。两人所穿襕衫不仅颜色有所差异，款式也不尽相同。王黼穿的是宽袖广身，而蔡京穿的却是相对窄袖紧身，这也是最为常见的两种款式。

公服颜色也是很有讲究的，最高等为紫色，三品以上官员才能穿，注意这个品级指的是散官品级而不是职事官品级，第三章曾对两者的区别有过介绍；第二等为朱色，也就是红色，五品以上官员才能穿，不过要比皇帝所穿的红色公服浅一些，颜色也没有那么鲜艳；第三等为绿色，七品以上官员才能穿；第四等为青色，也就是淡绿色，九品以上官员才能穿。

元丰改制后，废除了早就有名无实的散官，设立了寄禄官，类似于今天的职级，从此之后穿什么颜色的公服便按照寄禄官的品级来确定。同时将四等减为三等，取消了青色公服，四品以上官员穿紫色公服，六品以上官员穿红色公服，九品以上官员穿绿色公服[①]。两人在听徽宗皇帝抚琴时，蔡京的品级应该还没有达到四品，王黼的品级还没有达到六品。

因是私下与皇帝见面，两人腰间均未佩戴鱼袋。鱼袋是用来装鱼符的袋子，一般会佩戴在右侧腰间。唐代皇帝姓李，李与"鲤"同音，于是便改用鱼符，鱼符就好比是官员的工作证。唐代时，鱼袋分为玉鱼袋、金鱼袋、银鱼袋三等，太子、亲王佩戴玉鱼袋，三品以上散官佩戴金鱼袋，四品、五品散官佩戴银鱼袋，区别在于鱼袋表面装饰物材质的不同。

鱼袋形制和官服颜色成为区分官员品级最为重要的标识物，只有穿紫色官服的官员才能佩戴金鱼

鱼袋

▲ （唐代）阎立本《步辇图》（局部）

---

① （元代）脱脱等《宋史·舆服五》。

▲ 浙江兰溪南宋墓出土的金鱼袋饰物

袋；只有穿红色官服的官员才能佩戴银鱼袋；穿青色或绿色官服的低级别官员则不能佩戴鱼袋，从唐代到五代，再到北宋元丰改制前一直如此。

在《步辇图》中，左侧为吐蕃使臣禄东赞，佩戴的鱼袋近似于一个长方体，装饰比较简单，虽受唐文化影响，却也带有吐蕃特色；右侧为唐朝官员，身着红色官服，手中拿着笏板，按照礼制应该佩戴银鱼袋，不过他佩戴的鱼袋看上去却比较简陋，袋子上的银质装饰物看不太清，或许是因当时正处于唐朝立国之初，各项制度还处于完善过程中。不过也有学者认为这并非是鱼袋。

宋代鱼袋上的装饰物几乎会遮蔽整个鱼袋，金鱼袋看上去金光闪闪，银鱼袋看上去银光灿灿。此外人们还创制了涂金鱼袋，也被称为镏金鱼袋，这

（宋代）佚名「春游晚归图」（局部）

① 金革带
② 金鱼袋

种鱼袋表面的装饰物其实是银质的，不过却在外面镀了一层金，通常由那些被赐服的官员佩戴。

有些官员虽然自身品级未能达到相关规定的要求，但因业绩突出或者能力出众，皇帝又特别器重，有时也会赐服，也就是低级别官员获准按照高级别官员那样去穿戴，因此在很多诏书中都会出现"赐金紫"这三个字：金指的就是佩戴金鱼袋，紫指的是身穿紫色公服。此外还有"赐银绯"，也就是穿红色官服并佩戴银鱼袋。

赐服属于终身待遇，还有一种临时性待遇，称为"借服"，比如低级别官员担任重要职务或者出使外国，为了彰显其身份的尊贵，也会获准按照高级别官员那样穿戴。不过有借自然便有还，等任期届满或者任务结束后，他们便只能按照原有品级进行穿戴。

明清时期区分文武官员只需看官服上的补子，也就是官服胸前或后背织缀而成的圆形或方形织物（文官补子上的图案为飞禽，武将补子上的图案为走兽）。这样不仅能区分文武官员，也能代表品级高低。可宋代官服却并没有补子，又该如何区分文武呢？

最简单的区分方式就是朝会时站立的位置，文官站在东面，武官站在西面。除此之外，公服上也会有所体现。元丰改制后，武官全都身着紫色官服，不过腰间却并不佩戴鱼袋①，这无疑成为区分文武官员的关键！

再来说说公服所搭配的带，主要为革带，由带扣、鞓带、铊尾和带銙四部分组成。带扣通常为环形，包括环孔镭和舌针两部分，使用时将皮带伸入环孔镭内，然后插入舌针将其固定住。鞓带就是革带本身，一般为皮革材质，不过有时为了美观，也会用布帛包裹在表面。铊尾为革带尾部饰物，既是为了美观，也是为了保护皮革，使其不至于裸露损坏。带銙为腰带上的方形或圆形饰片，主要钉缀在腰后面那一段革带上。由于古人衣服上并没有兜，于是便发明了蹀躞带，就是在腰带上面挂上金属饰片，饰片下方有小钩，可以钩挂些用得着的小物件，后来渐渐演变为銙。銙的数量和材质也代表着官员品级的高低。

第四章　服装里的『摩登范』

---

① （元代）脱脱等《宋史·舆服五》："武臣、内侍皆服紫，不佩鱼。"

① 带銙
② 鞓带
③ 铊尾
④ 带扣

▲（五代）周文矩仿唐代韩滉《文苑图》

按照礼制，三品以上官员才会获准佩戴玉带，四品官员才会获准佩戴金带；其他穿绯色公服的官员获准佩戴红鞓金涂银排方带，其余的官员只能佩戴黑银右团胯或犀角带①。

一些学者认为《听琴图》中蔡京腰间革带上为玉饰，进而认定他佩戴的是一条玉带。其实宋代官员佩戴的玉带并非通体是玉质，也并非将玉直接钉缀在革带上，而是将玉镶嵌在銙上，然后再将銙钉缀在革带上，因此画中蔡京腰间的革带并非是玉带。况且获准佩戴玉带的官员通常都是三品以上，应该身穿紫色公服而并非是绯色公服。

---

① （元代）脱脱等《宋史·舆服五》。

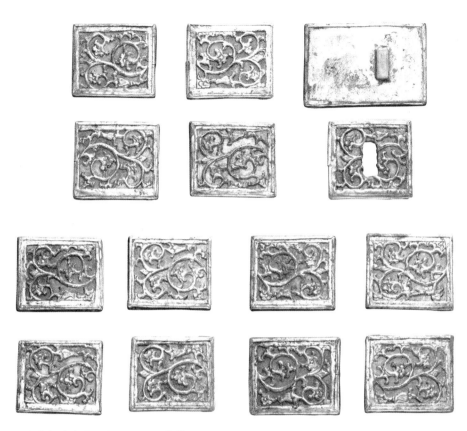

▲ 唐代铜鎏金嵌玉龙凤纹方形带銙

　　官员往往还会在所穿圆领襕衫的内侧穿汗衫。汗衫类似于今天的衬衣，分为交领和颌领两种样式。圆领襕衫在脖领处通常都会加装衬领，王黼装的是深色衬领，蔡京装的是米色衬领，衬领脏了之后能拆卸下来进行清洗，这样便不用将整件衣服都进行清洗，从这个小细节中便可见识到宋人的智慧。

　　宋代官员穿朝服时通常会穿乌皮靴。乌皮靴由黑色皮革制成，徽宗时期曾短暂改用履，但南宋时期又恢复旧制。靴上会有绚、綦、繶、纯四种装饰，颜色与公服颜色相同。绚是鞋头上类似鞋梁的装饰物；綦为靴上的鞋带；繶为靴上的丝带；纯为靴上的镶边，后两种是没有多少实用性的装饰品，并非每位官员所穿的官靴上都会有。

寄禄官为大夫以上的文武官员才允许使用上述全部四种装饰，文职大夫中最低一阶为朝奉大夫（从六品），武职大夫中最低一阶为武翼大夫（从七品）；朝请郎（文职正七品）、武功郎（武职从七品）以下的官员需要去掉绶；宣教郎（文职从八品）、从义郎（武职从八品）以下直至没有品级的将校和技术官员不得使用绶和纯[1]。

宋代官员所穿袜子主要为比较厚实的布袜和皮袜，冬天往往会穿更为保暖的毡袜。不过到了南宋时期，冬天也不似北方那么寒冷，只穿兜袜便可安然过冬了。兜袜就是用细线将数层布缝合在一起制成的厚布袜。陆游曾在《天气作雪戏作》中写道："细衲兜罗袜，奇温吉贝裘。闭门薪炭足，雪夜可无忧。"

---

① （元代）脱脱等《宋史·舆服五》。

※ 第三节　女子时尚潮流

皇后引领的宫廷时尚

皇后母仪天下，尊贵无比，她的穿戴不仅仅是后宫的时尚风向标，还引领着整个大宋的时尚风潮。

皇后的服饰主要有四种，分别为深青色的袆衣、红色的朱衣、杂色的礼衣和黄色的鞠衣。袆衣是最为隆重的礼服，只有在接受皇后册封、参加重大祭祀活动时才会穿；拜见皇帝、乘坐步辇时通常穿朱衣；参加宴会、会见宾客时通常穿礼衣；每年三月祷告养蚕顺利等场合会穿鞠衣。

在《女孝经图》中，皇后穿的便是一件青色的礼衣，衣领处为艳丽的红色，前有类似围裙的蔽膝，腰间有带，带下有绶。最特别的是她头上所戴礼冠，史书中对这种冠的样式并无记载：冠的底部是莲花花瓣造型，顶部为球状造型，好似头上顶了个仙人球；冠的两侧有博鬓，类似于乌纱帽的帽翅。

在南薰殿所藏宋代皇后像中，只有宣祖皇后，也就是北宋开国皇帝赵匡胤的母亲穿的是黄色鞠衣，不似袆衣那样绘有翟鸟的纹饰。宣祖皇后头戴

① 礼冠
② 礼衣
③ 带
④ 绶
⑤ 红色蔽膝

▲ （宋代）佚名《女孝经图》（局部）

▲ （宋代）佚名《女孝经图》（局部）

风冠，外罩霞帔，胸前双绶下挂着玉佩。

宣祖皇后头上所戴凤冠比较特别，最上端是莲花造型，中间是宝相花造型，正面装饰有一只栩栩如生的凤凰，冠上点缀着大大小小几十颗珍珠。关于凤冠侧面的物件，学界目前还存在争议。有人认为是一支钗子，的确很像钗子，但钗子应插在发间，宣祖皇后留的却是短发，钗子插上去恐怕很难固定住。注意看，这个物件的短柄与凤冠相连，因此应是凤冠上伸出的博鬓，宋代皇后所戴凤冠通常都会有向两侧伸展的博鬓。

▲ （宋代）佚名《南薰殿藏宣祖后坐像》

①风冠　②霞帔　③双绶
④鞠衣　⑤玉佩

▲ （宋代）佚名《南薰殿藏宣祖后坐像》（头部）

①莲花造型　②凤凰造型
③宝相花造型　④博鬓

在南薰殿所藏宋代皇后像中，除了宣祖后和后面要重点介绍的哲宗孟皇后外，其他皇后清一色穿的都是袆衣。

《南薰殿藏真宗后坐像》所绘究竟是真宗皇帝赵恒的正牌皇后刘娥（即章献皇后），还是仁宗皇帝赵祯的生母李宸妃（后被追封为章懿皇后），目前尚存在争议。画像中所绘皇后穿的袆衣衣领为红色并且装饰有盘龙图案，腰间系革带，前面挂着蔽膝，腰侧悬着佩，绶位于身子侧后方，脚上穿的是木底鞋舄。

袆衣上主要有两种纹饰，一种是翟鸟纹，翟鸟如今被称为白冠长尾雉，不过也有人认为宋代翟鸟纹的原型为红腹锦鸡；另一种是小轮花纹，应该源自佛教中的法轮。

① 翟鸟纹饰
② 绶
③ 带
④ 小轮花纹饰
⑤ 佩
⑥ 舄
⑦ 蔽膝

（宋代）佚名《南薰殿藏真宗后坐像》

真宗皇后头上戴的是龙凤花钗冠，冠饰上镶嵌着光彩夺目的宝石珠翠；下端有仙人队的造型，顶端有骑龙仙女的造型；两侧均有博鬓，分列耳朵两旁，如同蝴蝶的翅膀，也好似打开的扇子。

冠上的骑龙仙女造型与《阆苑女仙图》中的场景颇为相似，《阆苑女仙图》描绘的是众仙女相聚的场景，可见龙凤花钗冠在造型设计上深受道家思想的影响，寄托着宋代皇室渴望得到上天眷顾的美好愿望。按照礼制，太后、皇后所戴的龙凤花钗冠上有大小花钗二十四株，皇贵妃为十八株，其他嫔妃依次递减。

① 骑龙仙女
② 博鬓
③ 仙人队

（宋代）佚名「南薰殿藏真宗后坐像」（头部）

（五代）阮郜「阆苑女仙图」（局部）

南薰殿藏皇后像中所绘皇后们戴的龙凤花钗冠和穿的袆衣样式其实大同小异。

▲（宋代）佚名《南薰殿藏神宗后坐像》（头部）

① 骑龙仙女　② 博鬓
③ 仙人队

▲（宋代）佚名《南薰殿藏徽宗后半身像》

① 骑龙仙女　② 龙衔穗球
③ 博鬓　④ 仙人队

徽宗皇后所戴龙凤花钗冠的右侧首次出现了"龙衔穗球"的造型，这个别致的造型也一直沿用到了南宋。

（宋代）佚名「南薰殿藏高宗后坐像」（头部）

① 骑龙仙女
② 龙衔穗球
③ 博鬓
④ 仙人队

▲（宋代）佚名《南薰殿藏仁宗后全身像》

▲（宋代）佚名《南薰殿藏仁宗后全身像》
（局部）

①龙形纹饰 ②博鬓

唯独仁宗皇后所戴龙凤花钗冠比较简单，并没有骑龙仙女等常见造型，只有龙形纹饰搭配珍珠。而她身旁的那两个侍女戴的是"一年景"花冠。

宋代皇后的服饰上充斥着熠熠生辉的珍珠，头冠上、耳坠上、项链上无不镶嵌着珍珠，甚至两颊、额头和两个太阳穴上都要贴上用珍珠制成的花钿。

珍珠在宋代得到了广泛应用，可以装饰在衣物上，可以装饰在鞍鞯上，可以装点在坐褥上，可以点缀在帘幕上，还可以直接制成衫帽或珠囊。北宋熙宁年间（公元1068—1077年），内廷奉宸库收纳珍珠多达2343万余颗，按照成色共分为十五等，全都钻孔结串[1]，以备后宫使用，珍珠也成为宋代宫廷礼服上不可或缺的东西。

服饰中"可怕"的谶言

其实祎衣、朱衣、礼衣和鞠衣都属于礼服范畴，要么穿着不舒服，要么穿着不方便，皇后平日里穿的最多的还是常服。南薰殿所藏画像中的宋代皇后穿的都是雍容华贵的礼服，唯独一人既未戴龙凤花钗冠，也未穿翟衣，穿的乃是极为朴素的常服，给人一副素鬈蓝衣的形象，她就是哲宗孟皇后。她的人生跌宕起伏，两度被废而又两度复位，还曾一度垂帘听政。

▲ （宋代）佚名《南薰殿藏哲宗后像》

哲宗皇帝赵煦正值大婚年龄，他的祖母高太后、嫡母向太后为他挑选的皇后便是这位孟氏。北宋元祐七年（公元1092年），孟氏被正式册立为皇后。在此之前，开封城中里巷的百姓们将击球作为百戏进献给朝廷，按照规则一方一击入网，称为"孟入"。孟氏果然顺利登上皇后之位，但她此后的命运却是异常坎坷。

哲宗皇帝并不喜欢祖母和嫡母为他选定的这位孟皇后，却又不敢公然违拗她们。在两人完婚的次年，六十二岁的高太后便一命呜呼了。孟皇后在政治上的靠山没了，未来的命运也变得莫测起来！

一位在后宫造缬（一种有花纹的丝织品）的孟姓工匠进献了新近研制

---

① （清代）徐松《宋会要辑稿·食货五二》。

的新款纹样——两只相对的大蝴蝶间缭绕着缬带，艳丽美观中还藏着美好寓意，被命名为"孟家蝉"，风行一时，追求时尚之人竞相购置。"蝉"与"禅"读音相同，因此很多人隐隐觉得"孟家蝉"似乎藏着出家之兆[1]，很快便应验了！

哲宗皇帝宠爱姿色俏丽而又能言善辩的刘婕妤，此人长得千娇百媚，却有着蛇蝎心肠。当时孟皇后的女儿患了重病，孟皇后的姐姐情急之下携带道家符水入宫，这可是犯了宫中大忌。大惊失色的孟皇后赶忙将符水藏了起来，谁知最终还是不慎走漏了风声。刘婕妤趁机大肆诬陷孟皇后在暗中诅咒皇帝。当初扶持孟皇后上位的高太后和向太后都是旧党的支持者，如今哲宗皇帝却重用新党继续推动改革，时任宰相的章惇便是新党领袖，自然站在了刘婕妤一边，竭力打压贴着旧党标签的孟皇后。

北宋绍圣三年（公元1096年），孟皇后被废，被迫移居瑶华宫，出家为道。元符三年（公元1100年），哲宗皇帝暴崩而亡，他的十一弟赵佶登基称帝，称为"宋徽宗"。赵佶之所以能逆袭当上皇帝，主要得益于他父亲神宗皇帝的正妻向太后的支持。在向太后的提议下，徽宗皇帝很快便恢复了孟皇后的皇后名号。不过徽宗皇帝在政治上也倾向于新党，自然对贴着旧党标签的孟皇后心存厌恶。随着向太后的去世，孟皇后于北宋崇宁元年（公元1102年）再度被废，再次迁居瑶华宫。

由于瑶华宫意外失火，苦命的孟皇后只得移居延宁宫，但延宁宫后来居然也失火了！无处栖身的孟皇后只得居住在她的侄子、担任通直郎、军器监的孟忠厚位于相国寺前的私宅之中。

靖康二年（公元1127年），已然退位的徽宗皇帝与近臣商议，准备再度恢复孟皇后的皇后名号，当时诏书都已经写好了，可还没来得及下发，开封城便被金人攻破。

城破之后，金人拿着名册将宫中所有有名号的嫔妃悉数掳掠到了北方，唯独孟皇后幸运地逃过了一劫。当时金人扶持的傀儡张邦昌奉迎孟皇后垂帘听政，等到赵构称帝后，她又很识趣地撤帘，被高宗皇帝赵构奉为太后，最终得以善终。

---

① （南宋）徐梦莘《三朝北盟会编》。

北宋末年开封城中流行的纹样不知为何总会与谶言诡异地联系在一起，这个奇特的现象也被称为"服妖"。当时流行"一年景"纹样，也就是将一年四季的花卉和时令节物都汇聚在一起，但有人却觉得这似乎预示着靖康纪年只会有短短的一年光景[①]。北宋靖康二年（公元1127年）二月，徽宗皇帝和钦宗皇帝被金人掳掠而走，繁华一时的北宋至此灭亡，靖康这个年号仅仅用了一年零两个月。

皇家内府织造的绫选用的纹样是遍地桃花，称为"遍地桃"，这似乎预示着国难之际，开封城中官民无分贵贱全都满地逃窜，这悲惨的一幕很快便上演了！

当然，这些只是历史的巧合。

时尚女人的发饰

宋代时尚女人对于自身穿着往往都很讲究，但总体风格却已从唐代的磅礴大气变为婉约精致。

时尚女子的头部装饰主要有三种，分别是梳髻、戴冠和包髻。在《女孝经图卷开宗明义章》中，七名女子梳髻，一人头戴花冠，还有一人包髻。

▲ （宋代）佚名《女孝经图卷开宗明义章》

---

① （南宋）陆游《老学庵笔记》。

《女孝经图卷开宗明义章》左侧这个女子头戴花冠，看上去清秀而又优雅。她所戴花冠样式与唐代花冠颇为相似，却又不似唐代花冠那样庞大，不再紧贴发际线，戴的时候会留出额发的位置，增添了几分秀气。

▲（宋代）佚名《女孝经图卷开宗明义章》（局部）

▲（宋代）佚名《歌乐图》中簪戴的艺人

宋代花冠其实有两种，一种是将冠设计为花型，还有一种是在冠上插花。《南薰殿藏仁宗后坐像》中，位于皇后两侧的侍女戴的就是"一年景"花冠，冠顶插的都是用罗绢、通草或者彩纸制成的假花，好似将四季之中陆续开放的花朵都集于一冠。宋代还有很多人喜欢戴真花，根据季节的变换将杏花、桃花、荷花、菊花、梅花等娇艳的花朵插在冠上，看上去国色天香，闻上去香气袭人。

宋人还有在幞头上插花的习惯，称为"簪戴"，但采用这副装扮的多是男子，因为女人通常不会戴幞头。不过《歌乐图》中的艺人为了能取得良好的演出效果也会如此装扮。

除此之外，宋代还有一种更为高大上的花冠：用金银线编织成花朵状，再用珍珠进行装饰，显得瑰丽华贵，雍容端庄。

宋代女子还青睐用珍珠制

成的珠冠，给人珠光宝气之感。《宫女图》左侧和中间的女子头上戴的便是用珍珠镶嵌而成的珠冠。

《瑶台步月图》中的三名女子的发饰几乎一模一样，很多学者认为他们头上戴的是团冠，不过也有学者认为这是一种以牡蛎为原型的冠饰，蕴含着多子多福之意。

▲（南宋）刘松年（据传）《宫女图》

▲（北宋）刘宗古《瑶台步月图》（局部）

《女孝经图卷开宗明义章》右侧那名女子为包髻，也就是将发式定型后用布帛一类的巾子包裹起来，既可以像图中那名女子那样包成花形，也可以包成浮云等带着吉祥含义的形状。不过用于包髻的布帛都比较软，塑形主要依靠发型本身。

很多女子还会在包髻的同时用鲜花珠宝进行点缀，这样会衬得她们愈发端庄秀丽，开封城中的中等媒婆流行戴上冠子后再用黄布包髻。

梳髻就是将头发梳成各种不同的造型，时尚女子自然喜欢梳高髻，但也不似唐代那么高耸。《明皇斗鸡图》中的两个侍女梳的是坠马髻，又称堕马髻，将头发拢结成大椎后用发绳进行捆扎，形状如同马肚，往往会堕于头侧或脑后，如同骑马坠落一般，故而得名。坠马髻最早出现在汉代，直至清代仍旧有人会梳这种发髻，可见其生命力之强。

坠马髻

▲（南宋）李嵩《明皇斗鸡图》（局部）

▲（南宋）苏汉臣《秋庭戏婴图》

《宫女图》左侧和中间的女子均是戴珠冠，梳三鬟髻。宋代少女喜欢梳鬟髻，就是将头发梳成环形，最常见的是双鬟髻和三鬟髻。最右侧那个宫女梳的是双垂髻，就是在头的两侧将头发盘卷成垂髻，梳这种髻的主要是两种人，一种是未婚女子，另外一种是身份比较低的女人，比如侍女、婢伎等。

与双垂髻较为相似的是"丫髻"，也被称为"双丫髻"或"丫头"。丫头后来也渐渐成为小女孩的代称。丫髻分为两种类型，《秋庭戏婴图》中，右侧那个小女孩在头的两侧绾成两个向侧面伸展的发髻；《西园雅集图》中的侍者在头顶绾成两个向上伸展的发髻。丫髻与双垂髻的区别在于丫髻是向上或者向两侧伸展，而双垂髻却是向下垂。

双丫髻

▲（南宋）刘松年《西园雅集图》（局部）

　　《却坐图》描绘的是素以耿直著称的名臣袁盎向汉文帝直言进谏的故事，虽然描绘的是汉代场景，但画中人穿的却都是宋代服饰。汉文帝头上戴的是远游冠，胸前还戴着具有浓郁宋代气息的方心曲领。他左侧的慎夫人梳低椎髻，右侧的皇后梳高髻，两人头上戴的并非是冠而是玉胜珠花。

　　那些梳髻的时尚女子通常会在头顶插上头饰，主要分为簪、钗、梳和胜四类。簪与钗很相似，都有细长的插脚，可以插入发髻之中，顶端有精美的装饰物。两者的区别在于，簪为单股插脚，钗为双股插脚。高档簪钗往往用金银或玉制成，雕刻有精美花纹，顶端有凤鸟、花朵等纹饰，还会有金银珠穗或流苏坠子垂挂着，人一走簪钗也会跟着摇晃，称为"步摇"。普通女子只能佩戴朴素简约的木钗竹簪。梳子不仅仅能用于梳头，还时常会插在头上充作装饰。胜是用扁平的玉片、金片等材料雕琢而成的头饰，被称为"玉胜"，由于经常会镶嵌珍珠等饰物，因此也被称为"玉胜珠花"。

第四章　服装里的「摩登范」

① 褙子
② 被帛
③ 玉胜珠花
④ 莲花冠
⑤ 包髻
⑥ 远游冠
⑦ 幞头
⑧ 双螺髻
⑨ 半臂
⑩ 披帛
⑪ 襦裙

▲ （宋代）佚名《却坐图》（局部）

慎夫人身后的两个侍女，一人头戴莲花冠，给人清新脱俗之感，另一人用红色头巾包髻；皇帝身后的那个侍女头戴幞头；皇后身后的那个侍女梳双螺髻，可见每个人都对美有着不同理解，也有着不同的追求美的方式。

上流社会的穿搭

在《却坐图》中，皇后和慎夫人脸上所化妆容为三白妆，即将白粉涂抹在额头、鼻侧和脸颊。皇后身穿长可及地的襦裙，外罩半臂（类似于坎肩），肩头披帛，腰间佩绶，是典型的唐代样式。皇后身后的那个侍女上身穿交领罗衫，下身穿百褶裙。

慎夫人上身穿窄袖对襟长褙子，里侧穿罗衫，下身穿长裙，肩头披帛，腰间佩绶，是宋代流行的装扮。

贵妇人出席重大场合时通常上身穿大袖衫，下身穿长裙，看上去雍容华贵，但在平时生活中却更为青睐襦裙和褙子——不仅穿着更舒适，还会衬得身姿愈加曼妙。

襦裙在唐代几乎成为上流社会女子的标配。襦就是形制比较短小的上衣，同时下身搭配长裙。不过宋代长裙的高度却有所下降，通常不会像唐代那样逼近胸部，风格也渐趋淡雅，失去了唐代襦裙所特有的艳丽与奢华。

《女孝经图三才章》描绘的诸位女子之中，除了那位青衣侍女外，其他女子穿的都是襦裙。坐于树下靠左的那位女子上身穿交领小袖上襦，外面有披帛；下身穿高腰碎花长裙，用带系扎。虽然宋代仍旧会有很多女子穿襦裙，但半臂、披帛等配套装束却不经常使用，曾经盛极一时的襦裙已经开始走向下坡路。

▲ （宋代）佚名《女孝经图三才章》

①② 披帛　③ 交领窄袖襦　④ 带　⑤ 高腰碎花长裙

在《妆靓仕女图》中，一个雍容华贵的女子正在对着镜子梳妆打扮，她穿的也是襦裙，腰间挂有一个圆环形玉佩，称为"玉环绶"。这是程朱理学思想日益盛行的产物，除了起到装饰作用外，还能压住裙幅。女子快速行走或剧烈奔跑时裙子往往会随之剧烈摆动，为了不失优雅之态于

169

是便开始佩戴玉环绶。这个小物件折射出的却是社会大趋势：从宋代开始女子受到了越来越多的束缚，再也不能像唐代女子那样过着自由而又奔放的生活。

玉环绶

（南宋）苏汉臣《妆靓仕女图》

宋代裙子的质地通常为纱、罗、绢、绫等轻薄丝织品，裙面纹样也多为小碎花，由此可以看出宋人清新素雅的审美情趣。按照裙子有无夹层，可分为单裙和夹裙；按照裙子式样用料，可分为单片裙、两片裙和褶裥裙。单片裙也被称为二破裙，除了腰部外，整条裙子由两幅布料拼接而成，拼缝通常会在中线位置。两片裙也叫作旋裙，有点类似于现代的包臀裙和直筒裙，两侧通常会有开衩。褶裥裙渐渐发展为"百褶裙"，裙幅越多越时尚，有六幅的，八幅的，还有十二幅的，《却坐图》皇后身后那个侍女所穿百褶裙的裙身上遍布着褶皱。

随着宋人审美观的改变，褙子（也被称为背子或绰子）悄然兴起，贵贱均可穿，男女都可服，不过还是以女子为主。褙子最常见的样式为直领对襟，既没有纽扣，也不用系带。褙子的边缘处通常会绣有长长的花边，称为"领抹"。褙子的袖子有宽窄两种，不过以窄型最为流行，更能凸显女子的曲线美。褙子的下摆垂至膝盖附近，有的在膝上，有的齐膝，有的过膝，甚至垂至双脚。下摆有的不开衩，有的开衩，甚至会在左右腋下开有高衩，应该是受到了辽朝服饰的影响。褙子通常穿在最外面，还是敞开的，衬得女子愈发动人。

　　《瑶台步月图》描绘的是中秋时节相聚赏月的场景，画面中间的三个女子穿的均为直领对襟褙子，袖子为利落的窄袖。腋下有长长的开衩，透过敞开的褙子，上身的抹胸若隐若现。抹胸是能够紧束前胸的胸间贴身小衣，能够防止风邪入侵，类似于今天的胸罩。三个女子下身穿的是裙子，褙子穿在裙子外面，因此裙子只露出下半部分。

▲　（北宋）刘宗古《瑶台步月图》（局部）

　　《蕉荫击球图》中的女子所穿的褙子相对比较短，考虑到她正俯着身子，若是站直后褙子应该位于膝盖以上；开衩开得也比较高，一直开到胸部以下。

　　褙子与长衫很像，有时不太容易分辨，不过褙子却有两个鲜明的特征：第一个是褙子有领抹（也就是镶边），长衫通常并没有领抹；第二个是褙子通常为敞开式，长衫通常会有纽扣或系带。如果既穿褙子，又穿长衫，褙子往往会穿在长衫的外侧。

　　宋代时尚女子上身通常会穿襦和褙子，此外还有衫和袄；下身主要穿

①开衩至胸下　②垂至膝盖之上

▲（南宋）苏汉臣《蕉阴击球图》

▲骑马出城的女子

裙，有时也会穿裤，不过即便穿裤子也往往会在外面罩上一条裙子，裤子通常并不会露在外面。从材质上看，裤子分为比较薄的单裤和较为厚实的夹裤；从样式上看，裤子分为开裆裤和满裆裤，开裆裤通常会穿在满裆裤的外侧，既能遮掩身体又方便穿着。

衫最早与"单"同义，因此是比较薄的单衣，要么夏天穿，要么还要在衫的外面套上褙子等外罩。宋代主要有两种衫，一种是凉衫（或叫白衫），颜色以素淡为主，相对比较宽大；另一种叫紫衫，起初是武将的服饰，后来士大夫也开始穿，不过女人基本不穿紫衫。《清明上河图》中骑着驴出城的那个女子穿的便是凉衫。

这个女子头上戴的是帷帽，其样式为在笠帽上装了一圈丝网做成帽裙，可以起到遮蔽脸庞的作用。唐代初年，女子盛行戴幂篱，帽子上垂下来的网状帽裙往往会将她们的大半个身子甚至整个身子都遮住；后来流行戴帷帽，仅仅是将自己的脸遮住。不过盛唐之后，女子们便渐渐抛弃了帷帽，以自己清新靓丽的本来面目示人。

宋代女子重新戴起了帷帽，既与开封风沙比较大有关，也与渐趋守旧的社会风气有关。到了明清时期，未婚女子甚至"大门不出、二门不迈"，将自己死死地束缚在家中。

寻常女子的装束

　　除了那些出身高贵、生活优渥的贵族女子外，宋代还有许许多多在社会底层辛苦讨生活的寻常女子，她们又会选择怎样的装束呢？

▲ （南宋）李嵩《货郎图》

173

▲ （南宋）刘松年《茗园赌市图》
（局部）

《货郎图》中共计绘有两位女性，左边那位妇女（173页上图）头上披着盖头，身着素色襦裙，身体微曲，扶着身前正在货郎篮中挑选心爱物品的孩童。右边那位妇女（173页下图）梳着高髻，可见高髻并非被贵族妇女所垄断，爱美之心人皆有之，即便是山野村妇也会有一颗爱美之心。她穿着衫裤，右手抱着一个正在吃手的幼童，左手伸向前方货郎处。

再说一说旋裙。宋代女子出行喜欢骑驴，但穿普通的裙子却多有不便，于是便设计出一款两侧开衩至胯部（即腰与大腿之间）的裙子，称为旋裙。穿这种裙子上下驴会方便许多，不过也比较暴露，起初只有妓女才会穿，但这又是一款能够充分展现女性魅力的裙子，以至于很多良家女子也纷纷穿着旋裙，使其渐渐流传开来，不过却时常招来世人的非议①。

随着程朱理学思想的影响力越来越大，贵族妇女所穿服饰也日趋保守，但很多普通女子却仍旧保持着唐代女子大胆而又性感的穿衣风格。

除了穿开衩很高的旋裙外，一些女子还会穿敞开式短衫，同时抹胸还会拉得很低，将傲人的胸部呈现在世人的面前，《茗园赌市图》中的那位市井女子便是如此穿搭。

在上述画作之中，妇女的身边通常都会出现孩子的身影，说明养育子女已成为她们生活中不可或缺的一部分。除此之外，她们还要承担起做饭、扫地等日常家务，照顾丈夫的日常起居。

"男耕女织"是农村人传承千余年的分工，那些生活在农村的妇女们在操持家务的同时，往往还要养蚕缫丝，织布纺线。除了向官府纳捐外，她们织造而成的丝织品、棉织品通常并不舍得自己穿，往往要拿到集市上去售卖，自家人却只能穿麻布衣服。

▲ （北宋）王居正《纺车图卷》

在《纺车图卷》中，左侧站着一个面露老态的妇人，外穿短衫，内着抹胸，裤子上打着补丁，身子微微有些佝偻，双手引着两个线团，望向画面右侧的那个年轻村妇。

---

① （宋代）江休复《江邻几杂志》："又说妇人不服宽裤与襦，制旋裙，必前后开胯，以便乘驴，其风开于都下妓女，而士人家反慕效之，曾不知耻辱如此。"

年轻村妇坐在小凳上，上身穿绿色粗布短衫，下身穿红色粗布长裤，头发简单地挽成发髻，虽有些散乱，却无暇顾及。她抱着一个正在吃奶的婴儿，身前放着一架纺车，用手不停地摇着纺轮，身子里侧是盛放工具和杂物的竹筐。

▲ （宋代）佚名《丝纶图》（局部）

在《丝纶图》中，树木掩映的茅屋前，三个女子正忙着络丝。她们将自己的头发简单地挽成发髻，上身着短袖衫，下身穿长裤，腰系围裙，显得很是朴素。

▲ （宋代）佚名《征人晓发图》（局部）

在《征人晓发图》中，一个妇女正在茅屋内忙着做饭，头上扎着丸子形发髻，上身穿短衫，下身穿百褶裙，身旁有一个正在嬉闹的孩童。她在忙着手中活计的同时，还得照顾自家的孩子。

一个男人趴在屋内的桌上呼呼大睡，门口拴着一头毛驴，扭过头望着他，似乎在无声地催促主人快快远行。一些学者认为屋内的男女为夫妻，但那个男人却是一副儒生装束，从衣着上看，似乎与那个衣着朴素的妇人并不般配。

若想弄清楚画中两人真正的关系，我们还需从"征人"这个词语的含义入手。征人最常见的意思是因服兵役或劳役而被官府征发之人，不过它还有另外一层意思，那就是即将远行之人。南唐国主李煜曾在《望远行》中写道："黄金台下忽然惊，征人归日二毛生。"

画中茅屋门口还站着一个即将远行之人，地上放着他的行李箱，可见即将离开此地的并非只有那个正在熟睡的儒生。因此此处极有可能是一家

▲（南宋）马远《踏歌图》

民宿性质的乡村旅馆，那个正忙着做饭的妇女便是这家小旅店的店主。

根据宋代史料记载，在开封城中，曹婆婆肉饼、宋五嫂鱼羹、王妈妈茶肆、丑婆婆药铺都成为各自行业的翘楚，从这些店铺的店名便能看出店

主应该都是女性，说明当时诞生了一大批极具商业头脑和经营手段的女企业家。

不过对于绝大多数女人而言，丈夫是家中的顶梁柱，是她们依靠的臂膀，她们每天最期盼也是最高兴的时刻，就是看到外出劳作的丈夫回家。

在《踏歌图》中，一群农耕归来的农人缓缓行进在崎岖的山路上，一对衣着朴素的母子笑容满面地等待着丈夫的归来！

※ 第四节 普通民众的"职业装"

各行有各行的穿戴

随着商业经济的日渐繁荣，开封城中的绝大多数行业都诞生了自己的行业协会，称为"某行"，甚至还诞生了能够体现行业特色的职业装。即便是没有职业装的行业，从业人员的装束也日渐趋同。

质库（即当铺）掌事通常会身穿皂衫，腰系角带。东京城内的媒婆分为三六九等，上等媒婆戴盖头，穿紫色褙子，专门说和皇亲贵戚、大小官员家的亲事；中等媒婆戴冠子，用黄布包髻，身穿褙子或者裙，手中拿着青罗伞儿，往往是两人同行[1]，可谓是优势互补。

在古人眼中，"万般皆下品，唯有读书高"，因此不管家境如何，读书人普遍都会被人高看一眼，为了不辱斯文自然要穿得比较得体，往往是头戴皂巾（即黑色头巾），身穿深色交领长衫，腰间系带。

▲ 城内的读书人

◀ 等待进城的轿夫

---

① （宋代）孟元老《东京梦华录·娶妇》。

179

第四章 服装里的「摩登范」

▲（北宋）李公麟《西岳降灵图》中的轿夫

这些等待进城的轿夫们都头戴皂色头巾，身穿白色交领或圆领开衩窄袖衣，下穿白色小口长裤，脚穿草鞋，习惯性地将衣摆提起来系于自己的腰间。

《西岳降灵图》中的轿夫是为官府做事之人，自然比那些民间轿夫穿得更为体面。他们头上戴的是皂色幞头而非廉价的头巾，上身穿白色圆领开衩窄袖衣，下身穿白色长裤，脚蹬皂靴，衣摆散开呈自然下落的姿态。

虹桥边的这辆串车前面的那个车夫头戴皂色头巾，身穿白色坎肩，外裹皂色短衫，裸露着自己的左肩，下身穿白色长裤，还裹上了绑腿，脚上穿的是草鞋，这也是职业车夫的常见装扮。

▲ 虹桥边的车夫

▲ 出城的车夫与进城的挑夫

出城的这辆串车的两个车夫头戴用青竹篾编织而成的斗笠，既能遮阳又能防雨；上身穿白色圆领开衩窄袖短衣，下身穿白色缚裤，脚穿草鞋，与虹桥边那辆串车的车夫在穿着上有着明显差异。他们很可能是开封城外的农民，专门负责运输农产品。

　　与车夫擦肩而过的挑夫是典型的农民装扮，头戴皂色头巾，身穿白色短衣和小口长裤。由于往来城里路程比较远，他将随身携带的外罩缠在自己的腰间，还特地打了个结。

　　那些行走在汴河上的船工头戴皂色头巾，身穿白色或皂色交领开衩窄袖短衣，下身穿白色小口长裤，脚穿草鞋，也将衣摆提起系于腰间，与挑夫的装扮比较类似。

▲ 汴河上的船工

　　那些在码头上卖苦力的工人们头戴皂色头巾，上身穿白色坎肩，下身有的穿着白色缚裤，有的穿着白色短裤，脚上穿的是草鞋。由于搬运货物属于重体力活儿，这些辛苦劳作的工人们穿得既简单而又朴素。

"职业装"背后的奥妙

　　透过《清明上河图》，我们

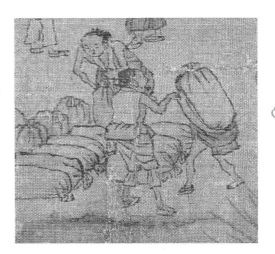

▲ 汴河码头上的工人

可以发现绝大多数宋代平民的衣着要么是近乎黑色的深色，要么是近乎白色的浅色，几乎不怎么穿彩色或花色的衣服。

在北宋初期，朝廷曾颁布法令，地位低下的胥吏、庶人、商贾、杂技艺人只能穿白色或皂色①，不能穿其他艳丽的颜色，不过这项禁令后来却渐渐有所松弛，那些有钱的商人开始绞尽脑汁将自己打扮得精致而又艳丽。

《清明上河图》描绘的是"一片皂巾，短衣遍布，黑白相兼"的平民世界，那些车夫、马夫、挑夫、农夫、纤夫、船夫、轿夫、工匠、商贩多为短衣、长裤、麻鞋等朴素利索的装扮，即便偶尔穿过膝长衣往往也会将衣摆挽起来，系扎在自己的腰间，这样便于行动。儒生、术士、僧人、道士和富商大户多身着长衫，但也多是瘦身窄袖的造型，那些具有浓郁唐代特色的大袖宽衫已经不见了踪影。

平民所穿衣服的材质主要是麻布，不仅质地粗糙而且质朴无华——黑色麻布暗而无光，白色麻布黯然失色。有时他们也会选用棉布作为衣料，但色彩艳丽而又质地柔软的丝绸却被那些有权人和有钱人所垄断。

素雅色彩引领的穿衣格调，彰显出务实理性的观念，与以大袖宽衫为代表的礼服共同构成宋代多民族融合下形态丰富的穿衣格局。

［1］陈彦妹.宫闱时尚——宋代工艺美术的女性侧面［J］.美术观察，2019（9）：7.

［2］邵晓峰，陶小军.《宋代帝后像》中的皇室家具研究［J］.艺术百家，2008（4）：9-21.

［3］金耀丽.谈《清明上河图》中人物的服饰［J］.开封教育学院学报，2002，22（4）：2.

［4］黄智高.《清明上河图》之百工衣裤装探源［J］.丝绸，2021，58（11）：6.

［5］黄智高.《清明上河图》平民男服经典要素提取研究［J］.美术大观，2021.

［6］周平.唐宋两代女性服饰比较研究［D］.苏州：苏州大学.

---

① （南宋）叶梦得《石林燕语》。

［7］崔圭顺.中国历代帝王冕服研究［M］.上海：东华大学出版社，2007.

［8］王雪莉.宋代服饰制度研究［D］.杭州：浙江大学，2006.

［9］张蓓蓓.宋代汉族服饰研究［D］.苏州：苏州大学.

［10］张林森.宋代皇后服饰研究［D］.北京：北京服装学院，2019.

［11］古长生.宋代官服述论［D］.长春：东北师范大学，2007.

［12］华雯.《宋史·舆服志》中的服饰研究［D］.上海：东华大学，2016.

［13］王怒啸.宋代人物画中女性形象特征研究［D］.石家庄：河北师范大学，2017.

［14］刘杜涵.传世宋画中的女性形象研究［D］.兰州：兰州大学，2020.

［15］周平.唐宋两代女性服饰比较研究［D］.苏州：苏州大学，2018.

［16］刘卫群.中国古代化妆品词语研究［D］.南昌：江西师范大学，2011.

第四章 服装里的「摩登范」

这里是大宋

第五章

吃喝里面门道多

※ 第一节　大酒楼里暗藏特殊服务

借问酒家何处有

如今酒已经成为普通得不能再普通的商品，但在宋代酒却是官府严格控制的商品，并非所有饭店都有酒卖，若想找酒喝必须要认准酒旗。唐代大诗人杜牧曾留下脍炙人口的诗句："千里莺啼绿映红，水村山郭酒旗风。"

▲ 城门附近的一处酒家

①酒旗

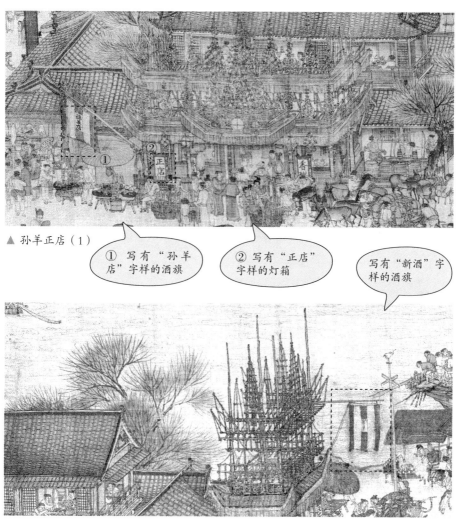

▲ 孙羊正店（1）

① 写有"孙羊店"字样的酒旗

② 写有"正店"字样的灯箱

写有"新酒"字样的酒旗

▲ 十千脚店（1）

　　其实开封的酒旗很好认，都是蓝白条纹相间的旗子，门口还时常会挂着同样蓝白条纹相间的酒帘。在宋代，只有酒旗高高飘扬的地方才会有酒喝，有的酒旗上还会写有酒家的名字，有的酒旗上还会写有酒名。

　　临近郊外的那处酒家门前挂着"小酒"字样的酒旗。小酒是一种在春秋两季随酿随售的中低档酒，共分为二十六等，最便宜的小酒每角五钱，最贵的每角三十钱；还有一种稍稍高档些的酒，名叫"大酒"，腊月的时

185

候开始酿造，等到夏天才对外出售，分为二十三等，最便宜的每角八钱，最贵的每角四十八钱①；更为高端的酒称为"老酒"，也是腊月酿造，经过数年窖藏后才对外销售，名贵程度丝毫不逊于如今的茅台！孙羊正店卖的应该就是这种高档酒。

▲ 临近郊外的一处酒家（1）

① 酒旗

② 带有标记的酒旗

③ 门口写有小篆"新酒"字样的酒帘

① 写有"小酒"字样的酒旗

② 门口的酒帘

▲ 城外汴河边的一处酒家（1）

① （元代）脱脱等《宋史·食货志下》记载："自春至秋，酝成即鬻，谓之'小酒'，其价自五钱至三十钱，有二十六等；腊酿蒸鬻，候夏而出，谓之'大酒'，自八钱至四十八钱，有二十三等。"

十千脚店大门两旁的檐柱上挂着两个长方形的牌子，左边写着"天之"，右边写着"美禄"；大门横额上写着"稚酒"两个大字，旁边还立着写有"十千脚店"字样的灯箱广告。

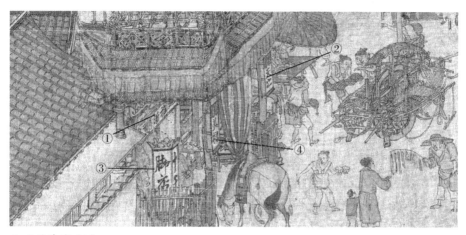

▲ 十千脚店（2）

①写有"稚酒"字样的牌子　②写有"天之"字样的牌子　③写有"十千脚店"字样的广告　④写有"美禄"字样的牌子

或许很多人会问"十千"究竟是什么意思？难道店主叫"十千"吗？莫非是鼓上蚤时迁的化名？抑或是这家店的注册资本是十千？其实"十千"的历史很悠久。三国时期的大才子曹植在《名都篇》中酣畅淋漓地写道："归来宴平乐，美酒斗十千。"一斗名酒的价格竟会高达十千，也就是一万钱！如此之高的酒价虽有些夸张，不过战乱频仍的三国时期谷价昂贵，货币贬值，酿酒技术也远不如后世发达，美酒的价格很高也不奇怪。

宋代著名诗人范成大曾写道："呼酒暖征衫，宁计斗十千。"由此看来，"十千"不再只是个计量单位，而是成为"美酒"的代名词。唐建中三年（公元782年），为了应对安史之乱后中央财政入不敷出的困难局面，朝廷开始推行酒类专卖制度，酒徒们对酒的美好向往就是官府酿酒的不竭动力。当时每斗酒的官方定价为三百文，相当于曹植笔下美酒价格的3%。

宋代的酒有的是散卖，有的是瓶装，散卖时也不再用斗而是用角来计

第五章　吃喝里面门道多

187

量——根据《礼记》的记载，四升为一角。瓶装酒的容量根据酒瓶大小会有所差异，宋代酒瓶通常为一至三升。

十千脚店大门两侧挂的牌子上所写的"天之美禄"也是美酒的代称。《汉书·食货志》记载："酒者，天之美禄。" 这块写有"天之美禄"的牌子意在向顾客夸耀店中美酒甘醇可口，也寄托着店家希望从嗜酒如命的酒客身上获取更多利润的美好愿望！

令人眼花缭乱的大酒楼

开封城内外大大小小的酒家星罗棋布，数目繁多，如何能够从中找到最为高档的地方，约上三五知己去吃私房菜、喝名贵酒呢？

其实很好找，只要挂着酒旗、酒帘的地方便会有酒卖。你再看看那处酒家是楼房还是平房，抑或是在街边搭建的竹棚。如果是楼房，门口又搭着高大的彩楼欢门，你便可以放心大胆地进去，这家肯定就是你要找的可以一饱口福的大酒楼！

▲ 临近郊外的一处酒家（2）

彩楼欢门

临近郊外的这处酒家门前搭建的彩楼欢门较为低矮，屋内也显得比较简陋，一看便知这处酒家主要面向工薪阶层，比如在附近务农的农民，进出城的小商小贩，还有在汴河上卖苦力讨生活的人。

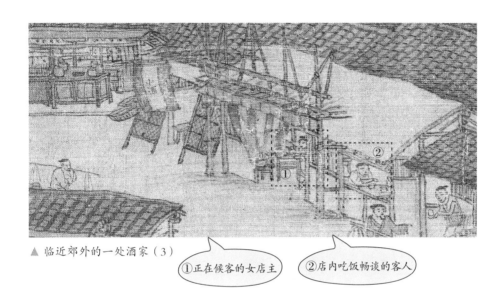

▲ 临近郊外的一处酒家（3）

①正在候客的女店主　　②店内吃饭畅谈的客人

▲ 城外汴河边的一处酒家（2）

彩楼欢门

汴河边的这处酒家门前的彩楼欢门稍稍高大些，最引人注目的是门口居然还站着两个官员。由于官员的身份比较敏感，出入高档大酒楼自然会比较引人注目，而这家看似并不怎么高档，不过却应该是一处菜品出众、服务周到的私房菜馆，人少菜好私密性好，堪称官员们的首选！

▲ 十千脚店（3）

彩楼欢门

十千脚店的主体建筑是两层楼房，门前立着高大的彩楼欢门，来这里开怀畅饮自然会有很不错的就餐体验。

▲ 十千脚店（4）

① 楼梯口接菜的服务员

② 上楼递菜的小伙计

① 正在上菜的服务员

② 酒注

③ 正在用餐畅饮的食客

　　《清明上河图》中所绘酒注具有典型的宋代特征，通常为瓷质，不过也有金银材质。酒注（也称注子）其实就是酒壶，通常与注碗（也称温碗）配套使用。宋代注碗多为花瓣状，里面盛放着热水，因此酒注放在注碗中酒便不会凉。

　　十千脚店虽装修得富丽堂皇，但与正店相比还是有一定差距。北宋末年，开封城内的正店共有七十二家，每一家都是资金雄厚，装修考究，主要面向社会中上层，绝非寻常老百姓能够消费得起的。由于朝廷对酒实行严格的管控措施，在开封城中只有正

▲ 宋代景德镇窑青白瓷刻花酒注和注碗

店才有资格酿酒。

这里是大宋

酒税在非农业税税收收入中所占比重大致维持在三分之一左右，在全部税收收入中的比重基本维持在五分之一左右。鉴于酒税对朝廷财政收入的极端重要性，朝廷一直实行严格的酒类专卖制度，称为"官榷制"。"官榷制"又具体分为"榷酒制"和"榷曲制"，前者是朝廷垄断酒的生产和销售，属于直接专卖制度；后者是朝廷垄断酒曲的生产和销售，属于间接专卖制度。私自贩卖酒或者酒曲最高可被判处死刑。

北宋时期酒税变化情况[①]　　　　　　　（单位：贯）

项目	至道末年 （公元997年前后）	天禧末年 （公元1021年前后）	熙宁、元丰年间 （公元1068—1085年）
酒税	1850000	10172400	13174130
非农业税税收收入	12380400	29630530	49112365
在非农业税税收收入中的比重	14.94%	34.33%	26.82%
全部税收收入	35591730	57254570	70739350
在全部税收收入中的比重	5.2%	17.77%	18.62%

开封实行"榷曲制"，官府只是垄断酒曲的生产与销售，获得官方认可的正店才有资格向官府购买酒曲后自行酿酒并对外销售。

在《清明上河图》中，孙羊正店门前搭建起气势恢宏的彩楼欢门，与三层楼房比肩，装饰得五彩缤纷，绚丽夺目，由此可以看出孙羊正店的实力。孙羊正店门前的客人络绎不绝，楼上正在宴饮的客人也是依稀可见。

孙羊正店大门右侧还设有卖酒的窗口，摆放着许多大酒桶和卖酒时用的舀酒器，不过三个伙计对自己的本职工作似乎并不怎么上心，其中一个伙计用力拉开弓，另外两个伙计正目不转睛地看着他。

关于这三人的真实身份一直有着诸多猜测。有人认为这是一家卖弓的

---

① 数据来源：贾大泉《宋代赋税结构初探》，《社会科学研究》，1981年第3期。

铺子，但若真是如此，为何只有区区两张弓，而且面前还摆放着如此之多的酒桶？这显然有些说不通！

还有人认为这三人是押运酒的士卒，但若真是如此，他们最应携带的武器是刀枪，因为弓箭在战斗中只能起到辅助作用，并不能充作主战兵器。

笔者认为三人就是孙羊正店卖酒的伙计，他们之所以有些不务正业，拉弓训练，其实是当时保甲法的真实写照。保甲法是王安石推行的变法政策中的重要组成部分。开封府所有百姓都要编入一保，朝廷选取其中身强力壮的男子在工作之余接受军事训练。

在孙羊正店后院，酒瓮堆积如山，这些酒不仅会供应给来自家酒楼喝酒的酒客，还会批发给区域内的各式脚店，类似十千脚店这样的大酒楼也只能从正店购买酒水，然后再卖给店内的酒客们。为了避免恶性竞争，七十二家正店划分出各自的势力范围，各区域内的脚店只能到对应的正店去买酒。

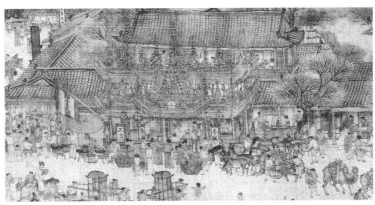

孙羊正店（2）

虽然财大气粗的孙羊正店很博人眼球了，但它毕竟坐落于外城城门附近，并不在开封城中最繁华的地段，所以店内外来来往往的人虽是不少，但仍非正店中的佼佼者。

在开封七十二家正店中，著名的大酒楼有白矾楼（后改为封乐楼）、潘楼、任店（也称欣乐楼）、遇仙正店、清风楼、长庆楼、会仙楼正店、仁和正店等。

州桥东侧的仁和正店、新门里的会仙楼正店，通常都会提前准备上百套酒具和餐具，每一套都会有大大小小十几样之多。即便是两人对饮，一副注碗，两副盘盏，果碟和菜碟各五个，素菜碗三五只，再随便点些热菜，要些玉板鲊（鱼干）、生削巴子（黏块状的小吃）、瓜果等下酒菜[①]，这一顿下来也需要近百两银子。

开封城中规模最大、档次最高的当属白矾楼，五楼相对并且每座楼都高达三层，楼与楼之间还有悬桥连接，明暗相通，珠帘锦绣，灯烛耀眼，每日在楼中喝酒的酒客有上千人之多，看上去蔚为壮观。

白矾楼在民间也被称为"樊楼"，小说《水浒传》对樊楼屡有提及。在第七回，陆谦不怀好意地将昔日恩人林冲请到樊楼来吃酒，为的就是让垂涎林娘子美色的高衙内趁机对其下手。在第七十二回，宋江趁着元宵节时混入开封城中，恰巧路过樊楼，便找了个雅间坐下，刚刚喝了几杯酒便听到隔壁隐隐有人在唱歌，而且歌声似乎还有些耳熟，赶忙走过去看看，居然是九纹龙史进和没遮拦穆弘！二人喝得酩酊大醉，正在口吐狂言。

---

① （宋代）孟元老《东京梦华录·会仙酒楼》。

樊楼在开封百姓的心中堪称第一酒楼，只要能够在那里吃上一顿便可以吹一辈子牛！

特殊服务的特殊标志

喝得微醺的男人们在酒精刺激之下便会生出特殊需求，浑身燥热想要痛痛快快地去泡个澡。

开封城中有不少对外营业的公共浴池，孙羊正店中便设有专为客人泡澡用的澡堂。店门前有两个硕大的灯箱，一个写的是"正店"，表明这家酒楼属于七十二家正店之一；另一个写的便是"香汤"，说明店内还提供洗浴服务，不过"汤"字却被挡住了。

宋代的公共浴池往往还会提供搓澡服务。大文豪苏轼便曾写过一首《如梦令·水垢何曾相受》："水垢何曾相受，细看两俱无有。寄语揩背人，尽日劳君挥肘。轻手，轻手，居士本来无垢。" 此时的苏轼已经四十八岁了，刚刚由黄州（今湖北黄冈）团练副使改任汝州（今河南汝州）团练副使，虽然仍是并无多少实权的虚职，但汝州地处中原腹地，自然要比黄州重要许多。苏轼的这次职务变动透露出神宗皇帝赵顼的心中已悄然萌生了再度重用他的想法，苏轼也感受到一种久违的畅快，不过却依然觉得"水垢何曾相受"，因而表达了自己坚决不与奸诈小人同流合污的远大志向。

很多男人喝酒时都希望能有漂亮女子相陪，若能寻一处既能一饱口福，又能开怀畅饮，还能寻欢作乐的地方，无疑最趁他们的心思。其实这也不难，你只需认准两样东西：红绿杈子和栀子灯。

权子类似于今天的篱笆，也就是在门前竖起长宽相等的一根根木条，然后再刷上红色，最后用涂成绿色的横木将那些红木条进行固定，因此也被称为"红绿权子"。权子虽然在今天的人们看来透着一股子乡土气息，但在宋代却是威严肃穆的象征，原本只有官府和寺庙道观才能使用。《清明上河图》所描绘的那座寺院山门两旁便设有两排红绿权子。

▲ 孙羊正店（3）

① 栀子灯　② 红绿权子

▲ 寺庙

① 红绿权子　② 僧人

196

酒楼门前获准使用红绿杈子是源于五代后周开国皇帝郭威的一次视察。郭威一时心血来潮要去大酒楼潘楼视察。潘楼所在的那条街被称为潘楼街，一座大酒楼使得整条街都变得繁华喧闹起来，足见潘楼的影响力之大。

潘楼老板听说皇帝要来自然不敢怠慢，赶忙带领手下的伙计们准备迎驾事宜，在楼门口搭建起高耸入云的彩楼欢门，还特地在门前安装了红绿杈子并挂起了栀子灯。这些令人炫目的东西并没有随着皇帝的离开而被拆除，反而被越来越多的酒楼茶肆所效仿[①]。

栀子灯细颈大腹，有六条棱，外糊红纱，内点枝蜡，造型与栀子花开后所结果实很像，都是两头尖中间大的纺锤状。透着暧昧气息的栀子灯会让人自然而然地想到"红灯区"，只要是栀子灯亮起的地方，店内定然会有美艳女子陪酒。

任店门前便挂着栀子灯，一进大门便会看到一条长达一百多步的主廊，南北天井两侧是一个又一个雅间，每晚都是灯火通明，恍如白昼，打情骂俏声和觥筹交错声交织在一起。数百名浓妆艳抹的女子聚集在主廊的廊檐之下，摆出最诱人的姿势，露出最妩媚的一面，等待着各式酒客们的挑选，远远望去犹如天女下凡一般，很多酒客只是看上一眼便有些难以自持了。

不过那些美艳女子仅仅提供陪酒服务而已，服务项目与如今酒吧里那些长相漂亮、身材性感、穿着暴露的酒水销售差不多，只不过是通过甜言蜜语哄骗怂恿酒客们多饮几杯罢了。当然，酒客们借着酒劲儿占些便宜也是常有的事情，而那些欢场女子们对此早就司空见惯、见怪不怪了。

像任店这样的大酒楼虽为充满暧昧气息的陪酒服务大开方便之门，却并不允许酒客们在店内做什么出格的事情。若是意乱情迷的酒客一时把持不住，要么谈好价钱将中意的女子带到外面去逍遥快活，要么只得去妓院。

开封城内的鸡儿巷里有很多妓院，这个巷子的名字还真有些名副其实

第五章　吃喝里面门道多

---

① （南宋）吴自牧《梦粱录·酒肆》。

的意味。此外旧曹门外的南、北斜街上也有不少妓院，不走正道之人所住的街道都被称为斜街，真是有趣！

▲ （明代）仇英《清明上河图》中的青楼

除此之外，还有一个地方可以去，那便是庵酒店。这种酒店中会暗藏卧床，店内的美艳女子可以偷偷为那些好色的酒客们提供特殊服务。那些女子是赤裸裸的风尘女子，不像大酒楼中的那些女子只是让酒客们过过眼瘾或是偷偷占些便宜，她们只卖身不卖艺！

庵酒店门前既摆着红绿杈子，也挂着栀子灯，灯上还会用箬竹盖着。箬竹是一种叶子又大又宽的竹子，人们常常用它的叶子来包粽子，编斗笠。用箬竹盖栀子灯起初只是为了防止灯被雨水浇灭，后来不管下雨阴天还是艳阳高照，庵酒店门前的栀子灯都会用箬叶盖着[1]。这渐渐成为它们向那些求欢客们传递的暗号：来啊！快活啊！反正有大把时光！

---

① （南宋）耐得翁《都城纪胜》。

※ 第二节　名流们的宴饮

陪皇帝喝酒

▲ （北宋）徽宗赵佶《文会图》（局部）

　　《文会图》描绘了一群文士在池畔园苑中饮宴的情景。树下的一张黑色方形漆案上摆满了各色菜品和果盘。九位文士围坐案旁，或端坐，或谈论，或持盏，或私语，儒衣纶巾之中透着儒雅。竹边树下有两位神情和蔼的文士正在寒暄，其中一人还拱手行礼。这幅画是徽宗皇帝赵佶所绘，描绘的自然是宫廷宴饮的场景。

　　与皇帝宴饮会是怎样的感受呢？其实君臣之间的宴饮名目繁多，居然有七种之多。

　　第一种是君臣大宴，又可分为三类，分别是饮福宴、春秋大宴和圣节大宴。饮福宴是皇帝在重大祭祀活动之后举行的宴会。《左传·成公十三

年》记载："国之大事，在祀与戎。"在古代，国家最大的两件事便是作战与祭祀。如果祭祀活动顺利举办，皇帝自然会心情大好，通常都会与群臣一起喝酒放松一下。春秋大宴包括在二月间举行的春宴和在八月间举行的秋宴。春季是播种希望的季节，秋季是收获的季节，因此宋人很看重这两个季节，况且二月和八月气温也比较宜人，适合君臣们把酒言欢。圣节大宴是皇帝在自己生日时举行的大型生日派对。宋代皇帝往往会将自己的生日立为国家的节日，称为"圣节"，到时将会普天同庆，齐夸皇帝生得好，皇帝给大家带来了假期。

北宋皇帝圣节设置情况

庙号	皇帝姓名	出生日期（阴历）	节日名称
太祖	赵匡胤	二月十六日	长春节
太宗	赵光义	十月七日	乾明节（后改为寿宁节）
真宗	赵恒	十二月二日	承天节
仁宗	赵祯	四月十四日	乾元节
英宗	赵曙	正月三日	寿圣节
神宗	赵顼	四月十日	同天节
哲宗	赵煦	十二月七日	兴龙节
徽宗	赵佶	十月十日	天宁节
钦宗	赵桓	四月十三日	乾龙节

哲宗皇帝赵煦的生日是阴历十二月七日，但那天恰巧是被尊为僖祖的赵朓（北宋开国皇帝赵匡胤的高祖父）去世的忌日，若是在这天与众人吃吃喝喝、玩玩闹闹实在是对祖上的不敬，于是他便将自己生日的次日设为"兴龙节"①。

关于徽宗皇帝赵佶的生日，官方记载是阴历十月十日，但生活在宋元之际的学者周密却认为，徽宗皇帝真正的出生日期是端午节，也就是阴历五月五日。不过这天却被认为是恶月之中的恶日，可谓是一年之中毒气最盛的时候，所以古人才会通过饮雄黄酒等方式来辟邪，这一天出生的孩子

---

① （南宋）李焘《续资治通鉴长编·元丰八年五月丁酉》。

往往会被认定为大不祥。正是迫于巨大的世俗压力，赵佶才偷偷地将自己的生日从五月五日改为十月十日[1]。不过这究竟是从宫中传出来的确有其事的皇室秘闻，还是有人为了故意诋毁徽宗皇帝赵佶而蓄意杜撰出的假消息，便不得而知了！

北宋天圣年间（公元1023—1032年），仁宗皇帝赵祯将举行君臣大宴的地点正式确定为集英殿[2]。其实在此之前北宋皇帝便时常会在集英殿举行君臣大宴，太祖皇帝赵匡胤在那里举办了33次君臣大宴，太宗皇帝赵光义在那里举办了37次君臣大宴，真宗皇帝赵恒在那里举办了52次君臣大宴，仁宗皇帝赵祯在那里举办了55次君臣大宴，不过有时也会在别的殿举行。仁宗皇帝将之前的惯例变为了定制，自此集英殿便成为君臣大宴的固定举办地点。

君臣大宴之所以被称为大宴，自然是因为人数多、规模大、范围广。根据《宋史》的记载，北宋熙宁二年（公元1069年），参加神宗皇帝赵顼召集的君臣大宴的官员居然多达一千三百余人[3]，这在我国古代宴饮史上也是颇为罕见的。

大宴举办时，集英殿正中设置皇帝御座，御座左右稍稍靠北的地方分别陈列着御用酒器和御茶床，宴会上所用餐具一律为金银器。集英殿及其偏殿，甚至院中两廊下都挤满了前来参加宴会的官员。

到了吉时，经过一系列烦琐的程序之后，众人便开始进殿。皇帝位居大殿正中，坐北朝南，俯视群臣。官员席分为三等，最高等为殿上席，也就是与皇帝同在主殿之内就餐，主要包括皇室宗亲、三品以上高官和四、五品官员之中身居要职者；次一等为偏殿席，主要是四、五品官员中身居普通职位之人以及六品官员中身居要职之人；最低等为廊下席，只得在大殿两廊下就餐，虽然名义上与皇帝一同就餐，却只能远远地望上一眼，还不一定能看得到皇帝的身影。

开宴后，君臣们喝着小酒，谈着治国之道，欣赏着宫廷乐舞表演，好

① （宋末元初）周密《癸辛杂识·后集·五月五日生》。

② （元代）脱脱等《宋史·礼十六》。

③ （元代）脱脱等《宋史·礼十六》。

第五章　吃喝里面门道多

不畅快!

　　第二种是节日赐宴，无论是元旦、上元、重阳、冬至等传统节日，还是出于政治需要而设立的天庆、天祯、天贶、先天、降圣、天应、开基等新兴节日，皇帝通常都会下令赐宴群臣，并允许百姓宴饮齐乐。天庆、天祯、天贶、先天、降圣这五个节日都是真宗皇帝赵恒伪造天书或者趁着封禅泰山之机而设立的，其实就是为了掩饰对辽作战失败并被迫签订澶渊之盟的奇耻大辱，蓄意营造普天同庆的假象。

　　作为一年之始的元旦（即农历大年初一）意味着万象更新，朝廷通常都会举行大朝会，届时皇帝会接受百官及外国使者的朝贺并赐宴。朝会后二日，辽国使者会赴御苑与北宋的神射手们举行一场射箭友谊赛。无论输赢，皇帝都会宴请当日所有参赛者，若是宋朝神射手赢了，往往还会举行全城庆祝活动[1]，龙颜大悦的皇帝也会赏赐给神射手银鞍马和衣物，特别突出者还会为其加官晋爵。

　　第三种是赐酺宴。赐酺为我国古代的一种酒礼，每逢吉庆大典或大赦改元之际，皇帝都会特许天下人不用上班，整天就是喝酒吃饭玩乐，以此来昭告天下当下是个太平盛世。那些官员们可以毫无顾忌地吃吃喝喝，底层百姓却不敢肆无忌惮地坐吃山空。

　　宋朝赐酺宴分为五日宴和三日宴。不管是哪一种，第一日为观酺日，是最为隆重、最为热闹的一天。乾元楼前会搭建起高高的露台，教坊司中技艺精湛的艺人们会轮番登台献艺，此外还会准备二十四乘棚车，每十二乘为一组，那些身披彩帛的牛拉着皇家艺人们边走边演。此时开封城中的大街小巷已然用彩绸、镂板等装饰一新，牛车所到之处人头攒动，车骑塞道，斑斓的色彩与此起彼伏的叫好声交织在一起。皇帝缓缓登上城门上方的城楼，左右廊下设彩棚，亲王官员等人坐于棚下。京畿父老轮流列坐于楼下，皇帝俯视着百姓们，缓缓举起手中的酒杯，宴席便正式开始了。在此后数天之内，喝酒吃肉都会成为生活的主基调。

　　第二日，皇帝会前往都亭驿宴请百官，在亲王宫宴请皇室宗室；第三日，皇帝又前往都亭驿宴请宗室和亲信宦官，还会去宰相府邸宴请亲近

---

① 　（宋代）孟元老《东京梦华录·元旦朝会》。

的大臣；第四日，皇帝再度前往都亭驿宴请百官，还会在外苑宴请皇室宗室；第五日，皇帝又前往都亭驿宴请宗室和亲信宦官，还会将亲近的大臣邀请到外苑宴饮。在宴会过程中，皇帝通常会作酺宴诗，参加宴会的人员一边喝着御酒一边作劝酒诗。

若是三日宴，第一日为观酺，第二日赐宴皇室宗室和文武百官，第三日宴请比较亲近的官员。

在赐酺宴举办过程中，都亭驿成为重要的宴会场所，不过随着参加人员的增多，都亭驿显得越来越局促。北宋大中祥符元年（公元1008年）十二月之后，真宗皇帝赵恒将赐宴地点改为锡庆院。赐酺宴不仅会在京城举行，全国各地都会举行赐酺活动，喜庆的热潮会席卷大宋上下，不过最为热闹的还是都城开封。

第四种是射宴，也就是习射之后举行的宴会。皇帝与群臣在皇家园林游玩时常会令宗室子弟、武臣将领射箭取乐。皇家园林之中均设有射棚，习射时往往会派遣数人充做招箭班，统一穿紫红绣衣，头上裹巾，分别站立于射棚左右，专门检查习射之人是否射中。

宋代习射活动形式多种多样，有靶射，有骑射，还有射柳枝等。靶射就是站着射靶子，皇帝往往会参与其中。每当皇帝射中靶子，官员们便会争先恐后地拜贺称颂；若是手下官员射中，皇帝也会赏赐物品。骑射和射柳枝属于娱乐性比较强的节目，主要由射术精湛的士卒来完成，皇帝和官员往往只是在一旁观看。

习射后，皇帝便与手下官员们去喝酒消遣，不过宴席过程中也常常会作诗助兴。

除了皇帝心血来潮组织的习射外，外国使者入朝时通常也会举行宴射，而且多安排在玉津园。

第五种是重臣饯行宴。朝廷重臣奉命出使外国或者到地方任职、高级官员退休、节度使返回驻地，皇帝往往都会举行宴会话别，朝中相关官员还要作陪，借着酒劲儿说些依依惜别的话，却不知是真情还是假意！

第六种是外国使臣宴。外国使臣前来朝见时，朝廷通常会举行欢迎宴；外国使臣前来辞行时，通常要举行送别宴，一般会安排在崇德殿（后

改名为紫宸殿），特殊情况下也会在驿站赐宴。不过这种宴会参加者的范围比较小，除了朝中高官，便是负责外事工作的官员。

第七类是君臣曲宴。与规模宏大的大宴相比，曲宴往往带有私宴性质，并不需要特别的事由，也不需要逢年过节，只要皇帝一高兴便会召集亲信官员们来宫中喝酒，有宰相，有三品高官，也有四品、五品的中级官员，五品以下官员通常不会受邀参加。

曲宴的形式也是多种多样，除了喝酒之外，还有赏乐、赋诗，有时还会伴有赏花、钓鱼等娱乐活动，可谓是君臣之间比较放松的一种宴会形式，但那些参加的官员却一刻也不敢掉以轻心。

赏花曲宴是最为常见的曲宴形式，皇帝带领一帮子官员在宫中赏花，通常还会有赋诗、钓鱼、射箭等活动，玩得尽兴之后再美美地吃上一顿。在这中间的赋诗环节是皇帝最为看重的项目，通常都是皇帝先赋诗，群臣再唱和。本是助兴的娱乐活动，但官员们所作诗词质量却关系着他们未来的前途命运，比如仁宗朝担任秘阁校理的韩羲就曾因所作诗词被仁宗皇帝赵祯所厌恶而被降为司封员外郎（元丰改制前为从六品上阶），同判冀州[1]。韩羲原本担任的是令人艳羡的馆职，但文化水平却实在有限，自然惹得皇帝很是不悦，一朝外放冀州担任二把手，仕途也就此变得黯淡。

有了前车之鉴，参加赏花曲宴的官员们在赴宴前都要进行精心的准备，就好似是通宵达旦备考的考生，思索着皇帝明天可能会出什么题，自己又该如何应对，甚至会提前打好腹稿，以至于夜不能寐——原本是君臣之间欢快的宴会，却把这些官员们给整得抑郁了。

北宋天圣年间（公元1023—1032年）的某日，仁宗皇帝赵祯召集官员们举行赏花曲宴，又有很多人为此而彻夜不眠。谁知偏偏那日有人向皇帝进贡了山水石，于是赋诗的主题临时变为了咏石，可昨夜那些官员们准备的却是赏花诗！

那些精通诗词歌赋的官员还能临机应变，可那些并不擅长此道的官员却是叫苦不迭，即便抓耳挠腮也只能想出些矫揉造作而又不尽人意的诗句，有好几人因所作诗赋质量太差而被仁宗皇帝贬往外地。这些人当时窘

---

[1] （南宋）李焘《续资治通鉴长编·天圣八年二月壬申》。

迫的滑稽相也被艺人们改编为戏剧，演出时惹得无数观众捧腹大笑[1]。

有人失意自然便会有人得意，在一次赏花曲宴上，真宗皇帝赵恒与朝臣们一同垂钓，可他钓了半天却连一条鱼都没能钓上来。就在尴尬不已之际，丁谓却献诗道："莺惊凤辇穿花去，鱼畏龙颜上钓迟。"[2]此举无疑给真宗皇帝解了围，水中的鱼因畏惧真龙天子才迟迟不肯上钩，这马屁拍得可谓是清新脱俗！

真宗皇帝自此对丁谓愈加器重，一路将其提拔为参政知事（即副宰相），但丁谓曲意逢迎的性格注定他不会成为有作为的官员。他暗中算计宰相寇准并取而代之成为宰相，不过等到仁宗皇帝赵祯即位后，他大肆勾结宦官、蒙蔽皇帝的罪行也被人揭露出来，从宰相贬为崖州（今海南三亚）司户参军，最终落得个身败名裂的下场。

在赏花曲宴过程中，皇帝要是来了兴致，往往会随手剪下一朵娇艳的鲜花，亲自插在朝臣的发间，这可是无上的荣耀。真宗朝枢密使陈尧叟便是这为数不多的幸运儿。宴会结束后，他满心欢喜地出宫去，谁知却突然刮起一阵风，皇帝亲手插在他发间的那朵花的叶子被风吹落了。他迈着蹒跚的步子去追，追了半天才追上，赶忙放入自己的袖中[3]。在他的眼中，皇帝赐给他的花，每片叶子、每片花瓣都是无价之宝。这也成为他一辈子引以为傲的事，靠着皇帝赐给他的这朵花便可吹一辈子牛！

科举及第后的庆祝宴

为了庆贺金榜题名，科举及第者们通常都会举行闻喜宴，唐代时一般会在长安城中风景秀丽的曲江池举行，宴会所需经费由参加宴会的人员"AA制"。五代时，宴会改在佛寺园林中举行，相关费用则由官府承担。太祖皇帝赵匡胤延续了五代的传统，曾经赐给及第进士王嗣宗等人一大笔经费，专门用于举办闻喜宴。

① 《宋人轶事汇编·杂事》。

② （北宋）欧阳修《归田录》。

③ （南宋）吴曾《能改斋漫录·记讲·御亲赐带花》。

太宗皇帝赵光义为了笼络这些走上仕途的读书人开始赐宴，不过皇帝并不会出席。起初赐宴的地点并不太固定，开宝寺、迎春苑等地都曾举办过闻喜宴。北宋太平兴国八年（公元983年）四月，太宗皇帝在皇家园林琼林苑赐宴，此后闻喜宴基本上都会在风景秀丽的琼林苑举办[①]。

闻喜宴通常会一连举行两天，分别宴请进士科和其他诸科，虽说都会有官员出席，但出现官员的品级却有所不同。进士科最受重视，出席的官员通常是"丞郎"和"大两省官"[②]。"丞郎"就是尚书省的尚书左、右丞（正二品）和六部侍郎（从三品）。"大两省官"是中书省、门下省五品及以上官员。其他诸科的地位明显不如进士科，出席官员通常是"省郎"和"小两省官"。"省郎"就是诸司郎中（从六品）、员外郎（正七品），"小两省官"是中书省、门下省五品以下官员。

宴会当天，新及第者要拜谢主考官，这可是他们交结高官权贵们绝佳的机会。皇帝虽不会参加，却往往会派宦官们前去赐诗，还会给每个人发放《中庸》《大学》《儒行》等官方指定读物，有时还会特别吩咐御厨烹制几道精美佳肴送到宴席上赐给他们品尝，这对于那些初入官场的人来说无疑是莫大的荣耀。

除了官方出资举办的闻喜宴外，新及第者们还会组织一系列私人庆祝活动，称为"期集"。由于相关活动很多，组织难度也比较大，通常会委托中介组织"进士团"来全权操办，由当科状元负责与进士团接洽，还会从新及第者们中挑选若干人负责具体事务。新及第者们在赋诗唱和、觥筹交错间迅速建立起深厚的情谊，有朝一日谁要是发达了还可以拉兄弟一把，大有拉帮结派之嫌。

官员有事没事聚一聚

在《清明上河图》中，两处酒家门前都出现了官吏的身影，这无疑是当时的一个真实写照，因为吃喝早已成为官员日常生活中不可或缺的一部分。

---

① （清代）徐松《宋会要辑稿·选举二》。
② （元代）脱脱等《宋史·选举一》。

▲ 城外汴河边一处酒家门前正在交谈的　▲ 城门附近的一处酒家门前正要进门的小吏
官员

　　每十天，也就是一旬，官员们便会聚一聚，一起喝喝小酒，聊聊工作，发发牢骚。此外还有没完没了的迎来送往：上面的官员来检查工作，上面的官员公干路过，自己到下面去检查工作，自己公干路过，都免不了要喝上几口。

　　公务聚餐花的通常都是公使钱，包括朝廷拨付的正赐公使钱和地方官自行征集的公使钱。正赐公使钱按月或按年根据行政级别发放，比如节度使兼使相，正赐公使钱高达二万贯。这笔钱由官员自由支配，主要用于交际应酬和宴请活动①。不过中低级官员的公使钱却少得可怜，难以维持他们正常的吃喝需要，因此朝廷准许各部门自筹经费，用于公务宴饮活动。正是公使钱的存在使得宋代公务员可以敞开了吃，敞开了喝，反正也不用自己买单。

　　同僚出使国外或者调任外地，官员们通常都会设宴送行。如若是节度使以上的官员离京，皇帝还会下诏在皇宫之中为其举办饯行宴。中书、门下两省五品以上官员，尚书省四品以上官员以及其他部门三品以上官员，遇到同僚朋友出使或外任，朝廷还会专门给他们一天假，前去参加饯行宴，地点通常会安排在开封郊外，众人把酒作别，微醺之后往往还会作几

① 　（南宋）李焘《续资治通鉴长编·庆历三年五月乙未》。

首送别诗赠给对方，若是有歌妓在场，还会当场谱曲并将作别诗唱出来。其余官员如有亲属、同僚出行，朝廷通常并不会给假，只能在休息日自掏腰包举行私人宴请活动。

若是升迁了，官员通常都要举行宴会。由于官员们格外看重馆职，谁要是被授予馆职就好比如今评上院士了，更要大肆庆贺一番。那些被授予馆职的官员首先要致书众同僚，叙同僚之好，然后自掏腰包备办酒宴，不过宴会的主席却要留给自己的上司。宴会的丰盛程度要看请客官员自身的经济状况，即便囊中羞涩，为了撑门面也会咬紧牙关请同僚们吃顿大餐。

来自同一地方的"同乡"之间，同一年科举及第的"同年"之间隔三岔五便会聚一聚。同级之间、上下级之间若是志趣相投也会经常聚在一起喝酒。

随着商品经济的繁荣和官员收入的提高，大宋官场宴席上便多了很多"硬菜"。哲宗朝宰相韩缜特别喜欢吃驴肠，每次宴请客人都会上这道压轴大菜，但这道菜对火候的要求却极高，稍欠火候吃起来便会有点硬，过了点火吃起来又会有点软，只有火候刚刚好才能感受得到驴肠的脆美。

为保万无一失，韩缜府上的厨师只得将一头活驴拴在厨房旁边的柱子上，酒宴开始后再杀驴抽肠，将其洗净后进行烹饪。这一幕恰巧被府上的一个客人看到了：刚刚还好端端的一头驴转眼间便成了他们腹中食物！自此之后他再也未曾吃过驴肠[1]。

一些官员退休后也不闲着，邀请曾经的同僚或当代名流汇聚一堂，聚会渐渐演变成为诸老会。宴会组织者通常都在七十岁以上，参与者要么是退休的高官，要么是在任的资深官员。这些老年人饮酒作诗，议论时事，畅谈过往，相携出游，俨然一副夕阳红的美好画卷。

因年少时浮球而闻名于世的文彦博退休后在洛阳组建了耆英会；太宗朝宰相李昉被罢相后在开封与另外八位年老官员成立了"九老会"；郎

---

[1] （南宋）洪迈《夷坚志·支志丁·韩庄敏食驴》。

简、范说等六人举办"吴兴六老之会";曾支持范仲淹等人推行"庆历新政"的仁宗朝宰相杜衍退休后与曾任太子宾客的王涣、曾任光禄卿的毕世长、兵部郎中分司朱贯、曾任尚书郎的冯平筹建了"五老会"。

除了这些诸老会,官员退休后也会积极寻觅同龄人组建同甲会,一起慢慢变老,老到哪儿也去不了,索性也就散伙了!

※ 第三节　饭馆的挣钱诀窍

差异化经营与精细化管理

在宋代，酒家与饭馆其实是有所区别的。正店、脚店属于酒家，以提供酒水为主，当然也会供应下酒的饭菜，去那里既是为了开怀畅饮，更是为了放松消遣。

饭馆主要是供应饭菜，当然有的也会提供酒水，但来这里就餐的客人主要还是为了充饥。开封城中有大量的流动人口，多是忙于生计的底层百姓，其中很多人忙得根本没有时间自己做饭或者居住的地方压根就不具备做饭的条件，因此只得去饭馆甚至更为便宜的路边小食摊上吃饭。

▲ 城门附近的饭馆

规模较大的综合性饭馆称为"分茶"，比如位于州桥附近的李四分茶、曲院街附近的薛家分茶等，吃的喝的，冷的热的，酸的甜的，素的荤的，有茶有羹，有面有饼，可谓应有尽有。不过也有一些分茶只提供素食，类似于寺院里的斋食，主要面向那些虔诚礼佛的信徒。

瓠羹店主要经营肉食，比如右掖门外街巷史家瓠羹店、州桥西侧的贾家瓠羹店、东角楼街巷徐家瓠羹店。瓠羹店都很重视店铺装饰，往往会在门口用长木条扎成牌楼的形状，然后再大肆装饰一番，与彩楼欢门很相似，不过上面挂的却是一条条猪肉和羊肉，居然有二三十条之多，就如同晾晒腊肉、腊肠一般。凡是经过店门口的客人，看到这些诱人的食材便会产生进去撮一顿的冲动。不过到了夏季，在招徕客人的同时，想必也会招来成群结队的苍蝇蚊子！

瓠羹店大多会提供早点，每天天不亮，瓠羹店便会开门营业，有的甚至会通宵营业，店门口往往会坐着一个小伙计。瓠羹店还有一个专属名称"饶骨头"，主打产品是灌肺、炒肺，不知这些以肺为原料的早点为何会如此受宋人青睐，莫非与开封时常受风沙侵袭而导致PM2.5超标有关？

每家瓠羹店都设有厅堂庭院，东、西廊下放置餐桌。每每见到客人进来，伙计们便会热络地迎上前去，给其安排合适的座位。等到客人坐定之后，负责点菜的伙计便会拿着筷子、菜单迎上来，请客人点菜。当时瓠羹店普遍用的是一种琉璃浅棱碗，称为"碧碗"。如果是口味清淡的小姑娘，可以点"造虀"，也就是造型精致的素菜，每碗只要十文钱。如果是喜欢吃肉的小伙子，可以点"合羹"，里面会有大块大块的肉，看上去很解馋，吃起来很解饱。如果一份太多吃不了，也可以点半份，称为"单羹"。

稍稍有些身家的人，会热菜、冷菜、温菜一起点，有的还会要整桌套餐，更"小资"的人甚至还会单点绝冷（类似于冰镇）、精浇（全要瘦肉不要肥的）和臕浇（全要肥的不要瘦的）。

在《水浒传》中，号称"镇关西"的郑屠户仗着在当地有钱有势肆意欺压流落到此的弱女子金翠莲，行侠仗义的鲁智深决意为其报仇，于是便故意提出了极为苛刻的要求：先要了十斤精肉切成肉末，不要半点肥的；又要了十斤肥肉切成肉末，不要半点瘦的；最后要了十斤寸金软骨，不要一丁点肉，终于激怒了郑屠户。不过面对客人们近乎苛刻的要求，瓠羹店却总会设法满足。

面对店内客人们的呼来唤去，服务员（当时叫堂倌）每时每刻都要小心应对，对于人家点的菜、提的要求要一一牢记在心，然后再一句不漏地

第五章　吃喝里面门道多

211

转告给后厨。服务员上菜也是个技术活，左手拿着三只碗，右臂从手至肩摞着二十多个碗，逐一分给有需求的客人，稍有差池便会触怒客人，轻则受一顿责骂，重则罚工钱，甚至被直接辞退[①]。因此，他们不敢有一丝一毫的马虎。

▲ 汴河边的小饭馆

　　开封城内流动人口多，口味杂，于是便出现了不少风味小食店，比如以经营南方风味为主的南食店，以寺桥金家和九曲子周家最为出名；以经营北方风味为主的北食店，以白矾楼前李四家、段家熬物、石逢巴子最负盛名；还有专营四川风味的川饭店，主打菜有插肉面、大熬面、大小抹肉、淘煎熬肉、杂煎动物内脏、生熟烧饭。熬是宋代的一种腌制保藏食物的方式，即将肉在油里炸熟，再加入各种作料，放入盛着油的瓮中，想吃的时候直接取用就行。大熬面与淘煎熬肉都是以熬肉为原料。

▲ 汴河边的馒头铺

① （宋代）孟元老《东京梦华录·食店》。

212

开封城中还有一些主营面食的小店，主要有馒头铺、油饼店和胡饼店。馒头铺的主打产品自然是馒头，尚书省附近的万家馒头在开封城中名气最大。油饼店主要卖蒸饼、糖饼等食品，有的装在盒中便于客人携带，有的放在盘中便于客人拿取。胡饼店的花样稍稍多一些，有卖门油、菊花、宽焦（一种又薄又脆的油炸食品）、侧厚、油碢（即油煎大饼）、髓饼（即甜口的烧饼）、新样、满麻等。店内通常有多张桌案，每张桌案前都会有三五个伙计在擀面，再将擀好的面放入炉中。从五更天开始，店内的伙计们便开始忙碌起来，武成王庙前的海州张家饼店、皇建院前的郑家饼店最为兴盛，每家都有五十多个烘炉同时在烤饼[1]，尽管如此仍旧时常供不应求。

由于开封城中寸土寸金，要想在城中租赁一处门脸，租金可是一笔不小的费用，因此很多小商贩只得选择四处流动或者占道经营，有的商贩是行商，推着独轮车走街串巷，或者手提肩挑四处叫卖；有的小贩是坐商，选择热闹之处摆摊，比如虹桥边、大酒楼门口、熙熙攘攘的御道旁。

▲ 护城河边的饼铺

在这些小食摊贩之中，有的常年以此为生，也有的专卖时令食品。比如三伏是一年之中最热的时候，小摊贩便会在街上支起一把青布伞，伞下摆着适合夏季食用的透着清凉的小吃，如沙糖绿豆、水晶皂儿、麻饮鸡皮、细索凉粉等[2]，等夏季结束后，他们便去干别的营生；也有专门做冬季食品的摊贩，售卖盘兔、旋炙猪皮肉、野鸭肉、滴酥水晶脍、煎角子、猪脏等热气腾腾而又香气扑鼻的小吃[3]，在寒冷的冬日里只要吃上一口浑身上下便会感到阵阵暖流！

---

① （宋代）孟元老《东京梦华录·饼店》。

② （宋代）孟元老《东京梦华录·是月巷陌杂卖》。

③ （宋代）孟元老《东京梦华录·州桥夜市》。

不出门叫外卖

如果懒得出门也可以叫外卖，十千脚店门口便有一个伙计正出去送外卖，他左手拿着两个碗，并非寻常的瓷碗，而是金质或银质的碗，右手似乎还拿着一双筷子，急匆匆赶往客户家中，不过却并未采取什么保温措施，看来下单的客人距离十千脚店应该并不远。

▲ 十千脚店门口的外卖小哥

如果客人订购的饭菜比较多或者距离比较远，通常会用提盒来送餐。城门附近有一处小食店，小食店侧面的树下坐着一个伙计，旁边的地上放着提盒，可能是刚刚送了好几单，感觉有些疲惫就坐下来歇一会儿，也可能是要送的外卖还没有做好，等做好之后再去送下一单。

▲ 在小食店门外歇息的快递小哥

提盒是宋人盛放物品的重要容器，上面有提梁，下面是箱盒，往往成对出现。宋代男子留长发，有时也会将梳妆用具放在提盒之中随身携带，但主要还是用来盛装食物。

除了上面那位正在歇息的快递小哥之外，《清明上河图》中还有三处地方绘有提盒。城内"王员外家"旅馆外的大街上，一个小贩挑着提盒缓缓走过。城外准备进城的人群中，有一个挑着提盒的小贩。城外不远处正在歇脚的人群中，有一个小贩将提盒放在地上，准备休息一下再进城来。

▲ 城内"王员外家"旅馆外的小贩

▲ 城外等待进城的小贩

▲ 城外准备进城的小贩

上述四个小贩所用提盒的规格形制都差不多，两层叠摞在一起，侧面还有立柱样式，上面都有横梁，可以扛在肩头。

提盒是送外卖的必备用具，就如同今天快递小哥们送餐时用的保温箱，使得很多宋人足不出户就能吃到热乎可口的饭菜！

饭馆里来了不速之客

饭馆中掌勺的厨子被称为"茶饭量酒博士"，这个博士指的可不是学位，而是技术工。店中年轻的服务员统称为"大伯"，真没想到饭馆里面当伙计还能长辈分。除了这些人，饭馆里还会时常出现一些社会上的闲散人员。

店门附近时常会有腰间系着青花布手巾，头上绾着高高发髻的妇人，或许是她梳的发髻实在太高，看着有掉下来的危险，人们将这种发髻称为"危髻"。她们总会厚着脸皮进店来为酒客们换汤斟酒，然后再趁机要些小钱，被称为"焌糟"。

一些人见到衣着光鲜的年轻男子在饭馆中饮酒便恬不知耻地凑过去，

主动提出甘愿受人家差遣，替人家跑跑腿，买些酒菜，找个妓女，送些财物，这些人被称为"闲汉"。

有些男子也会跑到食客们面前换汤斟酒，歌唱跳舞，进献果子香药，就如同如今的网红，只要能吸引眼球，讨人家欢心，什么都肯干，无非是想等人家结账时赏他几文钱，这些人被称为"厮波"。

一些下等妓女，不请自来，主动跑到店里来为那些看似有钱的客人跳支舞、唱首歌、陪个酒，人家一高兴临走时也会赏给她一些钱物，这些风尘女子被称为"打酒坐"。

一些卖药或卖果实、萝卜的小贩们也会闯入饭馆之中，那些正吃得尽兴的食客们还不知对方来意，他们便强行将要售卖的东西硬塞到人家手中，然后再伸手要钱。对方要是胆敢不给，即便走得出饭馆，恐怕也回不了家。这些小贩其实就是地痞无赖们装扮的，被称为"撒暂"。

上述这些不速之客有的与饭馆暗中勾结，即便没有勾结，饭馆对于他们的到来也往往是睁一只眼闭一只眼，以免不慎触怒了对方会给自己无端地招惹来麻烦。

不过也有例外，州桥炭张家和乳酪张家决不允许上述人等入店①，卖的也都是人人称道的好酒好菜。

---

① （宋代）孟元老《东京梦华录·饮食果子》。

※ 第四节　茶壶里面煮三江

古香古色的煎茶

到了宋代，上至帝王将相，下至黎民百姓都痴迷于饮茶。徽宗皇帝赵佶曾经绘有以饮酒喝茶为主题的作品《文会图》，还专门撰写了茶书《大观茶论》。

在皇帝的积极倡导之下，宋代饮茶之风越来越盛，政府官员、文人雅士无不尚茶，甚至"五行八作"的普通百姓也无不崇茶，品茗成为宋人生活中不可或缺的一部分。

唐代流行煎煮，类似于今天熬药；宋代流行冲点，类似于今天冲奶粉；到了明代才开始流行沏泡，也就是将散条形叶茶泡着喝，这个饮茶习惯也一直沿用到了现在。

① 茶盏
② 盏托
③ 铫子
④ 风炉
⑤ 置盒
⑥ 茶匙
⑦ 汤勺
⑧ 熟盂

▲ （宋末元初）钱选《萧翼智赚兰亭序图》（局部）

217

煎茶的习俗从唐代延续到了宋代，不过从北宋中期开始，不再像之前那样在煎煮时放入姜、盐等调味品，使得茶本身所带的淡淡的香气渐渐显露出来。

在《萧翼智赚兰亭序图》中，一个老者左手握着铫子（煎茶用的小锅）上的手柄，右手拿着一双筷子。铫子坐在鼎形风炉之上，这种风炉便于随身携带。当时也有用砖石垒砌的风炉，大文豪苏轼曾在《试院煎茶》中留下了"砖炉石铫行相随"的诗句。风炉旁边是装着茶叶的置盒，里面还放着一把茶匙，也就是从置盒之中舀茶叶的小勺。

老者将茶叶放入铫子之中煎煮，时不时地用手中的筷子搅动里面的茶叶。最外侧放着一个类似盆子的熟盂，里面放着一把汤勺。煎茶讲究三沸，前两次煮沸时要用汤勺将那层沫饽（也就是最上面那层浮沫）舀出来放在熟盂之中，称为"救沸"或"育华"。铫子里的水继续沸腾，让茶和水进一步融合成茶汤，等到第三次沸腾后，再将熟盂中的沫饽倒回茶汤之中，均匀地分到每个人的茶盏之中，寓意雨露均施，分甘同苦。

风靡一时的点茶

宋代最流行的是点茶，与煎茶最大的区别在于将茶叶磨成细末后无需煎煮，而是将茶叶末调制成膏状置于茶盏之中，然后再用沸水进行冲点。点茶所用器具与煎茶也有着较大差异，铫子与风炉渐渐被长长的汤瓶与方形或圆形的燎炉所取代。

点茶分为"碾茶""罗茶""候汤""熁盏""冲点"等五个步骤。宋代的茶叶基本上都是发酵茶，将新鲜的茶叶制作成茶饼，在饮用之前需要将茶饼研磨成细细的茶叶末。人们将茶饼用纸包好放入碗状器皿（如瓷质研钵或者小瓮状的石臼）之中，然后就像砸蒜一样将茶饼捣碎，再放入碾槽之中将其碾成细末，整个过程中常常是茶香四溢，沁人心脾。碾茶时必须要快捷有力，这样才能保证茶色的洁白纯正，若是接触茶碾时间过长，茶色会受到不同程度的损害。

▲ （宋代）刘松年《撵茶图》（局部）

① 荷叶盖　② 贮水瓮　③ 汤瓶　④ 熟盂（用于盛放热水）　⑤ 茶盏
⑥ 盖托　⑦ 置盒（放置研磨好的茶叶末）　⑧ 茶罗（用于筛茶叶末）
⑨ 汤勺　⑩ 盖罐（盛放待磨的茶叶）　⑪ 茶筅（用于搅动茶汤）
⑫ 釜（烧水器皿）　⑬ 茶巾　⑭ 圆形燎炉　⑮ 茶磨　⑯ 茶匙　⑰ 茶帚

"罗茶"就是将碾好的茶叶末放入茶罗之中细细地筛,只有筛得细才能确保点茶汤的效果。

"候汤"就是把握好煮水的火候,主要靠倾听水开的声音来判断火候。当时有"背二涉三"的说法,也就是用刚过二沸略及三沸的水点茶最佳。

"熠盏"是在冲点之前先用开水冲洗茶盏,这个习惯也保留至今,因为将茶盏预热后有助于激发茶香。

"冲点"是整个点茶过程中最为关键的一步,又细化为三个步骤。首先是调膏,先将研好的茶叶末放入茶盏之中,宋人掌握的用量一般为"一钱匕"(1.5~1.8克),注入少许开水将其调制成均匀的茶膏;随后同时进行点水和击拂,也就是一边向茶盏之中注入开水,一边用茶筅"旋转打击",拂动茶盏中的茶汤,使之泛起汤花。《撵茶图》生动再现了点茶的全过程。

画面下方这个仆人头戴璞帽,身着长衫,脚蹬麻鞋,两腿分开骑坐在长长的矮几之上,上面放着茶磨。他手持茶磨上的木把手,缓缓推磨撵茶,磨好的茶叶末如雪花般涌出,落在磨盘上,茶磨旁还放着一把茶匙和一把用来扫茶叶末的茶帚。

画面上方那个仆人伫立在桌边,左手拿着茶盏,右手提着汤瓶,正在专心致志而又小心翼翼地点茶。他的左手边放着煮水用的圆形燎炉、釜和茶巾,右手边是贮水瓮,瓮上还盖着一片硕大的荷叶。桌上摆着茶盏、盏托、搅动茶汤用的茶筅、筛茶用的茶罗和储存茶叶用的置盒。

点茶前要先将茶饼用研钵或者石臼捣碎后放入茶磨之中磨成粉末,再用茶罗将其筛成均匀细腻的茶叶末,放入置盒之中储存。点茶时,先从贮水瓮中取水倒入釜中,在燎炉上将水烧开后倒入熟盂之中,再用汤勺将水灌入汤瓶之中。汤瓶也被称为执壶,图中这只汤瓶腹部又细又长,看上去比较小巧,所盛的水也比较少,只能用来点茶。《文会图》中的那个汤瓶的腹部比较宽大,盛放的水也比较多,能直接放在燎炉上煮水。正在点茶的那个仆人左手边放着用竹子制成的比较扁平的茶筅,击拂时茶筅比细小的茶匙更加给力!

▲ （北宋）徽宗赵佶《文会图》（局部）

① 茶盏　② 茶匙　③ 盖罐　④ 汤瓶　⑤ 方形燎炉　⑥ 水瓮
⑦ 都篮　⑧ 经瓶　⑨ 盏托　⑩ 茶焙

　　《文会图》描绘的是北宋宫廷宴会后饮茶的情形，无论是酒具还是茶具都透着奢华。茶桌下方放着一只白釉瓷经瓶（明代改称梅瓶），桌上摆着数只青白釉茶盏和黑漆盏托。一个身穿青衣的侍者站在桌前手持长柄茶匙，正从盖罐中舀取茶叶末放入手中所端的茶盏之中。

　　青衣侍者的右边应该是个官员，左边是一个身着灰黄色长衫的侍者。圆形燎炉上呼呼地冒着火苗，汤瓶直接放在炉上进行烘烤，等到水开之后，青衣侍者便可以用烧开的水来点茶。燎炉前方是盛水用的鼎形贮水瓮，汤瓶中的水便取自贮水瓮。瓮前放着一个方形都篮，门半开着，里面盛放的茶饮器具隐隐露了出来。

　　画面右下角还有一个青衣侍者在擦着茶儿，茶儿前方放着用来烘烤茶叶的茶焙——茶叶中的水分被充分蒸发后，茶香才会变得更为浓郁醇厚。画面左下角有一位梳着双丫髻的绿衣侍者，默默地坐在矮墩之上，或许是因为又累又渴，她正端着茶盏，旁若无人地喝着茶。

　　宋代还有一种更为高端的点茶方式——分茶。在冲点注汤时，用茶筅不停地搅动茶汤，使茶汤表面呈现出不同的图案：有的是文字，有的是山

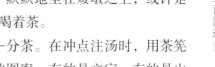

水，有的是花鸟，有的是鱼虫，有的是草木，与今天的花式咖啡有着异曲同工之妙。

不过分茶过程中可能会遇到各种突发事件，若想在人前露一手需要具备高超的茶技、巧妙的构思和丰富的经验，因此分茶在宋代成为与琴、棋、书、画并称的重要才艺，以至于文人士大夫在读书之余往往还会苦练分茶技艺。

趣味十足的斗茶

宋人喝茶时往往并不会安安静静地品尝，而是崇尚斗茶。在《斗茶图》中，一棵参天松柏之下，最右侧的两人捧茶在手，左侧一人提着汤瓶，正要点茶，旁边还站着一个茶童，正在炉前煮着水。

▲（宋代）刘松年《斗茶图》（局部）　　▲　（宋代）刘松年《茗园赌市图》（局部）

《茗园赌市图》描绘了市井斗茶的情形。左下角那人左手拿着茶盏，右手提着执壶，似乎刚刚喝完茶，还在回味淡淡的茶香；右下角那人举着茶盏，正在颇为享受地品着茶；左上角那人左手端着茶盏，右手提着执壶，正在神情专注地往茶盏之中倒水；画面右上角那人已经喝完茶，举起右手，用衣袖擦着嘴，大有再来一碗之架势。画面最左侧那个老者目不转睛地看着他们斗茶。

斗茶既有两两对决，也有多人厮杀，斗的无非是茶的汤色与汤花。汤色就是茶水的颜色，如今我们所喝的茶水通常会带有各种颜色，但宋人斗茶时却崇尚纯白。茶汤纯白说明茶质鲜嫩，火候精到，如若汤色偏青，说明火候不足；如若汤色泛灰，说明火候过了；如若汤色泛黄，说明茶叶采制不及时；如果汤色泛红，说明茶叶烘焙过了头。

茶水最上方泛起的泡沫，也就是汤花，也以鲜白为上，不过最重要的还是要看汤花泛起后水痕出现的早晚，谁出现得晚谁就赢了。如若茶叶末磨得细腻均匀，点汤击拂又恰到好处，匀细的汤花会紧紧贴着茶盏边缘，久久不会散去，称为"咬盏"，这样便会在斗茶中胜出。如若茶叶末并不均匀或者点茶技艺不过关，汤花很快便会散开，茶汤与茶盏相交的地方会露出水痕，那么便必败无疑了！

档次不同的茶肆

开封城中有许多高档茶肆，无论是达官贵人还是富商巨贾，都时常会到那里去品茶。

宋军攻灭后蜀时从其皇宫之中缴获了许多金银玉器和古董书画。太祖皇帝赵匡胤是武将出身，对那些字画并不太感兴趣，说与其留在皇宫之中让自己一人观赏，不如让众人一同来观赏，于是便将那些价值连城的字画悉数赐给东门外的茶肆[①]，颇有些"独乐乐不如众乐乐"的意味。自此，开封城中的高档茶肆插四时花、挂名人画成为潮流，那里也成为有权人、有钱人经常踏足的高端休闲场所。

不过亲民的小茶肆却是另外一番景象，这家临近郊野的小茶肆里坐着几位歇脚的客人，燎炉正咕嘟咕嘟地烧着水。店内两个客人相对而坐，似乎是来开封讨生活的人，左边那人的腰间系着包袱，右边那人的脚边放着行李。小茶肆门旁的柱子上还拴着一头黑驴，应该是他们赶路时的坐骑。

---

① （北宋）陈师道《后山丛谈》。

▲ 临近郊野的小茶肆

燎炉

　　这间小茶肆面积并不大，四面均为敞开式，依靠四根木柱支撑，屋顶为茅草顶，装修简陋，陈设简单。来这种小茶肆消费的客人有走街串巷的小商贩、辛苦讨生活的手艺人、卖苦力的挑夫、囊中羞涩的文人、云游四方的僧人，主要是想解解渴，也解解乏。像这样的小茶肆还会卖一些小吃，既能歇脚，又能解饿，还花不了多少钱。

▲ 虹桥边的餐馆

方形桌

这家茶肆内的主要家具是长条桌和条凳，与小餐馆内的陈设差不多。在汴河边的餐馆、茶肆之中，长条桌相对比较多，类似明代八仙桌的方形桌出现得比较少。

条凳，也被称为长凳。《清明上河图》中所绘街市店铺甚至农家宅院中都能见到条凳的身影，它们长短有别，高矮不同，说明宋代垂足而坐的高型家具已经在民间推广开来。

方凳在《清明上河图》中却比较少。汴河北岸有一家小餐馆，由于店内没有客人，店主正在门口洗衣服，他的旁边便摆着一个方凳，上面还放着一个盆。

▲ 汴河北岸的小餐馆

方凳

方凳通常只能由一个人来坐，条凳却可以多人同时坐，有时店内客人较多时还可以挤一挤，多坐几个人，因此商家更青睐条凳。

汴河边的这家小茶肆的档次明显要比上面那家高一些，虽然主要家具仍是长条桌和条凳，但墙边却摆着一把很大气的靠背椅。《清明上河图》中所绘椅子少得可怜，也从侧面说明这家茶肆在汴河边的一众小茶肆之中属于佼佼者。因此在别家普遍生意冷淡时，这家依旧会有不少客人前来登门。

225

▲ 汴河边的小茶肆

靠背椅

茶肆之中每日都云集着形形色色的客人，来自方方面面的消息也汇聚于此，一些牙人便时常混迹于茶馆之中。他们并不是为了吃喝，只是为了打探消息或者寻找商机。很多落魄文人也喜欢在小茶肆里聚一聚，喝着茶，聊着天，谈谈家事，聊聊国事，纵论天下事。

五更时分，开封城中还被浓重的黑暗所笼罩，此时大街上便出现了一些提着瓶叫卖茶水的人。无论是因公事而奔走的，还是因私事而忙碌的；无论是下夜班的，还是上早班的，只要感到口渴，将其唤来便可喝上一口热茶，那可是相当的惬意！

小茶叶中蕴含的大商机

茶叶形制虽不大，却属于宋人的生活必需品，同时也是茶马贸易和海外贸易的主打产品，因此茶叶也实行专卖制度。北宋嘉祐年间（公元1056—1063年），仁宗皇帝赵祯下令实行通商法，朝廷不再直接介入茶叶交易，改为收取专卖税，也就是从直接专卖变为间接专卖。茶商只需缴纳一定的专卖税便可取得买茶许可证茶引，到茶场买茶或者直接向茶农收购茶叶。

此次改革后，茶商们的税收负担也随之大幅下降，茶税总额下降了31.93%，在非农业税税收收入中的比重从23.04%降至3.95%，在全部税收收入中的比重也从8.02%降至2.75%，降幅十分明显。

北宋时期茶税变化情况[①]

（单位：贯）

项目	至道末年 （公元977年前后）	天禧末年 （公元1021年前后）	熙宁、元丰年间 （公元1068—1085年）
茶税	2852900	3302900	1942000
非农业税税收收入	12380400	29630530	49112365
在非农业税税收收入中的比重	23.04%	11.15%	3.95%
全部税收收入	35591730	57254570	70739350
在全部税收收入中的比重	8.02%	5.77%	2.75%

虽然茶税看似并没有酒税那么多，不过却肩负着一项重要职能，那便是"茶马贸易"。

由于北宋疆域相对狭小，领土内几乎不怎么产马，每年都需要购买2万匹左右的马，耗费数百万贯钱。可周边少数民族对铜钱金银并不太感兴趣——他们习惯于饮茶，对茶颇为喜爱，但他们居住的地方却不产茶。他们喝茶不仅是为了品味茶香，更是为了身体健康。他们的饮食结构很不合理，每天肉类摄入量很大，给肠胃带来巨大的压力，需要借助茶来帮助胃肠道进行消化。

为了便于茶马贸易，徽宗皇帝赵佶于崇宁四年（公元1105年）设立提举茶马司，将茶政和买马事务归于同一部门管理，每年购马数量也从2万匹左右增至3万匹左右。

随着茶叶贸易的兴盛，宋代也涌现出了许多家财万贯的大茶商。他们成为当时人们竞相顶礼膜拜的商业明星，在赚取巨额财富的同时，也助推宋代经济日趋繁盛。

第五章　吃喝里面门道多

---

① 数据来源：贾大泉《宋代赋税结构初探》，《社会科学研究》，1981年第3期。

※ 第五节　宋人追捧的饮品

随处可见的饮子铺

① 写有"饮子"
字样的挂牌
② 伸手接饮子的
顾客
③ 正在排队等候
的顾客
④ 摊主
⑤ 提盒

▲ 虹桥边的饮子铺

　　虹桥南侧一处房屋前有两把大遮阳伞，伞檐下方挂着一块长方形牌子，上面写着"饮子"二字。伞下坐着一位卖饮子的摊主，身旁放着一个盛放饮子的提盒。他的手中拿着一个圆杯形器物，递给前来买饮子的顾客。那人身穿短衣，一手扶着挑担，另一只手伸了出去，似乎要去接饮子。他的身后还站着两人，似乎也有意买饮子。

▲ 城内饮子铺

① 写有"饮子"
字样的挂牌
② 正在喝饮子的
顾客
③ 摊主
④ 勺子
⑤ 写有"香饮
子"字样的挂牌

"王员外家"旅馆旁边立着两把遮阳伞，其中一把伞的伞檐下挂着写有"饮子"二字的牌子，另一把伞的伞檐下挂着写有"香饮子"字样的牌子。卖饮子的摊主坐在伞下，旁边摆着盛放饮子的容器，手中拿着一把勺子，似乎刚刚给客人舀了一碗饮子。摊主对面站着一位顾客，手中拿着一个碗，正在畅快地喝着饮子。

其实《清明上河图》中还有一处极易被忽略的饮子铺，它位于城外的十字街街头拐角处，遮阳伞下挂着一块牌子，上面也写着"饮子"二字。

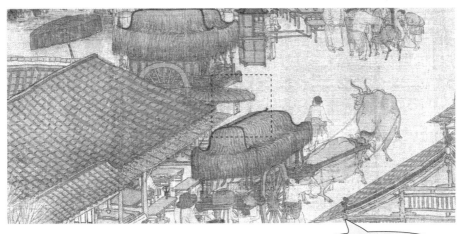

▲ 城外十字街边的饮子铺

写有"饮子"字样的挂牌

饮子究竟是种什么饮品呢？是不是像很多人理解的那样，就是一种普通饮料呢？

饮子诞生于唐代，到了宋代进一步细化。针对不同病症和需求，人们研发出了油饮子、地黄饮子、冷香饮子、蔷薇饮子、清凉饮子、黄檗（即黄柏）饮子、羚羊角饮子、枳壳饮子、葛根饮子、消热饮子、大黄饮子、生熟饮子、草果饮子、麦门冬（也被称为麦冬）饮子等不同种类的饮子，有的是为了达到某种功效而制成的饮子，比如清凉饮子、消热饮子；更多的是以某味药材作为君药，再搭配其他药材制成的可以对症治疗的饮子。

君药对于适应证的治疗往往有着很好的效果，如地黄可以清热生津，凉血止血；黄檗可以清热燥湿，泻火除蒸，解毒疗疮；羚羊角可以平肝息

229

风，清肝明目，散血解毒；枳壳可以理气宽中，行滞消胀；葛根可以生津止渴，升阳止泻；大黄可以泻热通肠，凉血解毒，逐瘀通经；草果可以燥湿健脾，除痰截疟；麦门冬可以养阴生津，润肺止咳。生熟饮子所用君药似乎应为生熟地黄，生地黄可以清热凉血，养阴生津；熟地黄可以滋阴补血，益精填髓。

宋代的饮子往往都具有一定的药用功效，若是有针对性地饮用相应的饮子便可起到调理脏腑、补益中气的功效。

北宋大文豪苏轼在熟睡之际收到了好友米芾送来的麦门冬，随即便将其制成麦门冬饮子，服用之后脾胃顿时舒服了不少，于是便欣然写道：

> 一枕清风直万钱，
>
> 无人肯买北窗眠。
>
> 开心暖胃门冬饮，
>
> 知是东坡手自煎。

▲ （南宋）苏汉臣《卖浆图》

消夏饮料何其多

在炎炎的酷暑之中，宋人迫切地想要避暑纳凉，数不胜数的消夏饮品便应运而生了：皂儿水、姜蜜水、绿豆水、卤梅水、江茶水、沉香水、苦水、白醪凉水、香糖渴水、五味渴水、雪泡缩皮饮、杏酥饮、紫苏饮、香薷饮、沆瀣浆、五苓大顺散、大顺散[①]……

果汁类饮料在夏季里喝起来会别有一番风味，当时有荔枝膏水、木瓜渴水、杨梅渴水、漉梨浆、木

---

① 综合《东京梦华录》《武林旧事》《西湖老人繁胜录》等宋人笔记。

瓜汁、甘蔗汁、椰子水等，由于果汁中含有较多的水分和糖分，饮用后可以迅速补充人出汗后消耗掉的水分和能量。此外，果汁中还含有少量的二氧化碳成分，进入肠胃后会通过蒸发带走体内部分热量，起到消暑降温的作用。

蜜沙冰是宋代的刨冰，类似于今天的红豆冰沙，也就是在蜜糖红豆沙中放入冰屑，与今天的刨冰差不多，吃起来口感细腻，入口即化，在酷暑之中吃上一口顿觉浑身上下清爽无比。冰雪甘草汤是一款更为酸爽的刨冰，用甘草、砂糖、清水熬成汤放凉后加上碎冰块，吃上一口浑身酸爽。乳糖真雪是宋代冰淇凌，在碎冰之上倒上乳制品，咬上一口回味无穷。

由于宋代还没有啤酒，寻常的酒在夏日里往往是越喝越热，于是便诞生了一款夏季专用酒——雪泡梅花酒。冬季采摘梅花之后拌上盐封存在瓷瓶之中，暑天一到便用其酿酒，因为梅花的花蕾具有解暑生津、开胃散郁的功效。酒中往往还会加入碾碎的冰末，因此才会被称为雪泡梅花酒，只需喝上一口便会清爽一夏！

熟水类似于花草茶，用植物及其果实为原料煎煮而成，也具有一定的药用功效。当时最受欢迎的熟水有白豆蔻熟水、鸡苏熟水、紫苏熟水、沉香熟水、麦门冬熟水等。白豆蔻熟水是宋代著名女词人李清照的最爱，因为她自幼便有脾虚的毛病，在暑热盛行的夏季常常是脾胃不和，而白豆蔻性味辛温，具有化湿行气、暖胃消滞的作用，还可以治疗湿阻气滞、胸闷腹胀、胃寒腹痛、宿食不消等症。

不仅普通百姓对熟水钟爱有加，宫廷之中也流行喝熟水。主管全国医政的翰林医官院曾专门组织御医对各种口味和功效的熟水进行品鉴，紫苏熟水最终脱颖而出，因为它不仅芬芳怡人，还有镇咳祛痰的功效。

缩脾饮是宋代的凉茶，是以中医养生理论为指导、以中草药为原料酿制而成的具有清热解毒、生津止渴、祛火除湿等作用的饮料。《太平惠民和剂局方》中还留有其配方：缩砂仁、乌梅肉（净）、草果（煨、去皮）、甘草（炙）各四两，干葛、白扁豆（去皮上咀）各二两。其主要功效是解伏热、除烦渴、消暑毒。

宋人还别出心裁地发明了冰茶。在炎炎夏日里，文人何德休设宴款待友

人李若水，席间命茶童取来事先准备好的冰块，缓缓放入茶水之中，屋内顿时便充满了丝丝清凉。那些被冰镇过的茶，只需喝上一口便会生出"凉飕生两腋，坐上径欲仙"的感觉。李若水自从那日品尝之后便久久难以忘怀，于是专门写了一首诗《何德休设冰茶》来纪念宋代冰茶的诞生！

参 考 文 献

［1］韩顺发.《清明上河图》中的酒店［J］.河南大学学报：社会科学版，1986（4）：4.

［2］郭丽冰.从《东京梦华录》看北宋东京的夜市［J］.广东农工商职业技术学院学报，2007，23（4）：4.

［3］成荫.北宋开封饮食服务业述论［J］.四川师范大学学报：社会科学版，2003（2）.

［4］尹高林.北宋宴饮活动研究［D］.郑州：河南大学，2010.

［5］乐素娜.从宋画看宋代斗茶之意趣［J］.茶叶，2011，37（3）：183-184.

［6］张莹.宋代茶事绘画及其文化内涵探析［D］.郑州：河南大学，2012.

［7］陈曼玉，邓莉文.宋代文人集会茶事图中"点茶法"器具研究［J］.家具与室内装饰，2020（10）：4.

［8］常雷.作为史实的图像再现——从《文会图》管窥北宋茶事及其器具［J］.荣宝斋，2018（12）：8.

［9］宋春.宋代茶俗与行业经济问题研究［D］.郑州：郑州大学，2011.

［10］刘春燕.宋代的茶叶"交引"和"茶引"［J］.中国经济史研究，2012（1）：5.

［11］贾大泉.宋代赋税结构初探［J］.社会科学研究，1981（3）：9.

［12］周宝珠.释《清明上河图》中的"饮子"［J］.中原文物，1996.

［13］郭丹英.古人消夏饮料兼谈宋代冰茶［J］.茶博览，2020.

第六章

热闹好去处

※ 第一节 城门：交通枢纽的繁华

屋顶的讲究

▲ 庑殿顶城门

① 鸱尾　② 正脊　③ 垂脊　④ 垂兽　⑤ 走兽　⑥ 转角铺作
⑦ 补间铺作　⑧ 柱头铺作　⑨ 写有"门"字的匾额

《清明上河图》中所绘城门的屋顶为庑殿顶，这也是我国古代建筑等级最高的屋顶，由最上方的一根正脊和两侧的四根垂脊组成。这五条脊将屋顶分割为前后左右四个坡形平面，因此这种屋顶也被称为"四面坡顶"。庑殿顶又分为单檐和重檐，单檐就像这座城门一样只有一层屋檐；重檐是有多层屋檐，《清明易简图卷》中的城门便是重檐庑殿顶。在我国古代，只有最高礼制的建筑才会使用重檐庑殿顶，比如故宫太和殿、孔庙大成殿等正殿都采用重檐庑殿顶样式。

《清明易简图卷》中的城门外侧还设有瓮城。在古代防御体系中，城门往往是最为薄弱的地方，因此人们通常会在城门外侧再修建一道弧形、梯形或者方形的城墙，并且在上面再开设一道门，即便敌军攻破了瓮城城门，仍旧无法攻入城内。瓮城通常都会修造得比较狭窄，使得突入瓮城的敌军难以展开，大型攻城器械也难以运送进瓮城，守城士卒便可以借助地利优势"瓮中捉鳖"。

《清明易简图卷》现存于台北"故宫博物院"，卷尾的山石上写有"翰林画史臣张择端进呈"，因此一些学者据此认定这幅画为张择端所绘，但这种观点却值得商榷。

▲ 张择端（存疑）《清明易简图卷》中的城门

从绘画风格看，《清明易简图卷》的画风与目前已知的张择端的其他作品，如《清明上河图》《金明池争标图》存在着较大差异；从历史细节看，《清明易简图卷》中的人物服饰、建筑形制、用具器具均不太符合北宋末年样式；从地理位置看，《清明易简图卷》中的地理分布与北宋开封城也存在着较大差异。《清明易简图卷》所绘时间应在元代至明代之间，绘画风格与明代仇英所绘《清明上河图》更为接近。

歇山顶在等级上仅次于庑殿顶，通常只有官署、寺庙、道观、城门才能使用，由一条正脊、四条垂脊和四条戗脊共计九条屋脊构成。歇山顶上部正脊和两条垂脊之间的三角形区域被称为"山花"。

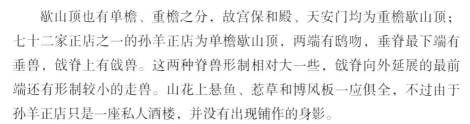

① 正脊
② 鸱尾
③ 垂脊
④ 戗兽
⑤ 戗脊
⑥ 走兽
⑦ 博风板
⑧ 悬鱼
⑨ 垂兽
⑩ 惹草

▲ 歇山顶孙羊正店

歇山顶也有单檐、重檐之分，故宫保和殿、天安门均为重檐歇山顶；七十二家正店之一的孙羊正店为单檐歇山顶，两端有鸱吻，垂脊最下端有垂兽，戗脊上有戗兽。这两种脊兽形制相对大一些，戗脊向外延展的最前端还有形制较小的走兽。山花上悬鱼、惹草和博风板一应俱全，不过由于孙羊正店只是一座私人酒楼，并没有出现铺作的身影。

歇山顶、悬山顶上所用檩条会长过山墙，为了避免檩条顶端受风雨雷电的侵袭，同时也为了遮盖屋顶与山墙之间的缝隙以防屋内漏雨，往往会加设一层防护板，称为博风板。博风板上还时常会悬挂鱼形物件，称为悬鱼。东汉南阳太守羊续的下属给他送来了几条鱼，他本想推辞却又实在推辞不过，于是便将鱼挂了起来，其他人见了便不再给他送礼了，这就是悬鱼的来历。悬鱼的两侧往往还会有刻着寿桃纹、如意纹等纹样的物件，称为惹草，对伸出山墙之外的檩条能起到一定的保护作用，还提升了屋顶侧面的美观程度，不过宋代以后却很少使用了。

因绘画视角的问题，孙羊正店侧面的博风板、悬鱼、惹草只是若隐若现，看得并不是很真切。《高阁凌空图》所绘建筑为重檐歇山顶，博风板、悬鱼、惹草等建筑构件一览无遗。

① 鸱尾
② 博风板
③ 垂兽
④ 走兽
⑤ 惹草
⑥ 悬鱼

▲ （宋代）佚名《高阁凌空图》（局部）

在明代仇英所绘《清明上河图》和清院本《清明上河图》中，城门均为重檐歇山顶，与明清时期城门建筑规制相吻合。城门外侧均设有瓮城，城墙正门与瓮城城门相对，便于百姓进出城。但瓮城样式却不太一致，前者为梯形，后者为方形。在《清明易简图卷》中，城墙正门与瓮城城门却是斜对着，两者之间存在着一定的斜角，这种设计主要是为了满足军事防守的需要。

▲ （明代）仇英《清明上河图》中的城门

▲ 清院本《清明上河图》中的城门

私人宅邸主要采用悬山顶或硬山顶，它们与庑殿顶一样均有一根正脊和四根垂脊，所不同的是悬山顶与硬山顶侧面呈人字形，仅仅在前后两面

形成坡形平面，并非是"四面坡"而是"两面坡"。悬山顶与硬山顶的区别在于悬山顶屋脊上的檩条会长过山墙，需要加装博风板对其进行防护，而硬山顶屋脊上的檩条却藏于山墙之内。

① 正脊
② 博风板
③ 垂脊
④ 檩条出山墙
⑤ 山墙

除此之外，我国古代还有两种特殊的屋顶。一种是攒尖顶，多用于亭台等景观式建筑，又细分为两个类型：一类是角形攒尖顶，没有正脊，只有垂脊，有四角的、六角的、八角的，通常为双数角，单数角极其少见；另一类是圆形攒尖顶，没有垂脊，顶子呈圆形。

另一种就是卷棚顶，最明显的特征是最上端正脊的位置是弧形的，并没有真正的正脊。卷棚顶分为卷棚歇山顶、卷棚悬山顶、卷棚硬山顶，清代时最为盛行，以圆明园为代表的皇家园林中大量采用卷棚顶。

▲ 张择端（存疑）《清明易简图卷》中的四角牡丹亭

▲ 清院本《清明上河图》（局部）

① 卷棚歇山顶　② 卷棚悬山顶　③ 卷棚硬山顶

这究竟是哪座城门

《清明上河图》所绘城门的匾额上只是隐隐露出一个"门"字，并未直接写明究竟是开封城的哪座城门，不过它却与汴河相距不远，因此一些学者认为这座城门为东水门。

河流穿城而过的地方往往会设置水门，汴河流经之处便设立了东水门和西水门。水门上通常会设置铁闸，船只经过的时候便会开启，无船通过的时候便会关闭。

▲ 张择端（存疑）《清明易简图卷》中的水门

▲ （明代）仇英《清明上河图》中的水门

▲ 清院本《清明上河图》中的水门

　　《清明上河图》中所绘城门显然是一座陆路城门而并非是水门。城外有绕城的护城河，吊桥落下之后横跨在护城河两岸，方便来来往往的行人进出城。

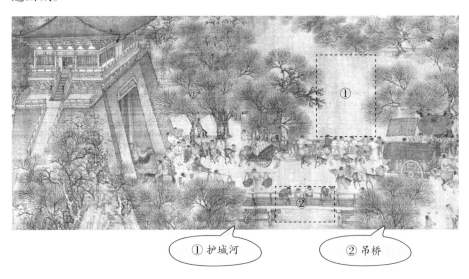

① 护城河　　② 吊桥

　　这座城门位于汴河南岸，且距离东水门应该并不远，因此这座城门应为外城城门上善门。作为北宋都城外城城门，上善门承担着防御外敌入侵的重要职能，怎会不设瓮城呢？

根据《东京梦华录》的记载，开封外城城门通常都有三重瓮城，而且瓮城城门与正门并非正对着而是斜对着，类似于《清明易简图卷》中所绘城门。虽然这种设计会提升防御性能，但人们进出城时却要七拐八绕，很不方便。而外城四座正门南薰门、新郑门、新宋门、封丘门因地理位置重要，进出城的压力比较大，故只设有两道门且瓮城城门正对着城墙正门[1]，极大地方便了人们进出城。然而，《清明上河图》中所绘城门为何并无瓮城呢？

这或许有两种可能：一种可能是《清明上河图》绘制时瓮城还没有建成，不过这种可能性比较小；另外一种可能是《清明上河图》的作者张择端有意为之，有的学者认为他其实是想借此说明北宋防守空虚，一旦遭遇外敌入侵，后果恐怕会不堪设想。就在《清明上河图》完稿短短数年之后，靖康元年（公元1126年）冬，彪悍骁勇的金军策马疾驰而来，将开封城围了个水泄不通，曾经繁华一时的开封顿时变成了一座人间地狱，北宋王朝就此轰然倒塌！

但笔者却觉得这不过是后人附会罢了。张择端是宫廷画师，作画的目的就是取悦皇帝，因此他很可能是想要借此说明大宋在徽宗皇帝赵佶的治理之下歌舞升平，四海安乐，根本无须设防！

穿城而过的胡人

在《清明上河图》中，一支驼队正从城门经过，驼队的主人居然还是个胡人，他也是《清明上河图》中唯一的胡人！

这个胡人左手抬到与肩同高的位置，用力牵着骆驼上的缰绳；右手指着前方的路，似乎在催促前面的人快快闪开。他的身后是一匹高大的骆驼，大半个身子已经从城门中显现出来，背上还驮着货物。

在城门另一侧，有一匹骆驼的头被城墙挡住，只有大半个身子露在外面。它的身后还跟着两匹骆驼，身上也驮着货物，看样子走得有些缓慢，或许是身

---

[1] （宋代）孟元老《东京梦华录·东都外城》。

241

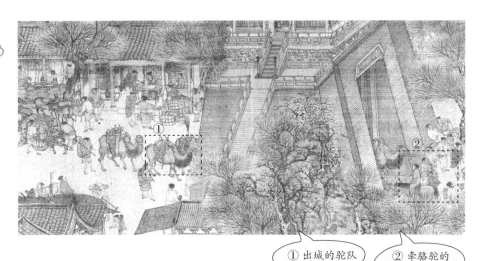

① 出城的驼队 ② 牵骆驼的胡人

牵骆驼的胡人

上驮载的货物太过沉重。这支驼队向着城外缓缓走去，他们究竟来自何方，又要去往哪里呢？

唐代时，以粟特商人为主体的胡人商队，牵着骆驼，骑着马，坐着驴，载着名贵香料、珍贵药材、金银器具、玻璃器皿、珍禽异兽等稀缺商品，从中亚来到中原。唐长安城中的东、西两市和洛阳城中的南、北两市无不是胡商云集，胡人也成为这两座国际化大都市不可或缺的一部分。

不过到了宋代，由于回鹘的侵扰、西夏的侵袭和吐蕃的阻隔，中原与西域的往来远没有唐代那么密切了，反而是通过海路来到大宋的高丽、东南亚、印度、大食（即阿拉伯）的客商渐渐多了起来，从陆路前来大宋的胡人数量已然是大不如前了。

骆驼在宋代也不再是胡人的专属，宋人开始将其大量用于货物运输及军事保障。在陕西、河东（今山西）等地时常会闪现骆驼的身影，曾在大宋游历的日本僧人成寻在《参天台五台山记》中记述，他在河东的官道上每天能够看到三四十匹骆驼。

开封城中还专门设立了骆驼饲养机构驼坊，委派三班使臣主管驼坊事务，麾下士卒682人[1]，据此推算饲养的骆驼肯定要数以千计。在御用车舆之中也出现了由骆驼来牵引的凉车，皇帝在巡视四方以及打猎时便会乘坐此车[2]。

正是因为骆驼的广泛使用，在宋人的绘画作品中，无论是边陲重地，还是中原腹地，我们总会见到骆驼的身影。

▲ （宋代）佚名《盘车图》中的骆驼

城门边的税务所

虽然城门处不设防，但货物进城却需要缴纳商业税。在《清明上河图》中，紧邻城门的这间小屋便是负责收税的税务所，当时被称为"场务"。所有进城货物都必须先到这里来验货，商人交税后才能被放行。

在这家税务所门口，两个货主运来了一批货物，一个税吏正在清点一包包货物，另一个税吏在缴税账本上记着什么。不过双方似乎发生了什么

---

① （清代）徐松《宋会要辑稿·方域三》。
② （元代）脱脱等《宋史·舆服一》。

不愉快的事情，一个货主似乎想要解释些什么，但清点货物的那个税吏却不屑地将头扭向一边；另一个货主情绪比较激动，指着自己的货物似乎在大声嚷嚷，但拿着缴税账本的那个税吏却始终不为所动，似乎在强行要求货主足额缴纳税款。

▲ 城门处的税务所

不远处，几个刚刚缴完税的货主如释重负，有的将货物用驴子驮着，有的用车子载着，正准备离开这处税务所。

税务所为敞开式，并没有门，屋内放着一张书桌，上面铺着长卷纸，桌后有一把交椅，上面坐着一人，应该就是这个税务所的税官。一名税吏躬着身子站在他的身旁，恭敬地倾听着他的吩咐。

屋内还有一人站在三层亮格柜前，正在整理文件。这个亮格柜造型比较独特，上面为架格结构，四周用栏板围合，每层均用隔板分开，放着卷宗文案；下面虽看不到，但很可能是对开门结构，私密性好，能够储存一些重要涉税文书。

税官身后有一个类似书法屏风的东西，有的学者认为这是一块粉壁，税吏将最新的税收政策写在粉壁上，以便那些进城的商贩们能够及时了解到国家税收政策的变化，但仔细观察后便会发现那应该是个帘子，奇怪的是帘子上居然有字。

▲ （北宋）米芾《虹县诗卷帖》

　　我们将税官身后的帘子与写有书法作品的苫布进行比对，便会惊奇地发现两者的字迹居然极其相似，似乎是同一人所写，笔迹与北宋大书法家米芾的字很像。

　　无论是苫布还是帘子上的书法，恐怕都不会是真迹而是印刷品，迎合了宋人附庸风雅的喜好，也从侧面反映出当时印染行业的发达！

　　宋代之前，朝廷对商税的征收并没有给予太多关注，因为农业税在税收总收入中占据着绝对的统治地位。但宋代商业的繁荣程度却远超唐代，朝廷也开始意识到商税的重要性，我国历史上首部商税法律《商税则例》

随即出台。

天禧末年（公元1021年），商税在税收总收入中的比重一度达到了五分之一，不过神宗皇帝赵顼推出了一系列改革措施，使得商税无论是总额，还是在税收中的比重都有了大幅下降，这也极大地促进了商品流通。

有些学者认为商税在宋代首次超过了农业税，其实这个说法值得商榷。之所以会得出这个结论，是因为宋代农业税很是繁杂，有的缴纳钱，有的缴纳实物。实物之中，有按石计算的米，有按匹计算的布帛，有按两计算的丝和棉，有按斤计算的茶和盐，有按束计算的草薪，有按斤计算的黄铜，这些实物都需要按照当时的价格折算为钱。天禧末年，各项农业税收入折算为现钱后达27624040贯，而同期商税为12040000贯，仅仅相当于同期农业税的43.59%。

北宋时期商税变化情况[1]　　　　　　　　　　（单位：贯）

项目	至道末年 （公元977年前后）	天禧末年 （公元1021年前后）	熙宁、元丰年间 （公元1068—1085年）
商税	4000000	12040000	8046646
非农业税税收收入	12380400	29630530	49112365
在非农业税税收收入中的比重	32.31%	40.63%	16.38%
税收总收入	35591730	57254570	70739350
在税收总收入中的比重	11.24%	21.03%	11.38%

商税的征收对象比较广泛，主要包括三大类。第一类是百姓日常所需的衣服、食品等消费品；第二类是田地、店铺、住宅等不动产；第三类是马、牛、驴、骡、骆驼等用作交通工具的牲畜[2]。

宋代商税主要分为过税和住税，过税属于商品流通税，是转运货物的商人在运输货物沿途缴纳的税款，税率为2%；住税属于买卖交易税，是开

---

① 数据来源：贾大泉《宋代赋税结构初探》，《社会科学研究》，1981年第3期。

② （宋末元初）马端临《文献通考·征榷考一·征商关市》。

设店铺的坐商或来到该地区经营的行商对外销售货物时缴纳的税款，税率为3%。农业税（当时称为二税）的税率为10%，商税看似远低于农业税，但过税却是经过一处税卡便需要缴纳一次税款，对于远途商贩而言，沿途缴纳的商税可是一笔不小的支出。

从最繁华的"四京"，到各府州，再到各县，乃至市镇，均会设立征收商税的税务机构"场务"。北宋熙宁十年（公元1077年），朝廷共计设立场务2060个。为了完成税收任务，这些场务往往还会招募有关人员在交通要道拦截过往商贩，这些人被称为"拦头"。大一点儿的税务机构麾下会有一二百个拦头。

在宋代前期，商税的征管由三司下辖的盐铁司负责，元丰改制后三司被撤销，商税征管主要改由户部下辖的金部司负责，但"四京"［即开封府、河南府（今河南洛阳）、大名府（今河北大名）、应天府（今河南商丘）］的都商税院却由太府寺管辖。地方官员对辖区内税务机构的工作只有监督权，却没有人事任免权，也就是说，开封府的一把手无权任免开封府都商税院的长官。

北宋前期，税务官员均由三司来任免，不过中央和地方有关官员却拥有举荐权；元丰改制后，归户部管辖的税务机构的官员，由尚书省下辖的吏部来选派；太府寺管辖的都商税院的官员，却由中书省来选派①。

不过宋代税务官员的政治地位却并不高，压力大，地位低，升迁慢。大文豪苏辙的好友张唐英出任阆州（今四川阆中）监税官，他本就是四川人，如今又到家乡附近为官，原本是件可喜可贺之事，可好友苏辙却用满是惋惜的笔触写了一首《送张唐英监阆州税》：

> 阆中虽近蜀，监税本闲官。
> 岂足淹贤俊，聊应长羽翰。
> 读书心健否，答策意何阑。
> 未可厌畋猎，田中有走貆。

① （清代）徐松《宋会要辑稿·职官三》。

第六章 热闹好去处

※ 第二节　虹桥：开封城外CBD

彩虹之桥

虹桥是一座单跨木结构拱桥，宛若一道长虹横跨汴河两岸。桥身涂着淡红色的油漆，既能防雨防腐，又显得轻盈灵动。桥头两端砌有石台岸，还立有高耸的表木，表木顶端还有一只栩栩如生的木质白鹤，灵动的戏水兽面板点缀在桥的正面，衬得虹桥愈发摇曳生姿。

根据桥上行人身高进行估算，桥面宽度应该在八米左右，水平跨度在二十米左右，水中并无桥墩，往来船只可以放心大胆地驶过，避免了船桥相撞的悲剧的发生。

虹桥不仅是飞架在汴河之上连通南北的交通要道，而且渐渐成为开封城外重要的商业中心，终日熙熙攘攘，热闹非凡，有络绎不绝的行人、摩肩接踵的小贩、驮人的驴马，还有载物的车子。

虹桥承受着巨大的压力，南北半桥的负荷还不均衡：南侧地处闹市，摆摊设点的摊贩多汇聚于此，因此南半桥明显比北半桥要繁华许多，行人摊贩也更为密集。

虹桥是由拱骨等构件精密地拼接在一起而建成的，若是所受拉拽或强压的力超过了承受极限，势必会扭曲变形进而倾覆垮塌。虹桥的修造者们虽并不懂得高深的力学原理和复杂的力学计算，却有着极为丰富的修造桥梁的实践经验，无论是桥梁的跨度、拱骨的长度，还是桥基的设计、材料的搭配，都经过了缜密的设计和科学的验证，使得虹桥可以安然无恙地矗立在汴河两岸，也给周边区域带来了欣欣向荣的繁华气象。

虹桥南北两端用培土垫层，也就是在桥与路的连接处甚至整个桥面都堆上一层厚薄不一的灰土，有效地降低了路面与桥面间的落差，使得桥与路浑然一体，既降低了虹桥的坡度，也便利了行人车马的来往，还能有效防止雨水对虹桥的侵蚀、来往的行人车马对虹桥的磨耗，有效地延长了桥梁的使用寿命。

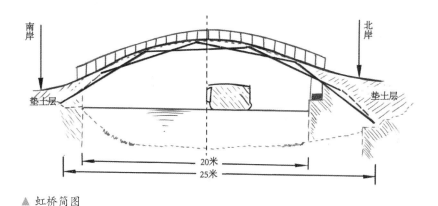

▲ 虹桥简图

透过《清明上河图》，我们可以看到虹桥横向约有二十道拱骨，均为上下两端经过切割塑形的大圆木，错落有致地拼接在一起；纵向看似只有五节拱骨，其实还有一节若隐若现的拱骨，只不过末节拱骨的主干部分在培土垫拱时被黄土埋置于桥端下面的基座内，只露出了一小部分。

① 第一节拱骨　② 第二节拱骨　③ 第三节拱骨　④ 第四节拱骨
⑤ 第五节拱骨　⑥ 第六节拱骨

虹桥虽有六节拱骨，但整座桥的拱顶却并不在拱的最中央。从南面数第三节拱骨的腰部位置装饰有精美的吸水兽面，显得朴实而又端庄，拱顶便在此处或者稍稍偏北处。所以，虹桥南北两端并非坐落在同一高度上，而是一个与跨径中央竖直平面并不对称的坡拱。

除此之外，虹桥还有一个特别之处：北面桥下修有一条人行通道与岸上通道相连，南面桥下虽也能通行，却并未修建类似的人行通道。这种非对称的布局是紧密结合两岸地势做出的科学规划。

汴河是一条人工开凿的河流，在河水的冲刷之下两岸其实并不等高。那些行驶在汴河之上的船只顺水而下离开开封时通常会沿着汴河南侧行驶，逆流而上向城内行驶时通常会沿着汴河北侧行驶，由于很难借助风力行驶，主要依靠纤夫们的牵引，所以才会特地修建一条宽敞的人行通道。

在修造虹桥之初，人们便在桥梁稳固性上费了一番脑筋。桥梁的主体部分是将整根木材科学地叠加横插在一起，形成的一个稳固而又紧密的有机整体，不仅加大了桥面宽度，最大限度地满足了桥上通行要求，同时也保证桥身有足够的跨度飞架在汴河两岸。

▲ 依靠纤夫拉纤前行的船只

夏季时汴河水势会很大，湍急的河水将会给虹桥带来极大的冲击，因此虹桥的桥基用条形石块精心砌筑而成，同时还用铁钉将石块连接在一起，极大地增强了桥基的稳定性，能够很好地应对湍急水流的冲击。北侧桥下的石质桥基之上还立有四根粗壮的木柱，作为虹桥巍然屹立的坚强支撑！

在《清明上河图》中，虹桥桥头两侧立有四根高大的木杆，顶端各立有一只木质仙鹤。一些学者认为这是观测风向的风向标——仙鹤的头会随着风向转动，过往船只会通过风向标及时了解风向进而调整行驶速度和方向。

▲ 虹桥结构图

① 约二十道拱骨　② 支撑木柱
③ 铁钉　④ 后置桥基

风向杆很早便诞生了，最早的时候是将五两鸡毛挂在高杆上，通过鸡毛飞舞的方向来观测风向，因此又被称为"五两"。顶端装有鸟形物件的风向杆被称为"相风鸟"，常常会被竖立在军营、宫中或船上，不过却并不是通过鸟形物件的转动方向，而是通过杆上所绑的鹅毛或是鸟嘴中所衔的幡（即长方形布条）来辨别风向[①]。

可是《清明上河图》中那四根木杆上的木质仙鹤口中却并没有衔着幡，而木质仙鹤要比鸡毛或幡笨重许多，对风向的感知自然也就不会那么灵敏。若是在船上安置相风鸟，船工还可以及时观测风向，随时调整船帆以改变航向；但若是相风鸟耸立在虹桥桥头，当船只距离虹桥比较远时，船工就很难看清木质仙鹤具体所指的方位，就算看清了，船已然距离虹桥很近了，此时再调整航向恐怕已然来不及了。

《清明上河图》的作者张择端还有另外一幅传世名画《金明池争标图》。画中，骆驼虹桥横跨在金明池上，桥两侧也矗立着四根高木杆。只可惜因年代过于久远，骆驼虹桥的具体形制已然看不太清楚，好在《龙舟夺标图》对此有着很是清晰的描绘。

---

① （明代）顾起元《说略》。

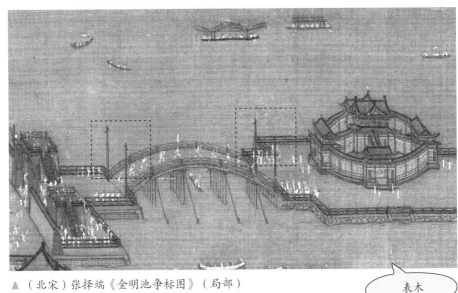

▲（北宋）张择端《金明池争标图》（局部）

表木

　　虽然《龙舟夺标图》为元人所绘，但描绘的却是开封城中金明池争标的情景，殿阁巍峨，龙舟争渡，旌旗猎猎，橹桨奋动，场面热烈，扣人心弦。桥边的四根高木杆上方，每个方向各有一块指示牌，顶端为仙鹤造型且形态各具特色，与虹桥边的四根高木杆的造型应该比较相似。

▲（元代）佚名《龙舟夺标图》（局部）

▲（元代）佚名《龙舟夺标图》（局部）

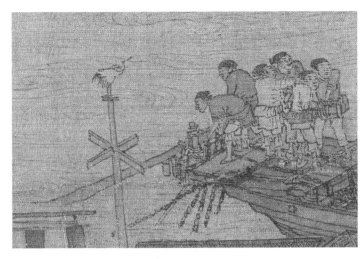

《清明上河图》中虹桥边的表木

金明池是北宋皇家园林，只在三月一日至四月八日这短短的一个多月里才会对普通游人开放，届时将会举行龙舟争标等群众性娱乐活动[1]。在一年之中的绝大部分时间里，金明池并不会对外开放，又有什么必要在桥边安装风向标呢？

既然如此，虹桥边所立的木杆又是干什么用的呢？有的学者给出了答案，这便是历史文献中多次提到的"表木"。它起着道路"红线"的作用，防止"侵街"现象的发生。

唐代以前，大城市普遍实行坊市制度，商店遍布的市与百姓居住的坊是严格分开的，每个坊都会设有坊门，清晨时分开启，傍晚时分关闭，晚上实行宵禁。除非是高级官员，否则连府门都不得开向大街，街边店铺也几乎见不到，没有人敢随便"侵街"。

五代后周显德三年（公元956年），世宗皇帝柴荣下诏允许在开封城内的一些街道上种树掘井，修盖凉棚[2]。正是这个小小的政策松动，使得"侵街"如同野火般渐呈燎原之势。北宋定都开封以后，经济愈加繁荣，人口日益增加，"侵街"现象也变得愈演愈烈。常见的"侵街"方式主要有以下三种：

第一种是在官府核定的范围之外修建私人房屋，达到多占官地的不法

---

① （宋代）孟元老《东京梦华录·驾回仪卫》。
② （北宋）王钦若等《册府元龟》。

第六章　热闹好去处

目的。

第二种是在大街两侧乱搭乱设凉棚等简易建筑或者私自摆摊设点。

▲ 大肆"侵街"的饭馆店铺

第三种是在严禁随意占用的繁华地段（如桥头、十字路口）占道经营，影响正常交通。

▲ 虹桥上占道经营的商贩　▲ 急于从拥挤不堪的虹桥上经过的公差

254

正是在"侵街"的侵袭之下，传统而又守旧的坊市制度才彻底走向土崩瓦解。从此之后，商铺、小摊遍布城内的大街小巷，商品经济展现出前所未有的生机与活力，也给城市管理带来了巨大挑战，以至于到了不得不彻底整治的地步。

北宋咸平五年（公元1002年），真宗皇帝赵恒命阁门祗候谢德权拓宽京城街巷，结果却招致朝野上下的非议和抵制。真宗皇帝见反对的声音如此激烈，只得命谢德权暂停，但谢德权却生来就是倔强性子，言辞激烈地禀告皇帝，那些人之所以会反对，是因为他们担心自己名下的房子会被拆除，这才为了个人利益而阻挠国家大计。真宗皇帝听罢痛下决心，下令拆除了权贵们通过"侵街"私自修建的府邸，还每隔一段距离便竖立表木，借此来划定严禁随意跨越的"红线"①。

真宗皇帝出重拳整治"侵街"的不良风气，虽然在短期内取得了一定的成效，但很快便出现了反弹，以至于渐渐变得难以控制。徽宗皇帝赵佶眼见无力回天，只得开始征收"侵街房廊钱"②，无异于变相地承认了"侵街"的合法性，因此在《清明上河图》中，"侵街"的现象比比皆是。

在利益驱使之下，一些胆大妄为的权贵不顾国家法令，不仅"侵街"，还大肆"侵河"。仁宗皇帝赵祯在位时期，很多得宠的大宦官都在惠民河畔修建府邸花园，以至于阻塞了河道。恰逢开封发大水，极具政治魄力的包拯趁机将那些权贵们建的府邸花园统统予以拆除。正是这次顶住巨大政治压力的强拆，使得不畏权贵的包拯声名远播，以至于京师上下纷纷说："关节不到，有阎罗包老。"③

虹桥地处商业繁华地带，桥上摊贩众多，桥边商铺林立，"侵河"与"侵街"现象严重，甚至有时还会阻塞桥上的交通。为了防止"侵街"与"侵河"，官府在虹桥两端竖立起四根表木，最上端还有一个十字架，分别指向东西南北四方，既是指引方向的路标，更是不能逾越的红线，不过却并未起到应有的效果！

① （南宋）李焘《续资治通鉴长编·卷五十一·咸平五年二月戊辰》。

② （宋末明初）马端临《文献通考》。

③ （元代）脱脱等《宋史·卷三百一十六·包拯传》。

第六章 热闹好去处

一座满是繁华的桥

虹桥不仅仅是一座沟通南北的桥梁，还是一个各色人等汇聚、各式摊贩聚集的大集市。虹桥周边区域内有十千脚店这样气势恢宏的大酒楼，有各具特色的小酒家、小饭馆，还有可以喝茶歇脚的茶肆，也有卖保健饮料的饮子铺，可谓是应有尽有，热闹非凡。

在桥头支上个凉棚便可以开张做生意，一个老板娘正在棚下忙活着，卖的似乎是馒头一类的小食品。

有的商贩在地上铺一层布便开张营业，这个卖五金工具的小摊便是如此。

▲ 虹桥边的馒头铺

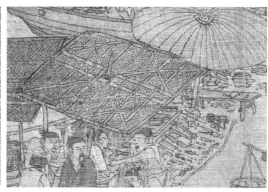
▲ 虹桥上的五金摊

虹桥上有两个紧邻的商贩，一个用的是低矮的条桌，形制类似于今天的茶几；另一个用的是极具宋代风格的交足桌，桌面为圆形，边缘处还有隆起的围圈，以防桌上所放食物不慎掉落；桌腿采用交足样式，能够如马扎那样折叠交叉，支脚下端还安装有横向的足座，使得交足桌既轻便又稳固。

小小的虹桥为何会如此繁华呢？汴河堪称北宋的经济命脉，从东水门流入开封城内，因此在东水门内附近密布着诸如元丰仓、顺成仓、广济仓等重要仓库，用来盛放漕粮和重要物资。汴河一年的漕运量在仁宗皇帝赵祯在位时达到了惊人的八百万石，后来虽有所下降，却也大致维持在六百万石左右。这些漕粮在运抵开封城附近后要办理卸船、登记、入库等

①茶馆 ②餐馆 ③小吃摊 ④酒家 ⑤客船 ⑥货船 ⑦卦摊
⑧饮子铺 ⑨牙人 ⑩五金摊 ⑪馒头脚铺 ⑫十千脚店

第六章 热闹好去处

一系列手续。搬运漕粮可是个重体力活，需要大量人手，成千上万的官吏、工人聚集在这一地区，既带来了人气，更带来了商机。

① 围圈　② 桌面
③ 支脚　④ 足座

很多漕船上的船工都会借机走私货物，官府对此往往是睁一眼闭一眼，即便曾几度严厉打击，却也是难以根治。运输任务繁重的时候，官府有时还会雇佣一些私人船只来运输漕粮，所支付的船费往往会低于市场价格，私人船主为了补差价常会私自携带一些货物到开封城中进行售卖。临仓和临河的双重优势使得虹桥及其周边区域渐渐兴盛起来。

独特的地理位置、巨大的商业需求、丰富的货物供应使得虹桥成为开封城外名副其实的中央商务区！

※ 第三节　大相国寺：不甘寂寞的寺院

皇帝常去的地方

在《水浒传》中，原本在五台山出家的鲁智深因喝酒误事而被师傅遣送到了开封大相国寺，负责管理寺内的菜园，还在那里倒拔垂杨柳，使得时常来菜园偷菜的泼皮无赖们被深深震慑。鲁智深还在大相国寺与禁军教头林冲意外邂逅，两人因不堪压迫相继走上了反叛朝廷之路。

大相国寺可谓历史悠久，据传曾是战国四公子之一信陵君的宅子。北齐天保六年（公元 555 年），文宣帝高洋在此地修建了建国寺，而它之所以会成为闻名遐迩的大相国寺，还得益于唐睿宗李旦。

对于李旦而言，公元 712 年是极具人生转折意义的一年。这一年也极为罕见地三次改元，最初是景云三年，正月十九日改元太极元年，五月又改元延和元年，八月他提前传位给自己的儿子李隆基，再度改元为先天元年。

就在主动退位的前一个月，睿宗皇帝李旦不知为何居然梦到了建国寺，于是便从内库之中拨专款进行修缮扩建，随后又亲笔书写了"大相国寺"的寺名。他之所以会给这座寺院起这个名字，是因为他曾被封为相王。

大相国寺因皇帝而得名，也因皇帝的青睐而成为大宋第一寺。北宋的皇帝们对这座皇家寺庙都情有独钟，时常会巡幸这里：太祖皇帝赵匡胤曾六次巡幸，太宗皇帝赵光义曾三次巡幸，真宗皇帝先后驾临大相国寺多达十一次，此后仁宗皇帝赵祯五次驾临，神宗皇帝赵顼六次驾临，哲宗皇帝赵煦七次驾临。皇帝巡幸大相国寺时其实就是随便看一看、转一转，放松一下心情。

除此之外，皇帝还会来大相国寺主持或参加一系列活动，不过那却大多属于工作范畴，并没有巡幸那么轻松。

每当干旱、洪水、瘟疫等灾难来袭时，皇帝通常会到大相国寺中举行祈福活动，祈求神灵保佑国泰民安。与此同时，皇帝往往还会采取撤乐（减少乐工数量）、吃斋（不吃荤食）、罪己（写检讨）等措施，想要通过克制自己的欲望来换取上天的眷顾。

若是遇到高兴的事情，比如郊祀顺利举行、明堂礼毕、成功击退敌军，皇帝也会前往大相国寺举行恭谢仪式，既是为了感谢上天的眷顾，也是希望继续得到上天的眷顾。

宋代皇帝沿用了前代做法，将自己的生日设立为普天同庆的盛大节日，称为"圣节"。皇帝过生日时也会时常来大相国寺设宴，举行诞辰贺岁仪式[①]，其实就是大型生日派对。不过一旦新皇帝登基后将自己的生日定为圣节，老的圣节便会自然取消。

为了拉近彼此的关系，皇帝还时常将重臣们召来赐宴，有时在皇宫里，有时便选在大相国寺。吃饭时还时常会有技艺精湛的艺人们进行表演，边吃、边喝、边看，很是畅快！

老皇帝去世后，继位的新皇帝通常会在老皇帝的忌日前往大相国寺举行国忌行香仪式[②]。一些立下赫赫功勋的重臣，如宰相梁适等人去世后，皇帝或者太后也会诏令大相国寺举办相关的追思活动[③]。

大相国寺还时常会承担国务接待任务，辽国、金国、西域诸国的使臣来到开封后也会来这里烧香许愿，中天竺国（今印度）曼殊室利出于对佛教的尊崇和对大相国寺的热爱一住便是数年之久，直到"七年之痒"时才选择离开[④]。

万人汇聚的大集市

大相国寺位于东京内城南部的繁华地区，又处于汴河北岸，坐拥交通

---

① （元代）脱脱等《宋史·礼十五》。

② （清代）徐松《宋会要辑稿·礼二》。

③ （北宋）邵伯温《邵氏闻见录》。

④ （宋代）志磐《佛祖统纪》，上海涵芬楼影印本，1933年版，第274页。

便利，又修得气势恢宏，前来参观旅游的、烧香拜佛的、许愿还愿的，一年四季络绎不绝。巨大的人流量自然带来了无穷的商机，本属清净之地的寺庙也渐渐成为开封城中最热闹的集市。

大相国寺每月开放五次，分别是每月初一、十五，还有初八、十八和二十八，准许小商小贩们来寺内摆摊设点。每每到了交易时，大相国寺内外人头攒动，人声鼎沸，数万人云集此地，被称为"万姓交易"，堪称开封城中种类最齐全、人流最密集的商品交易市场。

寺院大门口放眼望去全是珍禽奇兽，很多生活在城市里的人会投去好奇的目光，不知它们究竟属于哪个物种，有些傻傻分不清。

第二进和第三进院落之中设有彩色帷幕，四周全都是摆地摊的，卖的全是生活用品，如草席、竹帐、洗漱用具、马鞍、缰绳、弓、剑等，还有

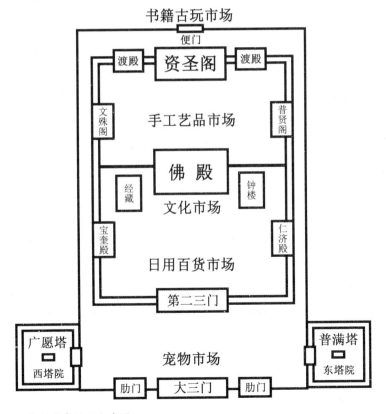

▲ 大相国寺摊贩分布图

时令水果、干果腊肉。许多官员在任期间会获取很多极具地方特色的土特产，尤其是当地久负盛名的香药，回京任职或者在京候任期间便会专门拿到大相国寺的集市上来进行售卖。院内各摊位都是随机的，谁来得早便是谁的，不过靠近佛殿的地方却有三处摊位是固定的，分别是孟家道冠王道人蜜煎、赵文秀笔和潘谷墨。孟家道院王道人蜜煎是一款颇受百姓喜爱的蜜饯，一个道人不好生研究道法，却对甜品如此痴迷，不禁令人大跌眼镜。赵文秀笔和潘谷墨受到书画名家们的狂热追捧，大文豪苏轼便盛赞潘谷墨为"精妙轶伦，堪为世珍"。他在京为官时便是这里的老主顾，更有趣的是，他流放海南时的行书手迹居然几经辗转，也摆在了大相国寺的书画摊上。

院内两廊下站着很多尼姑，有卖各式绣作的，有卖各种首饰的，头上戴的帽冠幞头、插的珠翠，领角上的领抹，脸上擦的化妆品可谓应有尽有。

资圣阁前多是卖书籍、古玩、图画的摊贩，来这里逛时不时便能遇到很难寻到的古籍善本。大文学家黄庭坚便有幸买到了宋祁撰写的《新唐书》，回去认真揣摩修辞造句，使得自己的文学造诣有了突飞猛进的提升[1]。

北宋末年的金石学家赵明诚也频频光顾这里，为爱妻李清照精心选购碑帖。不过当时他还只是个太学生，自然是囊中羞涩，只得将衣物典当之后再去买。日子虽过得辛苦，不过当他捧着钟爱的碑帖与爱妻李清照一同研读时，畅快之情溢于言表[2]。

古文大家穆修晚年曾刊印了数百部柳宗元文集，也拿到大相国寺去"练摊"，有几个读书人拿起文集翻阅起来。可来了主顾，他不仅不热情地招呼，居然一把将书夺了过来，带着挑衅的意味道："你们读完一篇而不读破句，我便白送你一部！"清高的穆修最终一部也没能卖出去[3]。

在这喧嚣的集市之中，一些小偷时常会混迹其间。开封府的官差往往会换上便装来这里寻找赃物的下落，总能有所斩获，因此这里也被戏称为"破赃所"。

---

① （宋代）朱弁《曲洧旧闻》。
② （宋代）李清照《金石录》后序。
③ （北宋）魏泰《东轩笔录》。

除了小偷，还会有骗子夹杂其间。黄庭坚逛集市时便撞见一人正在卖大葫芦种子，那人信誓旦旦地说，只要买了他的种子，来年便能结出硕大无比的葫芦。为了让众人相信他的话，他还特地在摊前放了一个特大号的葫芦。

在实物广告和诱人话术的双重诱惑之下，围观之人一时间竟相购买，回家后兴冲冲地种在土中，悉心呵护，精心施肥，及时浇水。可等到来年结出了葫芦，他们才发觉自己上当了，不过却悔之晚矣！

清净之地的荒唐事

大相国寺的住持通常由皇帝钦定，也算是个"中管干部"，曾担任住持的赞宁、宗本、道隆等人无不是名动一时的大禅师。大相国寺的住持不仅要学经悟道，还要管理庞大的寺产和众多的僧人。

普通僧人的吃穿用度主要靠香客们的施舍，有时还要去四处化缘，还时常因争夺地盘而大打出手。于是他们便划定了各自的势力范围，白天在各自的地盘上化缘；同时，为了给那些大度的施主们一些回报，便选择晚上报晓，也就是每隔一段时间播报一下时间。

不过大相国寺的僧人却不用为吃穿用度而发愁。规模宏大的大相国寺在寺庙周边与京城内外经营着大量旅店、商肆、当铺，东郊还有不少寺庄，每年官府还会给他们数额不少的财政拨款，因此寺内僧人的日子过得还是颇为惬意的！

大相国寺内弟子众多，既有在本院修行的，也有被派出去看管寺田、寺庄的。不过他们可并非全都是严守清规戒律之人，也会有"佛门败类"！

大相国寺僧人惠明虽是个出家人，却一心研究烹饪，还专门做荤菜。他所烹制出来的猪肉色香味俱佳，令人垂涎欲滴，欲罢不能，一时间名动京城，他所住的禅院也被人们戏称为"烧猪院"。

文学名士杨亿也是他众多食客中的一员，常常带着一帮子朋友跑到惠明那里去一饱口福。那日，他酒足饭饱之后感慨道："烧猪院听上去太不雅观，不如改为烧朱院吧。"经过此番改名，惠明的名气更大了，食客也更多了^①。

这里是大宋

除了杀生之外，大相国寺下属星辰院的僧人澄晖居然还娶妻，所娶之人居然还是个长相俊美的妓女。两人偶然邂逅后便迅速坠入爱河，索性双宿双飞，过上了如胶似漆的快乐生活。

不过一个不速之客的到来却打破了澄晖惬意的生活。此人是个泼皮无赖，听闻他新近娶了个美娇娘，便不怀好意地前来拜望，主动提出请他们两口子美美地吃一顿大餐。澄晖自然知道这小子好色成性，此次前来定然没安好心，于是便百般推诿。那人见难以得逞，便只得悻悻地离去，却又实在咽不下这口恶气，想着要好好羞辱羞辱澄晖这个不安分守己的和尚。

次日，澄晖出门时惊奇地发现院门上的匾额居然被人用纸给蒙上了，纸上还写着六个大字：敕赐双飞之寺^②。面对如此公然羞辱，澄晖气得差点没背过气去！

---

① （宋代）张舜民《画墁录》。

② （宋代）陶毂《清异录·释族·梵嫂》。

※ 第四节　勾栏瓦子：娱乐一条龙

瓦子里的布局

瓦子，也被称为瓦市、瓦肆或瓦舍，兴起于北宋中期，盛行于宋元两代。之前的艺人都是撂地演出，也就是选个空地进行表演，凭借一技之长将观众吸引过来，但收钱时观众却往往是一哄而散。因此，艺人们只得用栏杆将表演场地临时围成一个圈，观众只能从有限的几个口进出，有的是进去时买票，有的是离开时要交钱，防止观众们看完演出后趁机逃走。

北宋前期，随着经济的高度繁荣和文化的高度兴盛，表演所带来的收入也变得越来越可观，于是有人出资对表演场所进行改造升级，先是在栏杆围起的固定区域内搭建布棚或茅屋，后来开始建造更为坚固的瓦房，集歌舞表演、说唱百戏、商业贸易、社会服务于一体的综合性娱乐城瓦子便应运而生了。

根据历史文献记载，开封城中的大型瓦子共有六座，分别为桑家瓦子、州西瓦子、州北瓦子、保康门瓦子、新门瓦子和朱家桥瓦子，此外还有中瓦、里瓦、州西梁门外瓦子、宋门外瓦子四座小型瓦子，多依附于附近的大型瓦子。上述十家瓦子多集中在御街、马行街、潘楼街、右掖门外街巷、大内前州桥东街巷等繁华地带和交通枢纽。

瓦子里既有早场，又有夜场，常日里舞台耀眼夺目，节日里花灯五彩缤纷，舞台设计和乐器摆放既符合声学原理，也可以满足观众的观赏需求，能够使得上千观众同时欣赏到艺人们精湛的演出。

在明代仇英的《清明上河图》中，在舞台近前观看表演的清一色全都是男子，女子们则被安排在木板后面的专用看棚内。

第六章　热闹好去处

265

▲ （明代）仇英《清明上河图》中的勾栏瓦子

每个瓦子内均有几座甚至十几座勾栏，每座勾栏内又可分为几个看棚，大的看棚甚至可以容纳数千人。桑家瓦子连带周围两家小瓦子中瓦、里瓦共有勾栏 50 余座，其中中瓦的莲花棚、牡丹棚，里瓦的夜叉棚、象棚均可容纳数千观众。

勾栏通常是矩形或方形的全封闭区域，不过也有个别是露天式剧场。戏台高度通常为 3～4 米，为三面敞开的伸出式戏台，设有专门放鼓的牙床，戏台后面还设有专为演员化妆更衣用的戏房。观众席环绕着戏台，为便于后排观众观看，还常常会设计为阶梯形。正对舞台的区域为贵宾席，称为神楼；两侧是普通观众席，称为腰棚。

为了迎合不同观众的需求，有的勾栏时常更换节目，更换艺人，甚至更换表演形式，但有的勾栏表演时间、表演形式甚至表演艺人都相对固定，如说书艺人小张四郎、乐舞艺人史惠英一辈子都只在一处勾栏内演出。

瓦子虽然多是私人经营，却也要接受教坊的管理，就像如今剧场也要接受文化行政部门的管理一样。徽宗皇帝赵佶在位时，张廷叟、孟子书便负责管理开封城内的各个瓦子[1]。

---

① （宋代）孟元老《东京梦华录·京瓦伎艺》。

教坊相当于皇家艺术团，起初隶属于宣徽院，元丰改制后转隶行政机构太常寺，南宋初期两度被裁撤，后来便未曾再恢复。

作为专业性剧场，瓦子实行买票入场制度，演出开始前，工作人员会在门口收费。演出开始后，也会有工作人员维持演出秩序，还会应对突发状况，比如有一次发生了倒塌事故，正是在工作人员的紧急疏散之下，那些尚未受伤的观众才得以迅速疏散，否则伤亡会更加惨重[1]。

除了瓦子外，开封城中还会设有流动勾栏。每逢重要节日来临，在街道两旁或皇家园林内都会设置临时舞台，节日过后便会被拆除。这类演出的精彩程度丝毫不逊色于瓦子，很多久负盛名的宫廷艺人会登台献艺，不过却因太过拥挤而在一定程度上影响了观看效果。

虽然重要节日屈指算来也就那么几天，但是平日里开封城中也散布着许多流动勾栏，表演形式简单、表演时间较短，所需演员也不多，通常会选在人流聚集处，如巷坊口、城门口。对于绝大多数普通艺人而言，到瓦子里演出的机会其实并不多，平日里只能到流动勾栏去表演。

▲ 清院本《清明上河图》中在街头卖艺的艺人

---

① （元代）陶宗仪《南村辍耕录》。

那些在城中难以立足的艺人只得转战城郊，甚至是农村，由于不是什么名角，表演质量也不高，即便票价较为低廉，上座率通常也不是太好，因此需要时常更换演出地点。这些流浪艺人被称为"路歧人"，他们在流动勾栏里进行演出也被称为"打野呵"。

宋代的特色乐器

《歌乐图卷》全景展现了宋代的一支超豪华皇家乐团，共计描绘了十二位艺人，其中有九位女艺人，一位男艺人，还有两位稚气未脱的小艺人。

▲（宋代）佚名《歌乐图卷》

① 曲颈琵琶　② 排箫　③ 方响　④ 小鼓　⑤ 唐鼓
⑥ 横笛　⑦ 拍板　⑧ 环形打击乐器

最左侧是个中年男艺人，怀中抱着曲颈琵琶，琴身为梨形，共有四根弦。注意他是横抱琵琶，而并非像现在那样竖抱琵琶。其实在唐代中期之前，琵琶全都是横抱，通常并不会用手直接弹奏，而是用拨子来拨动琵琶弦。从唐代后期开始，随着琵琶制造工艺的改进，艺人的演奏方式也开始有所改变，由横抱变为竖抱，直接用手来拨动琵琶上的弦。直到明代，横抱才彻底取代竖抱并且流传至今。

宋代，横抱琵琶的演奏方式仍旧很流行。这位男艺人怀中所抱琵琶上缠着一根青色绑带，下部还罩着蓝色套子，套子外侧有一个小口，里面插着一只黄色的拨子，不过却并未绘有具有扩音效果的月牙孔。

男艺人旁边的那位女艺人什么乐器也没拿，应该是一位以演唱见长的歌手。她身穿大红底带黄色花纹的长褙子，显得喜气洋洋；发髻也有些奇特，梳的是高髻，发髻上插着三个白色的三角形发饰，好似头上顶着三个粽子，其他女艺人也都是这副装扮。

左侧那位女艺人手中拿着排箫。排箫是世界上最早的编管乐器，将多支音管粘连捆绑在一起，音域很广，既能演奏舒缓悠扬的乐曲，也能演奏轻快活泼的乐曲，吹奏方式与如今吹口琴差不多，吹奏出来的乐曲空灵而又飘逸。

她旁边的那位女艺人双手各拿着一根小槌，身前摆放着一张蒙着布的桌子，上面摆放着看似是编钟的乐器，名叫"方响"。这架方响造型别致，做工精美，两端是凤头含珠的造型。方响的历史可以追溯到南朝梁，由16枚大小相仿却厚薄不一的长方形铁片组成。这些铁片分成两排悬挂在架上，用小槌敲击时会奏出美妙的乐曲。无论是宫廷教坊，还是勾栏瓦舍，观众们都能

见到方响的身影，不过宋代之后却渐渐消失了。

另外一个女艺人手中拿着一根鼓槌，面前的桌子上摆放着一个小鼓，她应该就是这支乐队的鼓手。

中间那位女艺人的手中拿着一支横笛，只有气息得当，指法精湛，吐舌自如，才能吹出动人的乐曲。

旁边两人手中所拿乐器类似于水井上的辘轳，两头大中间小，至于究竟是哪种乐器，目前学界还存在一定的争议，但肯定是一种打击乐器，似乎是宋代乐器唐鼓。

俯身的那名女艺人的手腕上挂着类似快板的东西，名叫"拍板"，通常用檀木等名贵木料制作而成，分为大拍板和小拍板两种：大拍板由9块木板组成，小拍板由6块木板组成，图中的拍板属于小拍板。皇家教坊艺人习惯于用小拍板，而民间艺人则习惯于用大拍板。

旁边两个年龄尚小的艺人头上所戴直脚幞头，平日里只有官员才能戴，上插满了鲜花，称为"簪戴"。

右边那位女艺人手中握着一个环形乐器，还有一根小棒，应该也应是一种打击乐器，不过具体名称如今已经难以考证了。

语言类节目接地气

瓦子之所以会有如此之大的魅力，根本原因在于节目形式丰富新颖，麾下艺人专业精湛，使人百看不厌，百听不腻，欲罢不能。当时在瓦子里上演的节目有上百种之多，主要分为语言类节目、歌舞类节目、戏曲曲艺类节目、杂技马戏类节目和竞技类节目五大类。语言类节目主要包括说书、说诨话等。

▲ 清院本《清明上河图》中的勾栏瓦子

说书类似于如今的评书，通常是一个人在台上进行表演，有时也会加入一些演唱或者是乐器伴奏。宋代说书艺术按照内容不同主要分为四种。

第一种是讲史，讲述王朝兴废更替的历史，宋人最爱听的是三国史和五代史。

第二种是说经，讲述佛教题材的故事，宋人最爱听的是《大唐三藏取经诗话》（也就是后来的《西游记》）。

第三种是说参请，讲述参禅悟道的感悟和体会，与第二类有点相似，不过更倾向于讲述深层次的领悟，相对比较小众。

第四种是小说，又被称为"银字儿"[①]，悬疑惊悚、公案推理、爱情故事、商业传奇等题材在当时都比较受欢迎。

虽然说书并非首创于宋代，不过却在宋代得到了更为广泛的传播，这

主要得益于仁宗皇帝赵祯的推广。他在位时正值太平盛世，为了解闷便时常命身边人讲些新奇故事给他听。就因为他的这个爱好，说书这个行当才逐渐兴盛起来。

诨话，又被称为十七字诗或长短句，类似于如今的三句半或者脱口秀，表演时间通常都不会太长，最重要的特点就是诙谐幽默，通过讽刺挖苦令人捧腹不已，代表艺人是张山人，他因演出风格新颖脱俗而一时间誉满京城[1]。

歌舞类节目有特色

歌舞类节目主要包括弹唱、吟叫、舞蹈等。弹唱是以唱为主，弹唱结合，既有个人独唱，又有两人对唱，还有多人合唱；既有自弹自唱，又有旁人伴奏，按照表演风格的不同又可细分为小唱、嘌唱、唱赚三种。

小唱是将词曲配上音乐进行演唱，在弹唱之中属于最为高雅的艺术形式，最知名的艺人便是李师师[2]。徽宗皇帝赵佶"人如其名"，喜欢召妓，最宠信的妓女便是李师师。此外的知名艺人还有徐婆惜，不知与《水浒传》中被宋江所杀的阎婆惜有何关系；还有一位叫孙三四，不知道不三不四这个成语跟她究竟有没有关系。

嘌唱将高雅的宫廷曲调与大众的街市叫卖巧妙地融合在一起，通常还会用鼓、盏等乐器进行伴奏，比小唱更为接地气，不过有些嘌唱艺人为了迎合观众需求也会唱一些荤段子。当时开封城中比较知名的嘌唱艺人有张七七、王京奴、左小四、安娘、毛团等人，都因曾为皇帝演出过而名冠京师[3]。

唱赚虽然在北宋时已经开始崭露头角，不过却属于说唱之中较为边缘化的一种艺术形式，并未涌现出什么知名的代表艺人，到了南宋时才开始大放异彩。唱赚通常需要不同的演员进行紧密配合：演唱者击板，另有一

---

① （宋代）孟元老《东京梦华录·京瓦伎艺》。
② （宋代）孟元老《东京梦华录·京瓦伎艺》。
③ （宋代）孟元老《东京梦华录·京瓦伎艺》。

人击鼓，还有一人吹笛伴奏，俨然就是一支小型乐队。

吟叫单从字面上看不免会让人产生诸多遐想，但实际上就是叫卖，又被称为"叫果子"。那些走街串巷卖果子的商贩们为了能吸引来更多的主顾便卖力地高声叫卖，但声音大了涉嫌扰民，声音小了街坊四邻又听不见，于是一些头脑灵活的小贩便对唱词进行艺术加工，将一味地大喊大叫改为有节奏、有韵律地叫卖，这种新奇的叫卖自然引得更多的人出门来观看，人多了钱自然也就赚得多了，同行见了自然纷纷效仿。吟叫最初在卖紫苏丸和卖果子的圈子里悄然流行开来，其他行业的小商小贩们也紧随其后，创作出许多新的曲调和唱词，使得越来越多的老百姓喜欢上了叫卖，甚至还愿意掏钱买票来听。原本用来招徕生意的叫卖也渐渐演变成吟叫这种风格独特、令人回味的演唱形式。

舞蹈从古至今形式都相差无几，有单人舞，有双人舞，还有多人舞，只是舞的内容与今天有些差异。当时比较流行的舞蹈有扑旗子、舞蛮牌、抱罗、舞判、七圣刀等，不过由于受演出舞台相对较小的限制，瓦子里通常并不会表演大型集体舞蹈，这类舞蹈只有在宫廷举行大型庆祝活动时才能看到。

戏曲曲艺类节目看点多

戏曲曲艺类节目主要包括诸宫调、杂剧、杂扮、皮影戏、傀儡戏等。诸宫调是在原宫调的基础上由北宋艺人孔三传经过艺术再加工而形成的新型艺术形式，在开封城内广为流传[1]，表演时有说有唱，以唱为主，由多个角色演绎完整的故事，并用鼓、笛、拍板等乐器进行伴奏。

杂剧的前身是唐代的参军戏，到了宋代发展成为与今天的京剧等戏曲形式比较接近的表演形式。七夕之后，《目连经救母》便开始上演，将会连演十五天，但观众的兴趣却丝毫不会减少，观众人数反而越聚越多[2]，足

---

[1]　（南宋）王灼《碧鸡漫志》。

[2]　（宋代）孟元老《东京梦华录·中元节》。

见杂剧在当时的巨大魅力。由此一大批杂剧明星随之涌现，丁都赛、杨揔惜、薛子小、凹歛儿被称为北宋杂剧"四大名角儿"。

▲ 宋杂剧人物雕砖（左起杨揔惜、丁都赛、薛子小、凹歛儿）

《杂剧人物图》中描绘的是宋代两出最为知名的杂剧。先来看《眼药酸》，左侧那人戴高帽，身穿长袍，肋下挂一布囊，儒巾、长袍和高帽上都画满了眼睛，扮的是一个正在推销药品的郎中，在杂剧之中属于副末。右侧那人上身穿圆领长衫，将下摆系在腰间，下身穿长裤。他用手指着自己的右眼，扮的是眼疾患者，在杂剧之中属于副净。两人相遇之后，郎中指着那人说他的眼睛有病，但那个彪悍的患者却勃然大怒，举起手中木棒将那个不识时务的郎中狠狠地打了一顿。两人戏谑的表演使得台下的观众们一个劲儿地拍手叫好。

再来看看另一出杂剧《打花鼓》。左侧那个女艺人头戴浑裹（艺人表演时专用的一种头巾），手腕上戴着钏镯，上身穿对襟旋袄，外面罩了一

274

▲ （宋代）佚名《杂剧人物图》

件大袖长衣，不过却只穿了左袖，右边的袖子系在了腰间；下身穿着网状袜裤，足穿弯头鞋。

有的学者认为右侧那个女艺人头上戴的是花冠，但制作冠所用材质往往都比较硬，因此看上去会比较挺拔，可画中这个艺人头上戴的冠看着却有些软，应该是用布帛包髻后再插上娇艳的花。她的手腕上也戴着钏镯，上身穿褙子，腰间系着腰袱（主要用来装钱的包袱）；下身穿大口长裤，脚上穿尖头弓鞋。

左侧那个女艺人身后放有笠帽、木杆和绳索等物品，右侧女艺人的腰间插着一把写有"末色"二字的扇子，身后还有一面大鼓，上面放着鼓槌和拍板，可见宋代杂剧演出时已经广泛使用道具了。

杂扮是杂剧正剧开演前的垫场节目，主要是幽默滑稽的小段，让观众在开怀大笑中等待正剧上演。杂扮的表演者类似于如今的丑角，当时的杂

▲ （宋代）佚名《杂剧人物图》

扮名家有胡牛儿、达眼五、骆驼儿等人①，若是果真人如其名，估计一上台，观众们便会产生笑的冲动！

皮影戏起源于汉武帝时期。用纸或者羊皮做成各种人物形象，通过光和幕布遮影成像，表演者躲在幕后进行操控，栩栩如生的皮影便会演绎出气势恢宏的历史故事、跌宕起伏的人物传奇。皮影戏最受小孩子们的喜爱，开封城中许多巷坊门口都会设有皮影戏棚子，引来众多孩童前来观看。

傀儡戏，其实就是木偶戏，起源于汉代前后。表演者先用木头或其他材质制成人物、动物或者器具，再通过丝线来进行控制。根据木偶的特征，宋代傀儡可细分为五种类型。

第一种是悬丝傀儡，用吊线来进行操控，木偶的头、身、腰、腿、

---

① （宋代）孟元老《东京梦华录·京瓦伎艺》。

手、脚、眼、嘴等各处关节都有吊线连接，普通木偶通常会有十几根吊线，重要角色多达三十余根吊线。为了便于操作，吊线通常会集中串在一个操纵板上。

在《骷髅幻戏图》中，一个大骷髅正操控着一个小骷髅模样的木偶。木偶艺人表演时也是如此，一手拿着操纵板提着木偶，另一只手通过拉动吊线让木偶摆出各种姿势、做出各种动作。不过这种木偶的体型通常并不会太大，基本都会在50～60厘米。

第二种是杖头傀儡，通常会用三根木杖来进行操控，一根较粗的木杖控制木偶的头部，还有两根直径小一些的木杖分别操控木偶的

▲　（南宋）李嵩《骷髅幻戏图》中的悬丝傀儡

左、右臂并支撑木偶身上所穿的衣服。与悬丝傀儡不同，杖头傀儡并非是提着表演而是举着表演，因此也被称为"举偶"。

在《傀童傀儡图》中，一个小孩正手执木杖表演木偶戏，另一个小孩在旁边敲鼓助兴，还有一人正饶有兴致地观看。杖头傀儡可大可小，《傀童傀儡图》中的木偶体型比较小，但也有体型比较大的，最高的甚至会达到一米三左右，俨然就是真人大小。

第三种木偶是肉傀儡，直接用手来操控。史料中对这种木偶记载比较少，不过明代仇英的《清明上河图》和疑似张择端所做的《清明易简图卷》均对肉傀儡有所描绘。表演时通常会设置半圆或者圆形幕布，艺人藏在幕布后面并将手伸进木偶身体里面，再从幕布顶端伸出，用手操控木偶来完成各种动作。这种木偶的体型往往都比较小，能做的动作也比较有限，往往通过精彩的故事情节或者精湛的说唱技艺来吸引人。

▲ （北宋）苏汉臣《侲童傀儡图》（局部）

▲ （明代）仇英《清明上河图》中的肉傀儡

▲ 张择端（存疑）《清明易简图卷》中的肉傀儡

第四种木偶是药发傀儡，通过火药的力量来触发木偶。《新刻绣像批评金瓶梅》第四十二回开头的插图所描绘的正是药发傀儡表演时的场景。针对这种木偶的准备工作最为缜密而又烦琐，短短几分钟的表演却往往要准备半个多月甚至更长时间。无论是材料选择，还是木偶制作；无论是火药配比，还是机关设置，都不能有丝毫马虎，稍有差池便可能会铩羽而归。如今这种木偶虽然并未彻底绝迹，却已然很少见到了！

第五种木偶是水傀儡，也就是在水上表演的木偶戏，通常用轻木雕成二尺多高的木偶形象，相当于现在的六十多厘米，

▲ 明末崇祯年间刊发《新刻绣像批评金瓶梅》

再用五色油漆上色，看上去栩栩如生。不过它既没有腿，也没有脚，下面是平底的还装有榫卯，放置在三尺长的竹板之上。艺人坐在专用的水傀儡船上，操控水傀儡做出各种动作，与水池之中的鱼、虾、蟹、螺、蛙合力

279

奉献出一场精彩演出①。不过水傀儡的技艺如今已失传了，好在《龙舟夺标图》对水傀儡表演时的场景有所描绘。

① 水傀儡船

② 水傀儡

▲ （元代）佚名《龙舟夺标图》（局部）

杂技马戏类节目很炫目

杂技马戏类节目主要包括杂手艺、口技、驯兽等。杂手艺类似于今天的杂技或者小绝活，踢瓶、弄碗、踢磬、弄花鼓槌、踢墨笔、弄球子等节目就是用手或者用脚将碗、瓶、磬等器物耍出高难度、高水平，其中不少至今仍是杂技团的传统保留项目。表演者需要有童子功、过人的天赋再加上日复一日的刻苦训练，才能奉献出令人惊艳的表演，不过诸如壁上睡、烧烟火、剧术射穿、变线儿、写沙书②等项目，有的的确是绝技，有的却是魔术！

---

① （明代）刘若愚《酌中志》。
② （南宋）耐得翁《都城纪胜》。

▲ 清院本《清明上河图》中表演高空走索的杂技艺人

口技就是惟妙惟肖地模仿出各种响动。有的艺人表演时直接面对各种观众，有的艺人却躲在幕布后面，观众们听到各种声音从幕布之中传出来，有一种身临其境的感觉，等到幕布放下之后，却惊奇地发现只有一人一扇。若是多名口技艺人同时表演，效果将更为震撼。

每逢十月徽宗皇帝过生日时，宰相、执政、亲王等一大帮子人前往皇宫为皇帝贺寿。礼乐尚未奏响，集英殿山楼上教坊的宫廷乐人们便开始施展自己的口技功夫，刹那间"百鸟齐鸣"，颇有几分百鸟朝凤的感觉，在场之人全都被震撼到了[①]。

驯兽就是如今的马戏节目，驯化各种动物来进行表演，比如开封城中的知名艺人刘百禽就善于驯化各种虫蚁[②]。这种形式如今已经很少见了，原因在于虫蚁太小，表演时容纳的观众比较少。大相国寺前有狗熊翻筋斗，狗熊体形很大，便于很多人同时观看，加之比较容易驯化，至今仍是马戏团中的主力。望春门外还有驴子跳舞[③]，只是不知舞姿如何！

第六章 热闹好去处

---

① （宋代）孟元老《东京梦华录·宰执亲王宗室百官入内上寿》。

② （宋代）孟元老《东京梦华录·京瓦伎艺》。

③ （北宋）欧阳修《归田录》。

竞技类节目很刺激

竞技类节目主要包括相扑、商谜等。提到相扑，很多人可能会误以为是日本的原创运动，其实它却起源于我国，最早叫"角抵"，也被称为"蚩尤戏"，本是为了纪念曾与黄帝逐鹿中原的蚩尤而举行的一种竞技活动。从晋代开始，角抵又有了另外一个名称"相扑"。

相扑最初是士卒们在业余时间纯粹为了消遣而进行的一种竞技活动，后来渐渐成为一项军事技能，再后来从军营传到了社会上。由于相扑具有很强的观赏性、竞争性和娱乐性，能够满足市民寻求刺激的心理，很快便成为勾栏瓦子中常见的演出活动。

相扑传入日本后经过了改良，竞技规则是将对手推出圈外便算赢。由于相扑场地通常都会比较局促，并没有太多施展技巧的空间，力量就成为获胜的关键，因此在如今的日本相扑比赛中参赛选手一个比一个胖。摔跤的规则是双手以外的任何部位着地就算输，比较重视战术运用和技巧施展，讲究虚虚实实，真真假假，自然更有看头。后来在明清时期摔跤彻底取代了相扑，相扑这个词也几乎不再使用了，不过相扑与摔跤却是同宗。

▲ 清院本《清明上河图》中街头表演摔跤的艺人

宋代最能聚拢人气的表演便是女相扑比赛，选手们往往都会穿着比较简单的衣服，给人一种很清凉的感觉。

某一年的元宵节期间，仁宗皇帝赵祯驾临宣德门城楼，各式艺人闻讯后纷纷登台献艺，其中便有女相扑手奉献的表演赛。仁宗皇帝看得很是尽兴，但素来正直的司马光见到此情此景后却大为光火，几日后便写了一篇《论上元令妇人相扑状》，对皇帝的行为直接进行了抨击。在如此庄重严肃的场合，后妃侍奉左右，百官侍立两旁，皇帝却饶有兴趣地观看衣着暴露、身材惹火的女相扑手们进行肉搏，让人情何以堪！

商谜是互动性、参与性很强的有奖竞猜节目，表演者出谜题，由观众们来竞猜，答对者可以获得相应的奖品，类似今天的有奖竞猜活动。毛详、霍伯丑是开封城中著名的商谜表演艺人[1]，谜题设计得十分巧妙，有的令人恍然大悟，有的令人捧腹不已，竞猜期间还会穿插一些即兴表演，常常是让人流连忘返！

艺人的包装与策划

宋代，在瓦子里演出的艺人既有专业瓦子艺人，也有教坊艺人，有时还会临时雇用路岐人。

专业瓦子艺人属于职业艺人，以在瓦子里演出为生。《东京梦华录》记录了李师师等七十三位瓦子艺人，他们都是各自表演领域里的佼佼者，技艺精湛，声名鹊起。除了在瓦子里演出外，他们还时常被官员富商们请到府上去演出，过着相对富庶的生活。

教坊始建于唐代，专门管理宫廷俗乐的教习和演出事宜。宋代之前，教坊艺人与民间艺人并没有太多交集，彼此之间的交流也比较少，但到了宋代，教坊的职能却逐渐弱化，宫廷艺人与民间艺人的界限也不似之前那么泾渭分明了。

南宋时期，由于朝廷财政捉襟见肘，教坊曾两度被裁撤，第二次被裁

第六章 热闹好去处

---

① （宋代）孟元老《东京梦华录·京瓦伎艺》。

撤后便始终未曾恢复。那些手捧铁饭碗的宫廷艺人们就此失了业，被迫转战瓦子里去演出。在重大场合或重要节日时，相关的庆祝演出依旧要照常举行，官府往往会临时雇用有些名望的民间艺人来进行演出，其中也不乏自谋生路的昔日教坊艺人，通常他们会提前二十天进行彩排和训练①。虽然临时雇用演员也是一笔开销，但相较于设置教坊，按月给那些教坊艺人发工资，仍旧节省了不少开支。

路岐人属于社会最底层的勾栏艺人，平时很少能有机会到瓦子里去演出，主要在流动勾栏里演出，实际上就是转战于开封城内外的流浪艺人。他们顶风冒雪前去演出，还时常会受到观众的羞辱和奚落，但为了辛苦讨生活，却只得强忍住辛酸泪，硬生生咽进自己的肚子里。

瓦子还会邀请路岐人来演出，有时是因节日期间演出场次增多，需要增加演员；有时是想让老观众观看一些新节目，顺便从路岐人中挖掘一批有实力、有潜力的艺人，补充到专业瓦子艺人队伍之中。

艺人要想红需要懂得包装自己，因此他们在给自己起艺名时往往煞费苦心。一些艺人会受封武功大夫、忠顺郎、武德郎、承节郎等寄禄官②，相当于今天的职级，虽说只是荣誉性质的虚职，却依然可以拿出来大肆炫耀一番；还有一些艺人曾参加过科举考试并获得过功名，却由于某些原因而未能或者不愿从政，后来改行当起了艺人，这些功名便可以用来提高自己的知名度，如许贡士、张解元、陈进士、陆进士等；还有一些艺人既无官职，也无功名，不过却曾给皇上表演过，于是便拿出这段经历来炫耀，在自己的艺名中特地加上了"御前"二字，如任辩御前、施珪御前、叶茂御前、方瑞御前等③。

除了包装，艺人还需要懂得宣传自己。开封城中有十座瓦子，同一座瓦子同一时间又有许多勾栏在演出，艺人之间的竞争可谓是异常惨烈。为了能够最大限度地吸引观众，每座勾栏都会在宣传上下足功夫，门口张贴着彩色招子，类似于如今的海报，上面写着当日的表演内容、表演时间和

---

① （元代）脱脱等《宋史·乐十七》。

② （宋末元初）周密《武林旧事·乾淳教坊乐部》。

③ （宋末元初）周密《武林旧事·诸色伎艺人》。

表演者的名字，有时还会写明可以表演的节目种类和剧目，以供观众们进行挑选。海报不仅具有节目单的功能，往往还会对节目和表演者大肆吹嘘一番。有的勾栏还会挂出帐额、靠背等表演时用的名贵道具，借此来显示表演者的身价，以便能争抢到更多的观众。

　　此外，艺人还需要懂得展现自己，而上台后最初的几分钟至关重要：有的对自己的表演才华和既往经历吹嘘一番，有的故弄玄虚地透露部分演出内容，既起到了宣传效果，又吊足了观众胃口。可以说，为了能有一个完美开场，艺人们可谓是挖空心思，绞尽脑汁。

※ 第五节　名园：风光无限好

金明池争标

金明池最初的开凿目的是训练水师。当时正值北宋立国之初，南方尚未平定。随着南北重归统一、政局日渐稳定，曾经的军事重地金明池渐渐转变为皇家园林，从太宗皇帝赵光义开始，北宋的皇帝们都喜欢乘坐龙舟航行在波光粼粼的金明池之上。

金明池紧邻另一座皇家园林琼林苑，这里呈规则的长方形，四周有宽约数米的河岸，柳树成荫，最外边是高耸的御苑围墙。

在《金明池争标图》中，宝津楼、彩楼、骆驼虹桥、水心五殿、奥屋一字排开，彩楼南侧还有临水殿。皇帝常常会在宝津楼赐宴群臣，共赏争标，与民同乐。楼下是顺天门外大街，百姓可以在这里驻足观望，不过平时这里有禁军士兵把守，外人不得擅自入内，只有在特殊时段才会对百姓开放。

从神宗皇帝赵顼开始，金明池每年春季都会对外开放，届时不仅会有百戏表演，还会有争标活动。皇帝会率后宫嫔妃、诸王大臣与百姓们一同观赏。徽宗皇帝赵佶在位时对金明池大加修缮，将开放日期正式确定为每年阴历三月一日至四月八日。金明池东岸设有彩棚，租赁给那些爱看热闹的有钱人[①]。

徽宗皇帝赵佶一般会在阴历三月二十日驾幸金明池临水殿，先宴请群臣，然后再与官民一同观赏水上百戏和争标活动。

水上百戏的表演内容与瓦子里的节目大同小异，最大的特点就是站在船上进行表演。船只行驶在湖面上会不停地颠簸，自然增加了表演的难度，也增加了危险系数，不过看着也更为刺激，最具特色的节目便是水傀

---

① 　（宋代）孟元老《东京梦华录·三月一日开金明池琼林苑》。

▲ （北宋）张择端《金明池争标图》

① 金明池西门　② 西岸　③ 金明池进水口　④ 北岸　⑤ 水心五殿　⑥ 游船
⑦ 骆驼虹桥　⑧ 彩楼　⑨ 宝津楼　⑩ 奥屋　⑪ 顺天门外大街　⑫ 临水殿
⑬ 金明池　⑭ 大龙船　⑮ 彩棚幕次　⑯ 金明池东门　⑰ 酒食店舍　⑱ 琼林苑

偶和水秋千。

　　水傀儡就是在水上表演的木偶戏，艺人站在专用的水傀儡船上，不仅要操控木偶，还要在表演时边说边唱①，这种技艺如今已经失传了。

────────────

① （宋代）孟元老《东京梦华录·驾幸临水殿观争标锡宴》。

水秋千是艺人坐在画船的秋千上荡来荡去，借助荡秋千时向上的力，猛地腾空而起，在空中翻几个筋斗后跃入水中[1]，是集荡秋千与跳水于一身的表演项目，因极度惊险刺激而闻名遐迩。

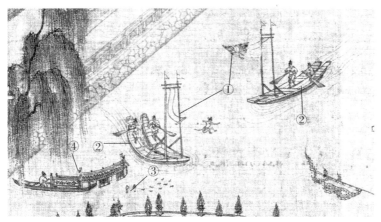

① 水秋千
② 画船
③ 水傀儡
④ 水傀儡船

▲（元代）佚名《龙舟夺标图》（局部）

水上争标起源于唐代，活动开始前在终点水域插上一根长竿，为了引人注目，竿上往往会缠上五颜六色、鲜艳夺目的锦布，被称为"锦标"。竞渡船只以首先夺取锦标者为胜方，这一竞赛活动被称为"夺标"。

《金明池争标图》描绘的正是在金明池中进行的激烈的争标活动，湖心有一艘气势恢宏的大龙船，正对着岸边的临水殿。这艘大龙船长三四十丈，宽三四丈，中间高约五层，两侧高两三层，均为歇山顶木结构建筑。船头船尾饰以金箔，在阳光下熠熠生辉。大龙船的船头立着一名负责指挥的军校，目视着前方。

大龙船两侧各齐整地排列着五艘小龙舟，舟头上均立着一名军校，双手挥动令旗，两侧各坐有五名桨手。

大龙船急速向前行驶，在水上腾起一阵烟雾，驶抵临水殿旁便停了下来。临水殿前的水棚上站着手持红旗的军校，他挥了挥手中的旗子，示意

---

① （宋代）孟元老《东京梦华录·驾幸临水殿观争标锡宴》。

夺标活动开始。小龙舟听到号令便鸣锣敲鼓，随即出阵，划桨转向，组成一个圆阵，称为"旋罗"；那个军校手中的旗语一变，十艘小龙舟一分为二，各自组成圆阵，称为"海眼"；紧接着旗语又一变，两队小龙舟相交而过，称为"交头"。

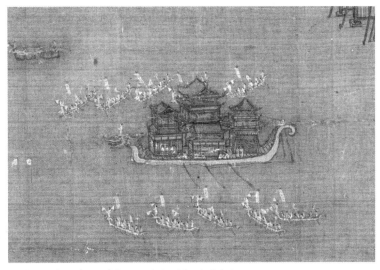

▲（北宋）张择端《金明池争标图》（局部）

▲（元代）佚名《龙舟夺标图》（局部）

289

上面还只是表演赛，真正的竞赛才刚刚开始！十艘小龙舟排列在水心五殿的东面，面对着临水殿排成一列。此时一叶小舟缓缓驶来，船上一个军校手中拿着一根竹竿，上面挂着织锦和银碗。小龙舟上的健儿们见此情形无不士气高涨，每艘船都如同离弦的箭一般飞快地向前驶去，所展现出的磅礴气势引得围观的群众发出阵阵震天动地的欢呼声。

率先抵达终点的健儿抢得标杆后会向着皇帝所在的方向下拜，金明池上空顿时便响起震耳欲聋的"山呼万岁"之声①！

昙花一现的艮岳

艮岳于北宋政和七年（公元1117年）正式开工兴建，直到宣和四年（公元1122年）才彻底竣工。徽宗皇帝赵佶花费了将近六年时间倾天下之力来修造艮岳，难道仅仅是为了抒发心中的诗情画意吗？

有人认为徽宗皇帝赵佶大兴土木是想要根治北宋王朝的一大顽疾，也就是皇帝子嗣稀少的问题②，因为这不仅仅是个人生育问题，而且是事关朝廷稳定和社稷安宁的大事。

北宋开国皇帝赵匡胤奋斗一生，最终却为他人做了嫁衣，因为继承皇位的并非是他的儿子，而是他的弟弟赵光义。关于赵光义得位不正的质疑声一直都未曾停歇过，流传最广的是"烛影斧声"的传闻：赵匡胤离奇去世的那晚，赵光义曾去见过哥哥，但赵匡胤的寝殿之中却传出阵阵斧声。

赵匡胤共有四个儿子，两个早夭，幸存下来的两个儿子赵德昭和赵德芳在叔叔赵光义即位之后全都离奇死去了，因此一些人认为赵光义一脉子嗣少是因果报应所致！

其实赵光义的儿子并不少，共有八个儿子，第三子赵恒最终继承大统，史称"宋真宗"。但赵恒登基后却饱受后继无人的困扰，虽然接连得到了五个儿子，却全都夭折了，直到四十三岁时才重获一子。这个儿子幸

---

① （宋代）孟元老《东京梦华录·驾幸临水殿观争标锡宴》。

② （宋代）张淏《艮岳记》。

运地长大成人，也就是后来的仁宗皇帝赵祯。

不过赵祯可就没有父亲那么幸运了，虽然活了五十五岁，在位四十二年之久，是宋代在位时间最长的皇帝，却只有三个儿子，还全都夭折了。眼见后继无人，他只得从皇族之中挑选继承人，赵祯的侄子，也就是后来的英宗皇帝赵曙最终得以继承大统。

英宗皇帝赵曙有四个儿子，其中三个都顺利长大成人，他最终将皇位传给了长子，也就是神宗皇帝赵顼。赵顼的生育能力很强，一连得到了十四个儿子，最终继承皇位的是第六子赵煦，也就是哲宗皇帝。可正值壮年的赵煦却在二十五岁时突然暴亡了，虽留有一子赵茂，却只活了三个月便夭折了。赵煦的十一弟端王赵佶幸运地成为新皇帝，史称"宋徽宗"，这也成为北宋王朝的大不幸！

宋人张淏在《艮岳记》中写到，即位之初的赵佶也面临着少子的尴尬境地，于是有个方士向他进言，说从风水学上讲，开封位于黄河南岸的大平原上，东北方向阴气极盛，只有将开封城的东北方向进行改造才有利于皇室繁衍子嗣。赵佶听信了那个方士之言，于是便在宫城西北角修造了艮岳。"艮"其实是个卦名，代表着东北方向，园中矗立着如同山岳般高耸的假山，于是取名为"艮岳"。

其实这个说法很值得怀疑。北宋元符三年（公元1100年）正月，年仅十九岁的赵佶继位，当年五月，他的大儿子赵桓（也就是后来的钦宗皇帝）便降生了，一直都活得健健康康的。况且此时的赵佶不仅年纪尚轻，而且又喜欢寻花问柳，假以时日再多些儿子也不在话下，根本就没有必要为了继承人的问题而苦恼。

北宋政和七年（公元1117年)，艮岳开工之时，赵佶已经接连有了二十五个儿子。即便是北宋灭亡后，他被金人掳掠到了北方，在极端恶劣的情况下，他仍旧排除万难，以顽强的毅力又得到了六个儿子，可谓是生命不息、生育不止！

如此看来，艮岳压根就不是徽宗皇帝赵佶为了繁衍子嗣并使得大宋国祚永昌而修建的风水建筑，纯粹是为了实现他心中的艺术理想而修造的精神家园。经过他的不懈努力，开封宫城的东北角惊现一座如梦如幻、如诗如画的皇家园林。

▲（北宋）徽宗赵佶《竹禽图全卷》

与以往的宫苑建筑不同，艮岳之中的建筑全都是游赏性建筑，既没有朝会议事之所，也没有居住之地，更是突破了秦汉以来"一池三山"的传统造园格局，采用自然山水的构园方式，在个别景点的设计上还吸收了私家园林的造园手法，将诗情画意巧妙地运用到造园实践之中，力求将华夏大地上的名山美景全都浓缩在这一座园林之中。

艮岳占地约750亩，东半部以山景为主，西半部以水色为主，以精湛的造园技巧着力将天下美景尽收于一园，既有天台山、雁荡山、凤凰山、庐山等名山的奇伟，也有三峡、二川（即四川）的恢宏，山水、殿宇、林舍、花木形成全方位、多层次的观赏景观，虽由人作，却宛若天成！

主峰万岁山为艮岳的中心，立于峰顶的介亭是整个园林的制高点。万岁山与艮岳东南部的寿山两峰并峙，深谷险峪点缀其间；地处中部的万松岭层峦叠嶂，泉水潺潺，瀑布飞泻，置身其间顿觉高下有致，动静得宜。

自幼便生长在大平原上的开封人来到艮岳便犹如置身于名山大壑、幽

292

谷巨岩之中，藏身于艮岳之中的珍禽奇兽也不再供狩猎之用，而是成为增加自然情趣的精灵。

艮岳的一大特色便是平地起高山，透过这幅《祥龙石图卷》，我们能够强烈感受到丹青高手徽宗皇帝对奇石的偏爱。因此，艮岳也成为奇石荟萃之地，造园时对奇石需求之大、要求之高可谓是前无古人，后无来者。

▲（北宋）徽宗赵佶《祥龙石图卷》

朱勔父子生长在苏州太湖边，因善于营造园林而被蔡京发现后得以步入仕途。为了博得徽宗皇帝的欢心，朱勔专门搜罗江南地区的奇珍异石进献给朝廷，但运输却是个大问题，因为高大多窍且透空的太湖石在长途运输过程中极易折断。

朱勔为此想出了一整套法子，先用胶泥将石头上密密麻麻的孔窍全都填上，用麻筋包裹好后在日光下暴晒使其渐渐变硬。为了运输巨型太湖石，朝廷还专门建造了大型船只，逆水而行的时候，光是纤夫便需要上千名。运抵京城开封后，他再命人将太湖石浸泡在水中，冲去石身上的泥土，使其重新变得熠熠生辉！

目前藏于苏州留园的奇石"冠云峰"，与上海豫园的"玉玲珑"和杭州花圃的"绉云峰"并称"江南园林三大奇石"，不过却很少有人知道，其实它就是当年运送"花石纲"的遗留物，足见艮岳之中奇石之多！

艮岳建成仅仅四年后，金军便长驱直入，将开封城团团围住，恰逢城中又下了一场罕见的大雪，成千上万名饥寒交迫的开封百姓疯狂涌入艮岳之中，有的将房屋拆了当柴烧，有的将石头凿开垫东西，有的将竹子砍了当篱笆用，更有甚者将园中几百头珍奇大鹿杀了吃肉，将十余万山禽水鸟投到汴河之中放生。在国破家亡之际，徽宗皇帝赵佶耗尽毕生心血修建的这座旷世奇园就此遭受了毁灭性打击。

次年，徽宗皇帝赵佶及其子钦宗皇帝赵桓被金人掳掠到了寒冷的东北地区，曾经繁华一时的北宋王朝轰然倒塌，艮岳就此彻底湮没在了历史的深处！

［1］荣新江.《清明上河图》中的胡人形象解析［N］.新疆日报（汉文版），2009-6-23（11）.

［2］郭丽冰.从《东京梦华录》看北宋东京的夜市［J］.广东农工商职业技术学院学报，2007，23（4）：4.

［3］李合群.《清明上河图》中的"粉壁"［J］.开封大学学报，2009，23（3）：1-2.

［4］李合群.《清明上河图》中"表木"新论［J］.河南大学学报：社会科学版，2008，48（3）：5.

［5］唐文林.《清明上河图》虹桥建筑的结构和艺术特点［J］.邵阳学院学报（社会科学版），2007，6（2）：97-98.

［6］虞云国.宋代的大相国寺［J］.寻根，2005（6）：98-101.

［7］郑蕾.北宋大相国寺百戏峥嵘［J］.上海戏剧，2008（5）：2.

［8］上海市戏曲学校中国服装史研究组.中国服饰五千年［M］.商务印书馆香港分馆，1984.

［9］梁淑芬.北宋东京勾栏瓦子研究［D］.郑州：河南大学，2009.

［10］张建.《清明上河图》中的虹桥市井——北宋东京研究［J］.河南社会科学，2009，17（3）：3.

［11］李春.《清明上河》的交通价值［J］.交通运输部管理干部学院学报，2005（2）：12-16.

［12］方宝璋.略论宋代商税［J］.税务研究，2013（10）：2.

第七章

便利生活面面观

※ 第一节　住店租房有讲究

住店要找对地儿

对于每一位来开封的外地人而言，当务之急便是先寻一处旅馆安顿下来，城中遍布着不同档次、各具特色的旅店，总有一款适合你！

开封交通便利，商业发达，文化昌明，又是全国政治中心，每日进城来的商人小贩、手工艺人、赶考举子、官府中人络绎不绝。官吏可以住政府招待所，但其他人除了投亲的之外，几乎都有住店的需求，正是这巨大的商机催生了生机勃勃的旅馆业，以至于连北宋初期的著名宰相赵普都广置宅邸，开店迎客，赚了个盆满钵满！

《清明上河图》描绘的开封城内共有两家旅馆，其中一家是"王员外家"旅馆，高大醒目的招牌相隔很远都能一眼看到。

如今很多耳熟能详的称谓在宋代可不是乱叫的，比如明清时期女子会称呼自己的丈夫为相公，但在唐代，相公几乎是宰相的专用称谓。到了宋代，相公的外延稍稍大了些，一些高级官员也可以称呼为相公，比如北宋名将种谔、种师道分别被称为老种经略相公、小种经略相公。在《水浒

传》中，郓城县县令被称为"县令相公"，施恩之父甚至被称为"管营相公"，明显与宋代历史并不相符。

▲ "王员外家"旅馆

写有"久住 王员外家"字样的招牌

"员外"也是如此，明清时期的有钱人都可以被称为"员外"，但在宋代，员外通常指的是员外郎。北宋前期延续了唐代官制，尚书省下设六部二十四司，每一个部均下辖四个司，司的长官为郎中（从五品上阶）。注意宋代的郎中可不是看病的医生，而是高官，副长官便是员外郎（从六品上阶）。

不同部门的员外郎虽然品级相同，却有高低之分：吏部、兵部各司员外郎为前行员外郎，户部、刑部各司员外郎为中行员外郎，礼部、工部各司员外郎为后行员外郎。不过在北宋前期，郎中、员外郎等官职只是用来标明品级、确定待遇，具体从事什么岗位还要看你是什么差遣。

元丰改制后，尚书省重新成为权力中枢，此时司的数量也增至二十八个：吏部增至七个司，户部增至五个司，其他四部仍旧是四个司。这主要是考虑到吏部主管官员的考核和升降，户部主管国家财政事务，工作比较忙，职责比较重。原本隶属宰相办事机构中书门下的铨曹四选被裁撤后，相关职能并入吏部，三司被裁撤后职能并入户部，多设些司也好安置那些被裁撤部门的官员。各司正、副长官郎中和员外郎成为实权职位，郎中的品级重新确定为从六品，员外郎的品级重新确定为正七品。

　　之前仅仅是标明品级和确定待遇的员外郎在元丰改制后却变成了寄禄官，后行员外郎改为朝奉郎，中行员外郎改为朝散郎，前行员外郎改为朝请郎，合称"三朝郎"，均为正七品，与员外郎品级相同，不过却并无实权。这家旅馆的主人王员外有可能是手握实权的员外郎，也有可能只是担任着三朝郎这样的寄禄官。若是普通百姓，抑或是寻常商人，恐怕万万不敢妄称"员外"！

　　"王员外家"旅馆房屋严整，装修考究，拥有好几处院落，可谓是闹中取静的好去处。二楼某间客房内，一个身穿长衫的书生正临窗苦读，桌上摆着悬挂毛笔的小木架"笔挂"，身后还有诗文屏风，一股文雅之气扑面而来。此人应是进京来参加科考的举子，家境殷实的举子在开考前好几个月便会提前动身来开封，既是为了能寻个僻静之处复习功课，进行最后的冲刺，也是为了进京寻找些门路，打探些消息，想方设法与主考官搭上些关系，好为自己谋个好前程！

①诗文屏风
②书桌
③笔挂
④交椅

▲ "王员外家"旅馆

　　"王员外家"旅馆住宿环境舒适，还能提供一日三餐，适合来开封的外地人长期居住，因此在招牌上特地写有"久住"两字。另外一家"曹二家"旅馆也写有"久住"字样，这家旅馆门前虽搭有彩楼欢门，却并不怎么高大，由此可以看出这家旅馆是一家中等档次的旅馆。

▲ "曹二家"旅馆

① 彩楼欢门　② "久住曹二家"字样的招牌
③ 投店的客人　④ 担着行李的仆人

租房要找对人

只有早日安顿下来，才能真正融入开封这座国际化大都市。虽然很多旅馆都会提供长住服务，但长期住在旅馆中却是一笔不小的支出，不如在城中租一处合适的房子。

开封的房屋租赁市场很发达，那些对外出租的房屋既有公房，也有私房，还有寺庙道观。

公房有直管房与自管房之分，朝廷专门设立房屋租赁管理机构店宅务，由其直接负责管理的房屋为直管房，这些房屋的租赁收入直接上缴国库；除此之外，国子监等教育机构、侍卫马军司等军事机构、提举汴河司等工程管理机构往往也会将不少闲置不用的房产自行向外出租，这种便是自管房，租赁收入常常由本单位自行支配。

店宅务所管理的房屋有的是朝廷出资购买的，有的是朝廷自行建造的，还有的是朝廷征收罚没的，所有人及其继承人死亡或失踪的"绝户"的房产也会被官府收回。北宋天禧元年（公元1017年），店宅务共计管理房屋23300间，每年收取租金140090贯，平均每间房的年租金为6贯左右[①]。

---

① （清代）徐松《宋会要辑稿·食货五五》。

虽然租金看上去还算比较便宜，不过宋代所指的"间"却并非是我们所理解的一间屋子，而是两根梁柱之间的空间。很多气势恢宏的大殿在我们看来其实就是一间屋子，却被六根梁柱分割成七个纵向区域，称为面阔七间，按照宋人的标准，这间屋子要认定为七间。即便是普通民居也时常会有梁柱，因此宋代租赁一间屋子在当时往往要支付2间至3间的价格，也就是12贯至18贯。若是租赁若干间，甚至是一套院子，便需要几十贯甚至数百贯了。

北宋大中祥符六年（公元1013年），华容县主的老公张先生租了一处宅子，每日的租金高达500文，一个月就是15贯，一年便高达180贯[①]。

注意这个"县主"可不是一县之主的意思，而是外命妇中的一等。命妇有内外之分，内命妇就是皇帝的老婆们，也就是各种名号的嫔妃们。

宋代内命妇等级表

等级	等级名	名号	视品级
第一等	皇后	皇后	超品
第二等	夫人	贵妃、淑妃、德妃、贤妃、宸妃（特置）	正一品
第三等	嫔	大仪（也称太仪）、贵仪、淑仪、淑容、顺仪、顺容、婉仪、婉容、昭仪、昭容、昭媛、修仪、修容、修媛、充仪、充容、充媛	正二品
第四等	婕妤	婕妤	正三品
第五等	美人	美人	正四品
第六等	才人	才人	正五品
第七等	贵人	贵人	无品级
第八等	御侍	宝林、御女、采女	无品级

第七章　便利生活面面观

---

① （南宋）李焘《续资治通鉴长编·大中祥符五年六月戊申》。

外命妇分为两类：一类是皇帝的亲戚，分为大长公主、长公主、公主、郡主和县主五等；另一类就是官员的母亲和妻子，分为国夫人、郡夫人、郡君、县君四等，不过喜欢标新立异的徽宗皇帝赵佶又将郡君细分为淑人、硕人、令人、恭人四级；还将县君细分为室人（后改为宜人）、安人、孺人三级。

官员母亲的封号中要加一个"太"字，比如某位官员妻子的封号为魏国夫人，那么他母亲的封号便是魏国太夫人，以示对老人家的尊重。

宋代外命妇等级表

等次	级别	名号	适用人员
第一等	—	大长公主	皇帝的姑姑
第二等	—	长公主	皇帝的姐妹
第三等	—	公主	皇帝的女儿
第四等	—	郡主	皇帝姑姑、妹妹、女儿的女儿； 亲王（正一品）的女儿
第五等	—	县主	亲王的女儿（正一品）； 郡王（从一品）或功臣的女儿
第六等	—	国夫人	宰相、使相、尚书令、三师、三公的妻子、母亲
第七等	—	郡夫人	执政以上官员的妻子、母亲
第八等	第一级	淑人	尚书（从二品）以上而未担任执政的官员的妻子、母亲
第八等	第二级	硕人	侍郎（从三品）以上官员的妻子、母亲
第八等	第三级	令人	太中大夫（从四品）以上官员的妻子、母亲
第八等	第四级	恭人	中散大夫（从五品）以上官员的妻子、母亲
第九等	第一级	室人 （后改宜人）	朝奉大夫（从六品）以上官员的妻子、母亲
第九等	第二级	安人	朝奉郎（正七品）以上官员的妻子、母亲
第九等	第三级	孺人	通直郎（正八品）以上官员的妻子、母亲

私房出租者中有很多是权势显赫的官员，比如北宋初年名将高怀德便成为名噪一时的"包租公"。正是因为权贵们拥有大量房产，"侵街"的不良风气才会愈演愈烈。

私人出租者中有不少是身价不菲的商人富户，这些人消息灵通，眼光独到，见有利可图必然会蜂拥而至；除此之外，也有一些平民会将自家房子租出去，这些人多是家道中落之人，将祖上留下来的房产租出去贴补家用。有人出租的是确实用不着的房子，也有人因生活拮据让全家人挤在一起，将刻意腾出来的房子用于对外出租。

租房人之中有不少是官员，虽然官府有时也会为官员提供宿舍，但住起来却多有不便，因此很多在京任职、来京候职的官员往往会选择租房住。一些大权在握的高官，甚至是曾位至宰执的人，如寇准、范仲淹等人都曾有在开封租房的经历，不过朝廷通常会给予那些高官们非常高的住房补贴，也就是"官舍僦钱"。

北宋皇祐二年（公元1050年），彰信节度使、侍中李用和病了，仁宗皇帝赵祯亲自前往探视，还特地命有关部门按照每日5000文的标准向其发放住房补贴①。宋代开封城中底层老百姓辛辛苦苦干一天的活，得到的工钱也仅有100文左右，李用和躺在病床上便可每天轻轻松松拿到相当于50个老百姓一天工资的住房补贴。有了这笔巨款在手，开封城内的豪宅，只要是他看上的便没有租不起的！

军人也是租房群体中的重要一员。虽然军人可以住在军营之中，但那些随军家属却不能一同住进军营。除了充做皇帝侍卫的班直外，绝大部分禁军部队要定期换防或者外出作战，今天驻扎在京城开封，明天就不知要调到何处去。普通士卒、低级军官的月俸为100~300文，根本买不起房，只能租房住！

读书人也是租房群体中很重要的一类人，他们中的绝大多数是为了进京考取功名，不过也有不少性情恬淡之人只是为了游历四方，增长见识。在这些读书人中，家境殷实的人通常会住在如"王员外家"这样高档的旅馆之中，三餐无忧，环境清幽；家境一般的人便只能租普通的宅子，在刻苦攻读之余，还要自己生火做饭，洗衣服，做家务；家境贫寒的人只得寄宿在寺庙之中，过着寄人篱下的生活。

---

① （南宋）李焘《续资治通鉴长编·皇祐二年七月丙申》。

第七章 便利生活面面观

宋代出现了专门的房屋招租广告"赁贴子"。店宅务的名下管理着大量官房和邸店，哪个房屋空置了便会在门上贴上招租广告，在当时可谓是商业营销的创新性举措。

宋人法律意识往往都比较强，租赁房屋时一般都会签订租赁合同，朝廷还曾于北宋大中祥符六年（公元1013年）出台了专门的文件①，规范房屋租赁合同样式。不过在签订合同时，双方为了争取各自的利益常常互不相让，于是便聘请精通此道而又能言善辩的牙人来进行撮合，开封等大城市渐渐出现了房地产职业经纪人"庄宅牙人"。

租赁合同中最具宋代特色的条款就是房东要留给租房者搬迁和安顿时间并以五天为限，也就是从第六天开始收取租金②。合同一经签订，出租者便不能随意增加租金，也不能无故提前收回房屋，还对所出租的房屋负有修缮的责任。即便是房东将该房屋变卖，也不得随意废止已经签订的租赁合同，"买卖不破租赁"的原则也一直适用到了今天！

租房者需要承担的义务就是定期缴纳房租，租期届满后将房屋归还房东。若是租房者拒不支付租金，房东有权上报官府请求强制执行并提前终止房屋租赁合同③。如若租赁的是公房，租房者不允许再转租给其他人④；如若租赁的是私房，经房东同意后才可对外转租。

由于"侵街"之风在宋代极为盛行，租房合同中往往会设置专门条款不允许租房者私搭乱盖，因为私搭乱盖属于违法行为。如果违章建筑遮蔽了皇家宫殿或是阻碍了交通，肇事者将会接受"杖一百"的惩罚，告发者将会得到五十贯的赏钱⑤。

房屋租赁合同不仅是保障双方权益的重要依据，也是证明自身清白的重要证据。北宋绍圣四年（公元1097年），苏辙被贬为化州（今广东化州）别驾，不过却被安置在雷州（今广东雷州）。由于他并非是雷州的官

---

① （清代）徐松《宋会要辑稿·食货五五》。

② （清代）徐松《宋会要辑稿·食货五五》。

③ （南宋）幔亭曾孙《名公书判清明集·赁屋·不肯还赁退屋》。

④ （清代）徐松《宋会要辑稿·食货五五》。

⑤ （南宋）李焘《续资治通鉴长编·元符二年十一月庚寅》。

员，因此当地官府并没有给他分配官舍，只得自行租赁私人房屋。他的政敌章惇却借机向哲宗皇帝赵煦打起了他的小报告，说苏辙胆大妄为，抢夺民居，在当地造成了极其恶劣的影响。面对诽谤诬陷，苏辙却拿出了最为有利的证据——房屋租赁合同（称为僦券），顿时便成功回击了对方的诬告陷害[1]！

————————————

[1] （元代）脱脱等《宋史·章惇传》。

※ 第二节　看病就医有门道

　　人吃五谷杂粮没有不生病的，抵抗力较差的老人孩子更是如此，若是病了到哪里去就医呢？这个不用愁，开封城中有着满足不同群体就诊需要的医院诊所，总有一所适合你！

宋代"赵太丞家"

▲ "赵太丞家"医馆的牌匾

　　这是开封城中的一家医馆，牌匾上写着"赵太丞家"四个大字。太丞是个官名，就是"太医局丞"的简称。

　　太医局隶属太常寺，一把手为太医局令（从七品），二把手为太医局正（正八品）。不过这两个官职却时常空置，通常由太医局丞来实际主持工作，而它的品级也是一降再降，起初是从七品，此后降为从八品，后又降为正九品。

　　在很多人的印象之中，太医是专门给皇帝看病的当世名医，肯定特别牛，其实太医局虽名为"太医"，但给皇帝看病的机会却并不多。它的主要职能有三个：第一个是培养医学人才，第二个是从学业有成的医学人才之中选拔医官，第三个是开展医疗服务活动，对象主要是在京的官学学生和禁军将士，有时也会前往灾区治病送药，开展医疗救助。

　　太医局下设大方脉科（成人内科）、风科（心脑血管科）、小方脉科（儿科）、眼科、疮肿兼折伤科（即普通外科兼骨科）、产科、口齿兼咽喉科、针灸科和金镞兼书禁科（外伤科兼镇邪驱鬼科）共计九科，分科培养专业性医学人才，但名额却并不固定，在三百人左右。

元代在九科的基础上进行分拆，扩充为十三科，新设了祝由科。"祝由"之名最早见于《黄帝内经》，在书禁科的基础上发展而来。书禁科侧重于将符咒书写在木板、纸张、布帛或器物上，以达到祛除病魔的目的；祝由科侧重于用咒禁之术为人治病，既包括心理暗示，也包括气功疗法，利用人们敬畏鬼神的心理来达到治病的目的。由于这两个科的治疗方式比较相似，元代朝廷后来将两者合并为祝由书禁科。在清院本《清明上河图》中，街道僻静处有一个小院，门旁写着"祝由科"三个字，说明这是一家主要利用咒符为人治病的专科诊所。

▲ 清院本《清明上河图》中的"祝由科"诊所

那些专门给皇帝嫔妃看病的太医们隶属于翰林医官局（元丰改制前称翰林医官院），属于技术官员序列。

在北宋前期，医官并未形成完整体系，常常要借用诸司使来代表自身品级，其中既有东班即文官诸司使，如榷易使、西绫锦使；也有西班即武官诸司使，如军器库使；还有本就是管理医政事务的翰林医官使，可谓是五花八门，乱七八糟。徽宗皇帝赵佶于北宋政和二年（公元1112年）着手改革了医官体系，确立了三等22阶医官阶。

按照政和新官制，翰林医官局所属医官共分为三等：地位最高的是和安大夫等六大夫以及翰林良医，编制为20人；第二等为和安郎等六郎和翰林医正，编制为30人；第三等为翰林医效至翰林祇候（并无品级），编制为300人，共计350人；此外，还有一些从事事务性工作的胥吏和正在实习的医学生。

这里是大宋

宋代医官官制

序号	北宋前期官制	政和新官制	品级
1	—	和安大夫	从六品
2	—	成和大夫	从六品
3	—	成安大夫	从六品
4	军器库使	成全大夫	正七品
5	西绫锦使	保和大夫（后改平和大夫）	正七品
6	榷易使	保安大夫	正七品
7	翰林医官使	翰林良医	正七品
8	—	和安郎	从七品
9	—	成和郎	从七品
10	—	成安郎	从七品
11	军器库副使	成全郎	从七品
12	西绫锦副使	保和郎（后改为平和郎）	从七品
13	榷易副使	保安郎	从七品
14	翰林医官副使	翰林医正	从七品
15	翰林医效	翰林医效	从七品
16	翰林医痊	翰林医痊	从七品
17	—	翰林医愈	从八品
18	—	翰林医证	从八品
19	—	翰林医诊	从八品
20	翰林医候	翰林医候	从八品
21	翰林医学	翰林医学	从九品
22	翰林祇候	翰林祇候	不入品

医官通常只能在体系内迁转，地位要低于其他官员，最高只能做到从六品官，只有立下大功或者获得皇帝特殊恩赐才会破例转为武官，否则便

只能一辈子担任医官。

翰林医官局同时还执掌国家医药政令，相当于国家卫生健康委兼中央保健委员会，因此翰林医官局的权力要比太医局大得多，太医局更偏向于教育和科研工作。

翰林医官局名义上的长官为翰林医官使，不过他的头上却还有两个"婆婆"。

宋代将管理宦官的机构一分为二，如此一来领导职数便会增加不少。内侍省被称为"前省"，接触皇帝的机会比较少，干的都是打扫卫生、防火防盗等杂活儿和粗活儿。入内内侍省被称为"后省"，后省的宦官们才有机会伺候在皇帝嫔妃身边，待遇自然也要比前省优厚许多，如果后省出现了岗位空缺，才会从前省调任。

虽然翰林医官局的日常工作由翰林医官使负责，但通常还会设提举翰林医官局和主管翰林医官局这两个差遣，由内侍省或入内内侍省的宦官担任，奉命监督那些医官们的言行，所以宋代医官绝对不会像《甄嬛传》中的御医温实初那样以进宫看病为名在皇宫内瞎溜达，更不可能与皇帝的嫔妃私通。除此之外，宦官还要设法防止那些医官借给嫔妃、皇亲治病之机打招呼，走后门。

一个干活的长官，两个监督的宦官，翰林医官局这个活儿可不好干！

开封城中的"三甲医院"

太医局丞虽说不如翰林医官使的权力那么大，但医术想必并不会差，因此这家"赵太丞家"医馆的医疗水平在整个开封城中也是响当当的。这位赵姓太医局丞在任时想必不会有那么多时间和精力来经营医馆，或许是已经辞职了，或许是已经退休了。

"赵太丞家"医馆门匾两侧贴有一副对联，右侧被招牌所遮蔽，左侧也只能清晰辨认出前四个字为"五劳七伤"。"五劳"是指心、肝、脾、肺、肾的劳损；"七伤"是指大饱伤脾、大怒伤肝、久坐湿地伤肾、形寒饮冷伤肺、忧愁思虑伤心、风雨寒暑伤形、恐惧不节伤志，"五劳七伤"被传统中医视为致病之源！

"赵太丞家"医馆门前立着三块高大的木质招牌，左侧靠里的招牌最为高大，不过却只能辨认出前四个字为"赵太丞家"；左侧靠外的招牌上写着"治酒所伤真方集香丸"；右侧招牌上写着"大理中丸医肠胃冷"。

①赵太丞家　②五劳七伤　③治酒所伤真方集香丸　④大理中丸医肠胃冷

"集香丸"被列入《御药院方》之中，一直是官营药品销售机构太平惠民局的热销药品。集香丸由丁香皮、川楝子和白蔻仁等二十多味中草药制成，主治因食用生冷食物而导致的消化不良，用姜汤送服，对于治疗因饮酒过度而引发的脾胃病有着极佳的效果。

宋代文人在舞文弄墨之余往往还会对饮酒情有独钟，聚在一起作诗写词斗才华，觥筹交错拼酒量，即便是小商小贩在工作之余也会喝几口小酒，因此《清明上河图》中大大小小的酒馆餐馆比比皆是。酒虽好，但饮酒过度却也会伤身，"赵太丞家"医馆便瞅准了这个商机大肆推销这款宫廷御药集香丸，自然会吸引很多患者前来购买。

大理中丸也是一款御药，同样以调理脾胃为主，主治脾虚胸膈痞闷、心腹撮痛、不思饮食。中医认为脾胃是后天之本，很多病的治疗都会从调理脾胃着手，这样才能起到治本的效果。大理中丸在宋代可是竞相购买的好药。大宦官童贯本是个宦官，却因得到徽宗皇帝的赏识而获封广阳郡王（从一品），官居太师（正一品），领枢密院事。他就对大理中丸情有独钟，府上居然囤积了数千斤之多！

"赵太丞家"医馆以这两款御药为主打药品，再结合自己的任职经历，无疑会起到很好的广告效果，自然也就吸引了不少达官贵人来此看病。

① 算盘　② 柜台
③ 交椅　④ 条凳

『赵太丞家』医馆

"王员外家"旅馆中有一把交椅，与"赵太丞家"医馆毗邻的官员府中也有一把交椅，只可惜这两把椅子都只露出了一部分，但"赵太丞家"医馆中的交椅却被完整地描绘出来。

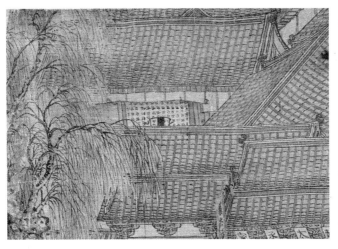

交椅

城内官员府邸

交椅能够像马扎那样折叠起来，既便于携带，又无需占用太大的空间。"赵太丞家"医馆中那把交椅的靠背上有横枨，但另外两把交椅却都没有横枨，只有纵向的竖板，圆形搭脑向前环绕形成圈背，圈背前端向外

第七章　便利生活面面观

侧翻卷成扶手状。

"赵太丞家"医馆正中设有柜台,两侧设有供患者等待时所坐的条凳。一个女子坐在条凳上,手中抱着一个孩子,另一个女子紧紧靠在她的身旁,从两人的衣着看,似乎是贵妇人。两人对面还站着一人,有的学者认为此人就是赵太丞,但看那装束应该是个中老年妇人,或许就是那两个贵妇人府上的佣人!

慕名而来的贵妇人想必是对这家医馆的儿科诊疗水平颇为信赖,才会将自己的孩子带到此处来接受诊治。

宋代儿科的发达很大程度上归功于名医钱乙。他被后世尊为儿科之圣、幼科鼻祖,也是我国医学史上第一位著名的儿科专家,撰写的《小儿药证直诀》也是我国现存最早的儿科专著。

钱乙早年因写有《颅囟方》而声名鹊起,被授予翰林医学(从九品)的官职,不过他这个小官却很快引起了皇帝的关注。

神宗皇帝赵顼的一个皇子患上了惊风病,抽搐后昏迷不醒。神宗皇帝见儿子病得如此之重,自然是心急如焚。钱乙诊疗之后给出的方子却是黄土汤,那位病重的皇子服下黄土汤后居然痊愈了。钱乙这样向神宗皇帝解释治病原理:"以土胜水,水得其平,则风自止。"[①] 土能克水,若是水变得平稳了,风便停止了。这可谓是开了儿科纯天然绿色疗法的先河!

钱乙很快便被提拔为太医局丞,某日奉命去广亲宅为宗室子弟治病。广亲宅本是为安置秦王赵廷美的子孙而设,后来皇室宗亲大多住在此处。广亲宅中有个皇族子弟病了,但钱乙看了看却说他其实并无大碍,压根就不用吃药便能痊愈。他无意间看了看旁边的另一个年幼的孩子,却面露惊惧之色道:"这个孩子不久将会突发疾病,而且还会病得很重,但若是能熬过三天便无性命之忧。"孩子的家长听后自然面露不悦之色:我家孩子分明好端端的,你却说他将要身染恶疾,这分明就是咒我们家的孩子!

次日,这个孩子突发羊角风,病情十分危急。孩子的家长这才信了钱乙之言,赶忙毕恭毕敬地去请钱乙前来诊治。钱乙不计前嫌,为那个孩子悉心诊治,果然三天便痊愈了。由此,钱乙的声名也愈加显赫。

---

① (元代)脱脱等《宋史·钱乙传》。

儿科圣手钱乙与赵太丞都曾在太医局工作,而且都曾是这个单位的领导。钱乙大致生活在仁宗至徽宗时期,与赵太丞有着很长一段时间的交集,只是不知这两位太丞是否曾经共过事。

钱乙虽然是个名医,但身体却并不是太好,于是便辞了官,也像这位赵太丞那样开了家医馆,救治了无数生命垂危的患儿。或许是因其一生积德行善之事做得太多,虽体弱多病,他却还是活到了八十二岁。临终之际,钱乙特地穿上为自己精心订制的寿衣,将亲友们都叫来,搞了个临终告别仪式,潇潇洒洒地离开了这个世界!

▲ 清院本《清明上河图》中的儿科诊所

这处宅子是不是赵太丞的府邸

"赵太丞家"医馆旁边有一处大宅子,此处究竟是不是赵太丞的府邸呢?

宋代建筑有着严格的等级规定,老百姓的宅子,哪怕你再有钱也不能搭建门屋。门屋就是将门盖成屋子的形状,在宋代只有宫殿、寺庙、道观和官员府邸才能修建门屋。这处宅子建有门屋,显然是一处官员宅邸。而

311

且此宅前面是店铺，后面是住宅，上起班来也很方便。太医局丞虽是医官，但毕竟也算是官员，那么这处宅子究竟是不是他的呢？

①官员宅邸　②"赵太丞家"医馆

这处宅子的门屋面阔一间，进深似乎是两间，采用的是《营造法式》中的"分心槽"样式，也就是用一列中柱将平面等分的做法，不过门屋的中柱却看不见，应该是已然被包裹在墙体里面了。

门屋与其他宋代建筑一样，也分为屋盖层（也就是俗称的屋顶）、铺作层（也就是上下连接层）和柱框层（也就是屋内空间部分）。

门屋屋顶正脊明显长过山墙，为悬山顶。宋代宅邸大多使用硬山顶与悬山顶，均由正脊与垂脊构成，最主要的区别在于正脊与山墙的长度谁长。如若正脊长过山墙，长出来的部分会悬浮在半空中，因此被称为悬山顶；如若正脊与山墙长度一致，并未长出山墙，那么便是硬山顶。

① 板瓦
② 歇山顶
③ 转角铺作
④ 补间铺作
⑤ 铺首
⑥ 版门
⑦ 立株
⑧ 后基座
⑨ 箱凳

▲ 官员宅邸

南方人偏好用悬山顶，这样在雨季时雨水会被迅速排出；而北方人却偏好硬山顶，有利于防风防火。开封虽位于中原大地，但居民却来自四面八方，因此《清明上河图》描绘的建筑之中既有硬山顶又有悬山顶。

门屋屋顶上铺的是板瓦，板瓦并非是平板，而是一种带有弧度的瓦。工匠们在烧制板瓦前会将筒形陶坯剖成四份或六份，因此板瓦的弧度通常为一个圆的四分之一或六分之一。檐柱上有明显的收分，也就是说，檐柱上下两端的直径是不完全相等的，根部略粗，顶部略细，这种设计主要是为了增加檐柱的稳定性。

檐柱顶端设有铺作，铺作也常常被称为斗拱，分为转角铺作、补间铺作和柱头铺作三种。这间门屋两侧是转角铺作，中间是补间铺作，铺作规格较高，属于"六铺作双抄单下昂"的建筑手法。

门屋入口为双扇版门，版门上设有铺首，却并没有门钉，版门两侧有立颊，底端设有立株，却并没有地栿（贴伏在地上的条形木或石构件）。版门底部采用的是极具宋代特色的"断砌造"做法：基座分为左、右两个部分，中间闪出一条平坦的道路，车马可以自由进出。

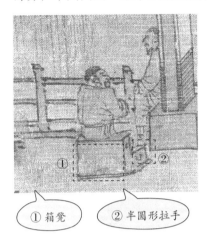

① 箱凳　　② 半圆形拉手

虽然画中并没有绘制门槛，但肯定会有门槛，否则关上门后下面会露出一道很大的缝隙，一旦下起雨来，雨水会倒灌进院内，野猫野狗等不速之客也会从这个缝隙之中钻进院内。这处宅子安装的应是活动门槛，晚上将门槛插进版门下方的立株之中，白天向上一抬便可取下门槛。

门前有一人坐在台阶似的东西之上，一些学者认为这是两阶上马石，不过仔细观察便会发现其上还有两个半圆形拉手，因此那人屁股底下坐的应该不是上马石而是箱凳，既能储存物品，又能当凳子坐。

门屋后第一进院落为"倒坐房"，也就是下人们住的房间。古代宅院通常将一个回形院落称为"一进"。第二进院落的正房为厅堂，面阔大概三间，为悬山顶，屋顶铺着板瓦，厅堂山墙上隐约可以见到博风板和悬鱼。

在第二进院落中，厅堂坐北朝南，但两边却并无耳房，规模不是很大。东面和南面均有廊屋，透过柳枝隐约可见西面似乎也有廊屋，因此南面廊屋正中或是一侧应设有一道门，类似于明清时期连接内外宅之间的垂花门。俗语所说的"大门不出，二门不迈"中的"二门"指的就是这座门，通过这道门可以从第一进院落进入第二进院落。

第二进院落东廊屋上设有烟阁，应该是间厨房。主人在厅堂宴请客人时，家中厨师便在东廊屋生火做饭，款待来宾。

这处宅子还有第三进院落，不过具体形制却看不太清晰。根据北宋著名史学家司马光所著《居家杂仪》推测，这进院落应该是女眷们的活动区域。东侧还有一个私家花园，徜徉其间自然会别有一番风味。

▲ 官员宅邸

① 第一进院落　② 第二进院落　③ 第三进院落　④ 厅堂
⑤ 南廊屋　⑥ 博风板　⑦ 悬鱼　⑧ 东廊屋　⑨ 后花园

这座官宅入口处的门屋毗邻"赵太丞家"医馆，部分廊屋也与其医馆交相错落。从官宅形制看，主人并非是什么身居要职的大官，与赵太丞的身份地位也较为符合。

性价比高的小诊所

① 正在交谈的医生与患者
② 不愿去就诊的小女孩
③ 正在门口等候患者的医生
④ 写有"杨家应诊"字样的招牌

◀ 杨家诊所

315

"赵太丞家"医馆档次高，条件好，自然不是寻常百姓能够消费得起的，不过城中却也有物美价廉的小诊所，若是平日里有个头疼脑热的，去那里就医也是个不错的选择。

《清明上河图》中绘有一处杨家诊所，位于"孙羊正店"后面那条街上，门口立着写有"杨家应诊"字样的招牌，有一个医生正站在诊所门口等待前来就诊的患者。

一名家长拉着一个小女孩前来就诊，不过家长的身子却被高大的牌匾挡住。那个小女孩不停地向后观望，似乎并不想去就医，甚至还想挣脱家长的大手。

诊所门口站着两个人，似乎正在交谈。右侧那人的装束与门口站着的那个医生的服饰相仿，应该也是一名医生，可能是在与患者讨论病情，抑或叮嘱用药的注意事项。

屋内陈设比较简陋，只有条桌和条凳，乍一看还以为是一家小餐馆，直至看到"杨家应诊"的招牌才确认这里居然是一家诊所。或许是租用后并未进行大规模改造，这里仍旧保留着原来的布局结构。

虽然杨家诊所的价格比较亲民，但很多底层百姓依旧承受不起，若是病了只能去寻走街串巷的行医，还有专门穿行在城郊和农村的村医。

在《灸艾图》中，一个面容消瘦的老妇人死死地攥着老汉的一只胳膊，脸上却露出几许怜悯和心疼。她身后那个少年攥着老汉的另一只胳膊，因不忍见到老汉受苦，刻意将脸隐到老妇的身后。老汉侧面那个少年死死按住他的身子，睁着一只眼，闭着一只眼，也是不忍直视。

老汉的一条腿向前伸着，老妇人和他身后的那个少年伸出脚死死踩着老汉的腿。老汉双目圆睁，张着嘴巴，似乎在声嘶力竭地叫喊着，绷紧的肌肉、散乱的衣

▲（北宋）李唐《灸艾图》（局部）（1）

服、紧皱的眉头都表明他已然是痛苦至极。

为老汉诊治的是一个乡村医生，所穿衣衫已然有些破旧，行医生涯的艰辛也使得他的背有些驼了。他正在聚精会神地为病人灸艾，将用艾叶制成的艾条点燃后放在病人的背上，产生的热刺激着病人后背上的穴位，通过激发病人体内的经气来达到治病的目的。他用手中的工具不停地拨动着病人背上燃烧的艾条，嘴里似乎还一直喃喃自语，可能在说着什么安慰的话语。一个小学徒站在他的身后，手里捧着一大帖膏药，不停地呵着热气，等灸艾一结束便贴到病人的疮口上去。

正是因为大宋有了千千万万个这样的乡村医生，不计其数的贫困患者才得以摆脱疾病的困扰！

▲（北宋）李唐《灸艾图》（局部）（2）

香气扑鼻的药铺

刘家上色沉檀楝香铺

▲ 刘家香铺

刘家香铺门前竖立着一块高大的招牌，上面写着"刘家上色沉檀棟香"，但"铺"字却被一辆独轮车遮挡。香铺大门上方的横匾额上有一行字，不过却因画作年代太过久远而难以辨认，只有"沉檀、丸散、香铺"等几个字依稀可辨。

"十二经络择一行，君臣佐辅辨分明。各取芳草馨香气，纳尽五行香自灵。"宋代香铺所卖的香料绝大部分都可以入药，因此常常被称为"香药"，多达一百余种，丁香、檀香、麝香、乳香、沉香等散发着不同香气的香料都是治病救人的药品。

宋代香药往往都比较名贵，绝大部分都需要从东南亚、印度、阿拉伯等地区进口，进口的途径主要是朝贡贸易和民间贸易。

周边小国来大宋朝贡时常常会带来香药等土特产，大宋朝廷收下贡品后往往会赐给对方价值相当的物品。不过偏安江南的南宋朝廷却较为拮据，于是便想出了一个新办法：外国使臣上贡的物品，朝廷只留下十分之一[1]，剩余的十分之九交由市舶司和地方政府收购或者委托其对外销售，如此一来朝廷便节省了不少开支！

① 搭脑
② 牙板
③ 横枨

---

① （清代）徐松《宋会要辑稿·蕃夷四》。

香药的民间海上贸易比较兴盛，不过却也是危险重重，时不时便会遇到台风风暴，还有神出鬼没的海盗、体形硕大的鲨鱼，因此从事海上贸易的都是大商船，而且多是结队远航。为了分散风险，也为了筹集资金，海外贸易大多采用合伙经营的方式，正是这些大商船将各式香药源源不断地运回大宋！

刘家香铺中摆着《清明上河图》中唯一一把双人连椅，造型独特，用料考究。搭脑两端出头，连椅的两腿上端设有牙板，前面和两侧均有横枨，枨下还设有牙板，不过后侧却并无横枨。这把双人连椅与明代双人玫瑰椅样式相仿，两者的区别在于明代双人玫瑰椅采用的是步步高赶枨。

从家具摆设来看，这家香铺应该是一家很高档的香药铺，主要客户绝非普通老百姓，而是开封城中有身份、有地位的人。

▲ 清院本《清明上河图》中的骨科诊所和药店

①骨科诊所　　②药店

在清院本《清明上河图》中，有家临街小店的门口挂着"专门接骨"的招牌。其实宋代医学九科之中并无专门的骨科，骨科疾病的诊疗归属疮肿兼折伤科，到了元代才单独设立正骨科，明代将正骨科改为接骨科。

这家骨科诊所门外的大街上有一人正背着一个受伤的大汉，似乎在向路上的行人询问着什么，而那个行人将手指向了这家骨科诊所。

这家骨科诊所不远处有一家药店，店门上方的匾额上写着"本堂法制应症煎剂"八个大字。朝廷对药店发售的熟药、成药的成分、剂量及其炮制方法均有着严格规定，这样才能保证药物质量；"法制"说明这家药店卖的药都是按照国家规定生产的合格药品。

这家店铺的侧面还立着一块招牌，写着"本堂发兑川广地道药材"。四川、广东、广西的药材以质好量多而闻名于世，各地患者都倾向于购买产自川广的药材。

店内柜台附近有两个伙计，一个站在内侧，一个站在外侧，正忙着招呼店内的客人；店内还有一名伙计坐在凳上，似乎正在研磨药材。店门前停着一辆车，一人正从车上搬下刚进的药材。

为了应对激烈的商业竞争，针对细分客户的专业化药店也开始出现。在明代仇英创作的《清明上河图》中，繁华的街市上便有一家专门针对小儿用药的药店，门前放着"小儿内外方脉药室"的招牌。

▲ （明代）仇英《清明上河图》中的小儿药店

青楼对面还有一家成人药店，门前放着"男女内外药室"的招牌，门上还贴着一副对联，上联因有遮挡只能看清"传世火"三个字，下联是"红杏得春多"，这家药店究竟卖的什么药恐怕也就不言而喻了！

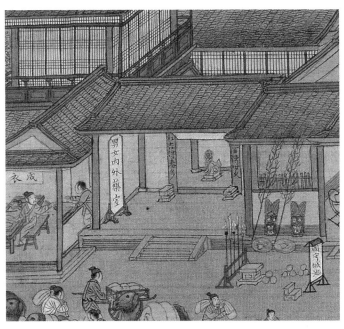

▲ （明代）仇英《清明上河图》中的成人药店

　　为了满足不同群体的需求，开封城中还有一些主要面向工薪阶层的小药铺，甚至还有许多摆摊卖药的小贩，《清明上河图》中便绘有一位老者正摆地摊卖草药，周围围满了人，卖药老人正在不厌其烦地介绍着自家草药的种种功效。

宋代药铺不仅门类齐全而且剂型齐全，有汤剂（即汤药）、丸剂（即药丸）、散剂（即药末）、膏剂（即膏药）、丹剂（即炼制的丹药）、酒剂（即药酒）、药茶（即保健茶）等七种之多，有化痰止咳的，有补中益气的，有去热解表的，有祛风祛湿的，还有驱除蚊虫的，可谓是应有尽有！

宋代还设有我国第一个，也是世界上最早的官营药房——市易务卖药所，从药材的收购、检验、储存、保管到中成药的研发、制作、出售，均有专业资深人士把关。苏合香丸、紫雪丹、至宝丹等宋代中成药时至今日仍在使用。

药品可不同于普通商品，关系到百姓的生命健康，所以卖药所内部有着严格的管理制度，保障卖出的药品质量上乘，药效可靠。卖药所还实施药品质量检查制度，对于过了保质期的旧药一律丢弃不用，坚决不允许以次充好，滥竽充数，对出售伪造药品的人员给予严厉处分；还制定了夜间轮流值班制度，保障急症患者夜间的用药需要。如果值班人员玩忽职守，将会给予"杖一百"的处罚。

北宋熙宁九年（公元1076年），神宗皇帝赵顼撤销了卖药所等机构，在太医局下设熟药所[①]，承担药品销售职能。熟药就是能够直接服用并且容易保存的丸、散、膏、丹和药酒等中成药，比那些需要回家熬制的生药更为方便，广受百姓好评，熟药所经营第一年便取得二万五千贯的收入。

北宋末年，负责卖药的熟药所增加到5家，负责药物生产的药厂修合药所增加到2家，每年的收入增至40万贯。后来熟药所升格为医药惠民局，修合药所升格为医药合剂局，成为太府寺的直属机构，如此一来便与曾经的上级单位太医局平级了，机构规格提高后也可以更好地满足开封百姓的用药需求。

---

① （南宋）李焘《续资治通鉴长编》。

※ 第三节　金融行业有创意

纸币的出现

在宋代，搬运铜钱可是个体力活，因此在一定程度上给商业活动的正常开展带来了不便。四川地区使用的是价值更为低廉的铁钱，因此寻找更为轻便的货币的需求也更为迫切。

五代十国时期，前蜀和后蜀先后统治四川地区，随着经济的发展，铜钱供应已经难以满足百姓需要，只得用价格更为低廉的铁铸造了一部分铁钱。不过铁钱却主要在四川边远地区流通，以成都为中心的经济发达地区仍旧以铜钱为货币。

后来后蜀被北宋所灭，当地本就不够用的铜钱几乎被洗劫一空，又禁止外地铜钱流入四川，以至于当地商业活动乃至日常生活都成了问题，只得继续扩大铁钱的铸造量，四川成为一个以铁钱为主要货币的特殊地区，不过严峻的问题也随之而来！

后蜀时期，铜钱与铁钱的兑换比例大致维持在4∶10，等到后蜀灭亡后，随着铜钱的大量外流，兑换比例迅速攀升到了1∶10，私人黑市上甚至一度达到了1∶14，铁钱的价值仅仅相当于后蜀时期的18%。

铁钱的大幅贬值使得其购买力大打折扣。宋代标准铜钱重1钱，1贯钱足额是1000枚，重6斤半左右，虽然也很重，但相同购买力的铁钱却需要14贯，重90斤左右，相当于一个成年女子的体重。当时买一匹罗需要耗费2万铁钱，重达130斤。这要是想逛街买点布料，没点儿体力可还真不行！

要是居住在城里，雇人搬钱运钱还算便利些；若是住在交通落后的乡下，要想进城买点布料，连雇人搬运铁钱的运费都是一大笔支出。那些长途贩运货物的商贩们更是为了运输铁钱而大伤脑筋，因为目标太大很容易被劫匪盯上。不过劫匪们同样面临着搬运难题，打劫之后累得跟孙子似的！

一些在成都享有很高声誉并且在周边州县又开有许多分号的商家看到了其中蕴含的巨大商机，于是便邀请自家客户将笨重不易运输的铁钱就近存在自己分号，由这个分号出具一张取钱凭证，客户拿着这张凭证可以随时在当地或异地支取铁钱，这其实就是银行的存款和汇兑业务！

不过一个商家的力量毕竟有限，公元1008年前后，在益州知州张咏的积极支持下，成都商界领袖王昌懿召集16家商号，共同发行了一种特殊的取钱凭证。交钱给取钱凭证，交取钱凭证给钱，因此便给这种凭证取名为"交子"。为了与后来官府发行的"官交子"相区别，往往称其为"私交子"。

具有跨时代意义的纸币的前身"交子"并没有实物流传下来，具体样式也只是存在于文献记载之中。交子上印有人物、房屋、树木等图案，有的用黑色印刷，有的用红色印刷，不仅仅是为了好看，更是为了防伪——各家商号的隐秘记号就藏在这些复杂的图案之中[①]。

持有交子的人可以在这16家商号间进行通兑，不过每贯铁钱却要收30文的手续费，16家商号再根据交子上所留的隐秘记号进行资金结算。交子一经发行便广受百姓商人的欢迎，业务也是蒸蒸日上！

由于客户并不会选在同一天前来兑换现钱，因此那些经办交子的商号里时常会堆放着大量闲置不用的钱，一些精明的商人便打上了这些钱的主意。

---

① （南宋）李攸《宋朝事实》。

每到夏秋之际，很多商家便会大量收购蚕丝、粮食，若是自家或者其他家资金紧张时，他们便会自行印制一些交子。虽然这些交子并没有与之对应的现钱，但钱库之中那些暂时还没人前来汇兑的钱却可以作为支付后盾，也不至于造成挤兑危机，这番操作下来便如同开了一个印钞厂，让商家迅速攫取了惊人的财富，也使它们变得越来越贪婪。

随着交子发行数量的急剧攀升，终有一日将超过自身的兑付能力，到时那些无力偿付的商家只得选择关门大吉。那些客户见自己的血汗钱竟打了水漂，自然不肯善罢甘休，于是便恳请官府出面解决。官府被此起彼伏的兑付危机搞得焦头烂额，忍无可忍之下只得责令王昌懿等人不许再印交子，所有印版统统销毁，刚刚崭露头角的交子很快便遭遇了灭顶之灾！

交子被取缔后，四川百姓不得不再度面对铁钱运输难的问题。经过一番论证，朝廷决定将交子由民办改为官办。公元1023年，"益州交子务"正式成立，次年世界上第一张由官方正式发行的货币"官交子"也应运而生了！

"官交子"究竟是什么模样呢？20世纪30年代初，古董商们发现了一块印刷用的铜版，但此后却消失不见，后经证实流入了日本。这块铜版印刷出来的图案有三部分，最上面画了10枚铜钱，每枚铜钱代表1陌钱；中间还有一段文字："除四川外，许于诸路州县公私从便主营，并同见钱七百七十陌流转行使。"下部绘有粮仓，粮仓前面堆着一些麻袋，有人正在搬运麻袋。由于流通区域并不包括四川，这块铜版显然并非是印刷官交子的印版。

1贯钱为10陌，1陌本应是100文，也就是100枚铜钱，但宋代却使用省陌法，

也就是每陌要省去若干文。在宋代，官方规定每陌为77文[1]，那块铜板上特别说明1贯为770钱，恰好与北宋官方定价相吻合。"路"是宋代首创的行政区域名称，虽然元代也设"路"，但"路"却不再是省一级而是被降为地市一级，显然无法与四川并列，因此这的确是一块宋代铜板。

由于在四川发行官交子取得了巨大成功，交子也开始在其他地方发行，徽宗皇帝在位期间，其使用范围也扩展到了全国，不过却只有四川地区仍旧称交子，其他地方称其为钱引。因此，这块铜板应该就是其他地区印刷钱引时使用的印板。

官交子上通常还会加盖有交子务和其他官府的官印，代表着国家信用，同时还会留有存根，兑现时要核对存根，从而防止伪造。

私交子更像是存单，并没有固定面额，你存多少钱便在交子上写多少。但官交子却有固定面额，起初从1贯到10贯共有十种，后来简化为5贯和10贯两种，再后来又变为1贯和500文两种，与如今的纸币已然很像了！

官交子还会标明界数，也就是属于第几期，每一期通常为三年，到期后官府将会予以兑现。如若持有人暂时并不想兑换成现钱，也可以选择以旧换新，不过却需要交一定的成本费。

官府为此专门下拨了36万贯铁钱作为官交子的准备金，每期发行额度限定为125万余贯，相当于准备金的3.47倍。这个比例可不是拍脑门随便定的。近代银行成立后，经过科学测算和经验总结，流通票券与准备金的比例维持在3倍至4倍之间时会使得金融市场保持良性运转。宋代那些负责交子发行的官员们居然也神奇地掌握了纸币流通的基本规律。

不过官交子很快便遇到了信用危机。当时北宋与强势崛起的西夏全面开战，大批军队云集陕西境内，所需军需物资数量巨大。由于朝廷在财政上已然捉襟见肘，便大肆鼓励商人们向陕西运送粮草。见很多响应号召的商人都来自与陕西临近的四川，朝廷便动起了歪脑筋，只给付那些商人官交子而并不给现钱。

随着时间的推移，官交子的发行数额如同滚雪球般越来越大，处于超额发行状态。此时朝廷却既不设法补救，也不选择收手，反而想通过不断

---

① （宋代）孟元老《东京梦华录·都市钱陌》。

增发来解决日益严重的财政困境。不计其数的商人拿着官交子去四川兑付时才惊奇地发现，原本信誉极好的官交子居然根本无法兑换现钱，但既然已经上了贼船，又岂能轻易下来。

朝廷对此也使出了"拖"字诀：虽然暂时还不能兑换成现钱，却可以无偿地兑换成下一期官交子，甚至有时两期官交子同时流通，导致其实际价值大幅贬损。不过官交子之所以会大幅贬值，除了超发之外，还因为市场上充斥着大量伪造的假交子。

纸币的防伪技术

纸币的雏形私交子自诞生之初便面临着不断被伪造的严峻挑战，一些胆大妄为之人大肆伪造私交子，即便被识破依然会恶意提起诉讼，以至于涉及私交子兑付的官司变得越来越多[1]。

后来官府主导的官交子发行之后，伪造者们不仅没有偃旗息鼓，居然还变本加厉，以至于到了北宋庆历年间（公元1041年—1048年），伪造的官交子在市场上大行其道，屡禁不绝，仁宗皇帝赵祯甚至都想过要停办官交子，可见当时伪造现象的严重。

后来南宋在东南地区发行的会子同样被不法之徒大肆仿冒伪造，主要的作伪手段有以下三种：

第一种是"伪造新会"。不法之徒按照朝廷发行的会子版式描摹、雕刻、印刷，然后再加盖官府印章，也就是全套作假。

第二种是"揩改旧会"，即在真会子上做手脚。有的会子已经过了有效期，但通过修改界数可使其继续流通；有的是涂改面额，将低面额的会子篡改为高面额的会子。

第三种是"盗卖会底"。负责会子印刷事务的官吏利用职权将尚未加盖官印的会子（称为会底）偷偷转卖给不法之徒。由于会底上要加盖印文为"某某年号尚书户部官印会子之印"的官印才能正式流通，因此不法之

第七章 便利生活面面观

_____

① （宋代）李攸《宋朝事实·财用》。

徒得到会底后私自刻制官印并加盖在上面^①。通过这种方式伪造的会子最难被识破。

面对不断花样翻新的伪造手段，大宋朝廷又该如何应对呢？

第一招是加大惩处奖励力度。北宋时期，伪造交子的罪犯会被流放到四川之外，告发者奖励五百贯。后来交子的使用范围不再仅仅局限于四川，伪造交子的罪犯改为流放两千里。徽宗皇帝赵佶在位时将流放距离增至三千里，如果所造钱引（即交子）已经投入使用将会被处死。

到了南宋时期，胆敢伪造会子的犯人一经发现，不论使用与否一律处死，告发者赏钱增加到了一千贯，不愿要钱还会授予进义校尉。元丰改制后，有品级的武官阶共有52阶，除此之外还有8阶并没有品级，而进义校尉位列第54阶，只需再晋升2阶便可跨入正式武官的行列。

无论是参与犯罪的人，还是包庇窝藏的人，只要能够主动告发，不仅罪行会被赦免，还会得到相应的奖励。

不仅是伪造会子，即便是伪造会子所用纸张也属于犯罪，将会被判处有期徒刑，甚至还会被流放。

上述惩罚措施均出自南宋的禁伪赏罚敕文，原文足足有56字之多，居然全都印在会子之上，不知那些不法之徒伪造会子时，终日看着这些惩治犯罪的敕文会有何感想？

第二招是提高纸币印制质量。朝廷设置抄纸院，将货币用纸的经营权统一收归官营，希望借此彻底封锁民间伪造纸币的纸张来源。会子纸张先是选用徽州和池州产的纸，后改用成都产的纸，又改为临安（今浙江杭州）产的纸。

徽宗皇帝赵佶在位时制造的钱引会用到6颗印，分为3种颜色而且还有特定顺序。最上面是界数（朝廷发行的第几期钱引），接着依次是年号、贴头、敕字花纹印、青面花纹印、红团故事印、年限花纹印、背印（分为1贯和500文两种），最后书写额数（发行总额度）。如此精美复杂的雕版以

这里是大宋

---

① （元代）脱脱等《宋史·食货下三》。

及套色印刷技术，民间一般很难仿制[1]。

宋代纸币有效期通常为三年，三年一到便会发行新币，收回旧币，那些伪造的纸币过了有效期无疑也会自动失效。

第三招是加强货币发行管理。运用职务不相容的管理原则，朝廷分设纸币印制官员和币纸制造官员，使得他们互相牵制监督，即便有人胆敢私自印刷会子也势必会留下蛛丝马迹，可以通过这些线索抓获犯罪嫌疑人。

宋代纸币都设有效期，到期之后强制作废。当旧币发行期限届满后，必须要强行兑换新币，这时官吏必须严格鉴别旧币的真伪。当会子换界时，通常会设内外两场官吏分别进行鉴定，以防有人浑水摸鱼。

纸币的崩溃

南宋偏安江南，政府信用虽然一落千丈，却仍旧对能够缓解财政困境的纸币念念不忘，起初想重新发行交子，却因遭遇强烈反对而作罢，只得改为发行关子。

如今"卖关子"比喻在紧要关头设置悬念或故弄玄虚，但实际上"关子"最初是南宋发行的类似纸币的有价证券。

南宋绍兴元年（公元1131年），婺州（今浙江金华）屯驻了大量官兵，需要采购大量军需物资。可婺州却并不通水路，运送铜钱又十分不便，于是便发行了"关子"，面额从十贯到一百贯共分为五等，有效期为三年。

商人们将军队所需物资送达婺州后并不会获得现钱，只会得到关子，不过却可以前往南宋都城临安找榷货务进行兑换，既可以兑换现钱（通常为一半铜钱一半白银），也可以兑换盐引、茶引、香料引等钞引，持有这些钞引可以在指定地点兑换相关物品[2]。关子比交子的进步之处在于不仅能兑换现钱，还能兑换物品，类似于如今海上货物贸易提单和银行大额存单

---

① （元代）费著《楮币谱》。

② （元代）脱脱等《宋史·食货下三》。

的混合体。

　　为了完成绩效指标，州县往往会强制摊派关子，而关子兑付时又会受到诸多限制。对于那些找上门来要求兑付的商人们，榷货务明确表示只会将每天所收现钱的三分之一用于兑付，超过了这个限额便只能等到明天再来兑付，以至于"明日复明日，明日何其多"！

　　为了摆脱关子带来的汇兑困境，南宋绍兴三十年（公元1160年），朝廷开始发行新纸币会子。其实只有会子才称得上是真正意义上的纸币，因为会子根本不用像交子和关子那样兑付现钱，发行之初的定位就是成为能够代替铜钱并直接使用的纸币。

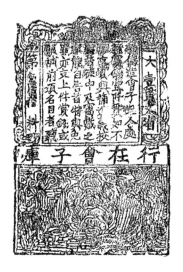

　　朝廷规定不通水路的地方给朝廷的上供钱允许全额使用会子，而长江沿岸可以按照现金、会子各一半的方式上缴税款。民间买卖田地、住宅、牛马、舟车准许全额使用会子。

　　会子起初并未设定使用期限和发行额度，但眼见着通货膨胀越来越严重，朝廷只好设定每一期会子的使用期限为3年，发行额度为1000万贯，几乎相当于四川"官交子"发行额度的10倍。

　　随着南宋与强悍的蒙古人之间的战事变得旷日持久，南宋的财政状况也变得越来越糟，只得无限制地发行会子，以至于每一期会子的使用期限变得越来越长，如南宋端平元年（公元1234年）发行的第十七期会子使用期限居然长达30年之久。

　　由于使用期限越来越长，朝廷又允许多期会子同时在市场上流通。等到南宋淳祐六年（公元1246年）的时候，社会上投放的会子总额已然达到了惊人的六亿五千万贯，也就是当初发行限额的65倍之多，但朝廷的准备金却并没有相应的增加，同时社会上还充斥着大量伪造的会子，会子俨然就成了废纸一张，比如第十八期会子二百贯居然连一双草鞋都买不到。严重的通货膨胀使得南宋经济到了濒临崩溃的境地，覆亡的丧钟也就此敲响！

※ 第四节　各式服务有处寻

中介服务找牙人

▲ 虹桥上的牙人

在《清明上河图》中，虹桥上有两个人衣服袖子特别长，城中也有一人的袖子特别长。他们可不是买衣服买大了，也不是穿别人的衣服不合身，这其实就是他们的职业装。

这些人是宋代的牙人，如今被称为中介或经纪人。他们的袖子之所以会比较长，是为了便于他们在袖子里不露声色地伸手指头，暗中算计算计，心中

▲ 城内大街上的牙人

盘算盘算，撮合买卖双方顺利成交，自己也可以顺利赚到佣金，也就是"牙钱"或"牙契钱"。

随着商品经济的发展和法律意识的增强，几乎所有行业、领域都能见到牙人的身影。牙人看似动动嘴皮子就能赚到不少钱，其实风光之中却藏着种种艰辛和不易。

牙人这个职业有着很高的门槛，要想成为牙人，必须有两到三人为其提供担保，官府审核通过后才会发放木质身牌，上面通常会写明牙人所在地区、职业领域、管理机关等从业信息，相当于他的职业资格证书。开展业务前，牙人需要先出示自己的身牌①，即便自己不主动拿出来，很多客户也会要求牙人出示。朝廷还要求所有旅店都要向客商特别叮嘱：只能与有身牌的牙人进行交易。

官府对不同领域的牙人还有着年龄、健康程度以及资产状况等方面的要求，若是违反将会受到严厉惩处，如年龄限制通常为不能超过七十岁，如果超龄仍旧充任庄宅牙人（即房地产经纪人）将会受到"杖一百"的惩处②。引领牙人（即海外贸易经济人）和物力保识牙人（即担保业务经纪人）有时会承担一定的赔偿责任，因此对这类从业人员还有资产方面的要求。

① （北宋）李元弼《作邑自箴·处事篇》。
② （南宋）谢深甫《庆元条法事类·刑狱门·老疾犯罪篇》。

牙人要对所在行业有深入的了解，掌握买卖双方的大量信息，对交易过程中的法律事项和纳税政策要了如指掌，否则很难获得客户的信任，也很难在这个行业中生存下去。根据宋代法律，如若买卖双方愿意直接达成交易，牙人不得强行阻拦，因此牙契钱可不是那么好赚的。

牙人之所以能够在买卖双方的夹缝中生存下来，是因为他们在买卖双方订立契约的过程中有着不可替代的作用。牙人联系面广，认识人多，委托牙人将会大大增加成交的机会，同时也会减少交易风险。如果你想雇个歌童、舞女、厨娘、使女、马夫，若是此人品行不端，那么便后患无穷，而委托相关领域的牙嫂、牙婆去找，很快便能找到称心如意之人。

牙人在交易过程中不仅会居中说合，敦促双方签订合同，还会对双方的定价产生重要影响。不过牙人也是良莠不齐，常常会做坑蒙拐骗、扰乱交易秩序等违法之事，于是朝廷专门出台了《牙保法》。如若违反诚实信用原则，牙人不仅要全额退赔侵吞的财产，还要承担相应的刑事责任；如若牙人与卖方勾结货卖两家，也就是"重叠典卖"，使得买方利益受损，而自身获取非法利益，将会按照盗窃罪论处，可见日趋完善的法律对规范行业发展起到了积极作用。

占卜前程去卦摊

大街上的凉棚底下有一处卦肆，棚檐上挂着三块招牌，分别为神课、看命和决疑。神课就是帮助客人预测吉凶祸福；看命就是依据天干地支排列成四组八个字来推断一个人一生的命运；决疑是当事人有什么疑惑不决之事，通过占卜、算命、看相、测字等方式为其指一条明路。

凉棚底下，一位头戴儒冠、身穿长袍的算命先生坐在一把靠背椅上，面前还摆着一张桌案，形制类似于四屉桌。

第七章　便利生活面面观

333

① 决疑
② 看命
③ 神课
④ 桌案
⑤ 条凳

▲ 卦摊

桌案前面和侧面各摆着一把条凳，正面并无横枨，侧面各有一根横枨。一位老者端坐在长凳之上，希望算命先生能够为自己指点迷津，另外还有三人站在他的身后，可能是等待占卜之人，也可能是闲来无事看热闹的人。算命先生故弄玄虚地说着，老者和他身后的三人在专心致志地听着，树下还有一人向着卦摊方向望去。

东京大相国寺是开封城中卦摊最为集中的地方，很多声名鹊起的术士甚至会"一卦万钱"。

奸相蔡京第四子蔡绦在流放白州（今广西玉林博白）期间所作的笔记《铁围山丛谈》中曾详细记载了徽宗皇帝赵佶早年算卦的一段传奇经历。他的父亲蔡京曾四次为相，可谓是徽宗皇帝的宠臣，此事或许是他听自己的父亲蔡京讲的。

赵佶还是端王的时候，府上屡屡出现祥瑞之兆，于是便暗中派遣一个聪明伶俐的小宦官带着他的生辰八字前往大相国寺。那个小宦官在寺中找了好几个算卦的术士，却都是些混吃混喝的江湖骗子，就在他灰心丧气准备离开的时候，偶遇一位穿着破衣烂衫的术士，犹豫许久才抱着试一试的心态走上前去。

那个术士名叫陈彦，听小宦官报完生辰八字后居然意味深长地说："此乃天子之命，绝非是你的命！"那个小宦官没有料到眼前这个其貌不

334

扬之人居然能够洞穿一切，于是便迅速离开了。

那个小宦官返回端王府后便将此事原原本本地禀报了赵佶。赵佶听完之后也是一愣，思虑良久后命那个小宦官再去一趟相国寺，将涉及自己的所有情形都毫不隐瞒地告诉陈彦，请他来为自己占卜一下未来的命运。

次日，那个小宦官再次找到陈彦，将所有情形直言相告。陈彦听完之后掐着手指头缓缓道："你回去之后禀告端王，他乃是天子之命，望其多多保重！"

端王赵佶是神宗皇帝赵顼的第十一个儿子，他的哥哥赵煦早已登基称帝，史称"宋哲宗"。即使哥哥驾崩了，皇位也应传给哥哥的儿子。对于赵佶而言，登基称帝原本是个遥不可及的梦，但历史却往往极具戏剧性！

转年，也就是元符三年（公元1100年）正月，正值壮年的哲宗皇帝赵煦突然驾崩，儿子赵茂又早早夭折，赵佶幸运地成为帝国新皇帝，陈彦这个江湖术士的命运也随之彻底改变，最终位至节度使（从二品）这样的高位。不过曾经位高权重的节度使此时已然沦为仅仅代表品级并据此确定待遇的寄禄官，但在武官阶中却仅次于正二品的太尉，虽说并无实权，却也是极为显赫。

正是因为有了许多真真假假的传奇算卦故事，宋人才会对相命算卦如此痴迷，急切地想要通过术士之口来预知自己的未来！

殡葬服务一条龙

离繁忙的汴河码头不远的地方有一家王家纸马店。宋人祭祀时离不了纸马，纸马其实就是在冥纸上画上神像，再涂上花花绿绿的颜色，以供祭祀祭奠时焚烧之用。

清明节、中元节等节日前后，宋人通常都会祭拜逝去的亲人，此时也是纸马店最为红火的时候。王家纸马店内有用各式纸马堆成的楼阁状的冥屋，希望通过极具视觉冲击力的冥屋向路人们无声地宣告：走过路过不要错过，我家纸马质量好，好看又耐烧，你值得拥有！

▲ 王家纸马店

① "王家纸马"字样的招牌　② 柜台
③ 纸马堆积而成的冥屋　④ 方脚柜

　　家中有人去世可是一件天大的事，在宋代有着极为繁复的礼节，主要分为丧礼和葬礼。丧礼就是为死者穿戴整齐，等待着亲友们前来吊唁。丧礼结束后，葬礼究竟何时举行却是个未知数。

　　宋人往往会请风水先生为死者寻一处风水宝地，若是所寻的理想的下葬之地离家很远，或者存在某种纠纷，抑或中间横生变故，有时会导致死者几年、十几年甚至终身都难以下葬。

　　若是顺利寻得下葬之地，接下来便是挖掘墓穴。寻常百姓人家就是挖一个大坑，随后将棺材放入大坑之中用土埋上就行；有钱有势的人家则要先挖墓道，然后再挖墓室，有时还会挖耳室，工程量甚为庞大，所需时日也很长！

　　除此之外，死者家人还需凿制墓碑和墓志铭，要是死者当过大官，还需在墓道中放置神道碑。墓碑上所刻文字通常都会比较少，一般只有称呼和姓名，若是当官的还会刻上官职和爵位；有时也会设置墓表，简要记述死者生平。墓碑和墓表通常会立在地面，墓志铭和神道碑通常会埋在墓中，详细记述死者生前的经历，有时会有数千字之多。

　　等一切都准备停当后，死者家人邀请术士选一个可以举行葬礼的黄道吉日。在葬礼前一日，亲朋好友们还会到死者棺材前哭灵。

出殡当天，一行人会依次排队，护送着棺材前往墓地，好让死者入土为安。由于宋人崇尚薄葬，随葬器物往往并不多，葬礼上所需明器大都是从纸马店购置的纸制品，焚烧后便只剩下灰了，通常不会给后人留下太多有价值的文物！

从丧礼到葬礼，所需物品很多也很杂，不过却并不要紧，类似王家纸马店这样专门从事丧葬的店铺会提供全程一条龙服务，客户只需进一家店便能买到所有想要买的物品，大的小的，贵的贱的，旧的新的，只有客户想不到的，没有客户买不到的。团购业务可以使客户少跑不少路，还能少花不少钱①。

除了丧葬用品外，丧礼和葬礼上的仪仗、随从的服装饰品都可以租赁，根本无须自己事无巨细去置办，既省钱，又省时间。

若是想请僧尼或道士做法事超度或者请术士相看风水宝地，出手阔绰的人可以到大相国寺等名闻天下的寺庙道观之中去请名僧、名道、名尼、名术士，经济拮据之人也可以在清晨时分到桥市或街巷口去临时雇佣，不过鱼目混珠假冒者大有人在，你可要睁大自己的眼睛！

城门边的美容美发店

▲ 城门边的理发店

---

① （宋代）孟元老《东京梦华录·杂赁》。

在《清明上河图》中，城楼南侧紧靠墙脚的地方有一个临时搭建的方形凉棚，中间用一木棍支撑着，木棍下方绑在矮凳上，还有一短细木棍支撑着方棚的左前方，木棍上还挂着打成结的头发，作为营业的标记。

凉棚内坐着两个人，一人穿着交领长衫，稍稍袒露着胸脯，头微微向南转，双眼微闭；另有一个留着山羊胡的老者，他的左手扶着那人的下巴，右手拿着剃须刀，小拇指稍稍翘起，正在为那人轻轻地刮面美容，这位老者便是宋代职业理发师"刀镊工"。

宋代的理发师分为两类，一类是挣辛苦钱的手艺人，租个门脸或者搭个棚子，为南来北往的人理发修面，靠着自己的一技之长来养家糊口，《清明上河图》中的理发师显然属于此类；此外还有一类理发师头脑灵活，善于交际，借理发的机会攀附权贵，尤其是与贵族子弟们打得火热，然后再趁机推销插花挂画等物品，说合些买卖，请这些有钱有势之人为自己的私事打招呼、递条子①。

---

① （南宋）耐得翁《都城纪胜·闲人》。

※ 第五节 "解"字店有奥妙

闹市区十字路口有一家店铺，房前屋檐下伸出一根木杆挑着一块方牌，上面用楷体写着一个"解"字。敞开的门洞两侧斜倚着两块样式相同的长方形竖板，上面有四个把柄，下端的两个立在地上，上端的两个高出屋檐。右侧那块竖板的后面还放着一个类似大桶的物件。这家店铺颇为奇怪，只有门洞，却既无门，又无扇，门洞内还放着一张条凳挡住了过道。

这家店的北面山墙外有一个用篾条编制而成的长方形凉棚，棚顶用木柱支撑，棚的一边靠着山墙，另一边伸向街面。棚下坐着一位老者，似乎正在说着什么，周围有很多人环绕着他，或坐或立，有的在认真倾听，有的却在窃窃私语。附近街上还有一位脚踏芒鞋的行脚僧人慢慢走过。这家挂着"解"字招牌的店铺究竟是一家什么店铺呢？学界一直众说纷纭，接下来我们便一探究竟！

▲ "解"字店

第一种说法是说书摊。老者是位说书艺人，围着他的都是听书人。但老者桌前却并没有什么说书用具，那群人中虽有人在听老者说话，但也有不少人在交头接耳，不太像是说书的场景。

第二种说法是官府[1]。"解"字与"廨"字相通，而"廨"专指官府办公之所。开封府位于御街西侧的汴河北岸，开封县位于旧城仁和门内，祥符县位于内城安远门外，均与《清明上河图》中的这家"解"字店所处位置存在较大差异。

第三种说法是卦摊[2]。画中的老者似乎在给众人算卦，"解"或许便是解惑之意。其实《清明上河图》中绘有卦摊，并非单单只写一个令人生疑的"解"字，写的是神课、看命和决疑。

第四种说法是盐店[3]。宋人吃的食盐有海盐、池盐、井盐和崖盐，开封一带属于池盐销售区，在开封城西的归德坊专门设有都盐院。池盐主产地为解州（今山西运城），据此认定这家店铺是一家盐店。既然绝大部分盐都产自解州，那么用"解"来标明产地便没有多大意义了，《清明上河图》中所描绘的场景不似是盐店做买卖时的场面。

第五种说法是解夏[4]。按照佛教习俗，每年阴历四月十五日至七月十五日，僧尼不得外出，应在寺院内坐禅学法，称为"坐夏"或"度夏"等。等到七月十五日后，"坐夏"结束，称为"解夏"。

"解"字店外恰有一僧人走过，此人身着破旧僧衣，手持响板和拂尘，肩头背着竹制书箱。书箱上插着一根可以用来跋山涉水的拐棍，书箱的檐子向前伸出，可以为他遮风挡雨，檐子下面吊着一盏小油灯，以便行夜路时照明用。这个僧人形象与现存于西安慈恩寺内前往印度取经的唐代高僧玄奘的石刻像很像，据此认定此处为解夏之后举办的"解会"。

对于这位脚穿芒鞋的行脚僧人，有的学者认为他是打着响板在街上叫卖药材或其他货物，不过是恰巧经过那里而已。

① 徐邦达《清明上河图的初步研究》，《故宫博物院院刊》1958年第1期。

② 余辉《隐忧与曲谏——〈清明上河图〉解码录》之"耐人寻味的结尾"，北京大学出版社2015年版，第167页。

③ 河浚《盐店与当铺子——也谈〈清明上河图〉中的"解"字招牌》，《开封文博》1994年第1期。

④ 孔庆赞《释〈清明上河图〉中的"解"字场景》，《开封大学学报》1998年第3期。

▲ "解"字店

①走过的僧人 ②"解"字招牌

在《清明上河图》中，汴河北岸便矗立着一座寺院，主门为单檐悬山顶，面阔三间，进深两间，为"三解脱门"形制，象征着空、无相、无作（也称为无愿）。主门建在台基之上，两侧有慢道。主门正中间为两处补间铺作，向外是两处柱头铺作，再向外是两处补间铺作，最外侧是两处转角铺作，两扇厚重的门板上有四行五

▲ "解"字店外的行脚僧人

▲ 寺庙

① 转角铺作
② 柱头铺作
③ 补间铺作
④ 胁门
⑤ 红绿杈子
⑥ 力士塑像
⑦ 正门
⑧ 慢道

列门钉。

主门两侧各开有一扇肋门，也是单檐悬山顶，不过规模要比正门小一些，各有一处转角铺作和柱头铺作，并无补间铺作。底端采用极具宋代特色的"断砌造"做法，基座分为左、右两个部分并且设有立枨，中间可以放置活动门槛，取下后车马可以自由进出。正门檐廊外设有红绿杈子，杈子后面有高大的力士塑像，看上去气势磅礴。

解夏本是寺院内部事务，即便会邀请部分信徒参加解会，通常也只会在寺庙内举行。与这座寺庙相比，这家"解"字店未免有些相形见绌，应该并非是一座寺庙，寺院也不太可能专门在寺外租赁一个棚子来办解会，那么"解夏"之说就不太站得住脚了。

第六种说法是代办运输的店栈[①]。"解"字有押送之意，如押送犯人的差役通常会被称为"解差"，运送草粮通常会被称为"解饷"，据此认定此处是一所代办运输的店栈。

开封的粮食供应主要依赖于漕运，为了储存漕粮，朝廷在东水门附近的汴河两岸修建了元丰、顺成、广济等粮仓。若是将粮食先从汴河粮仓运到城中的这处店栈再运往各处，岂不是很费时费力？况且"解"字店门口被桌凳挡着，并不通车马，没有任何代办货物运输的迹象。

第七种说法是解库[②]，这是目前的主流说法。解库与当铺职能类似，用物品来抵押换钱。当铺前时常会挂一个"当"字，解库前自然也就会挂"解"字。

其实无论是宋代孟元老所著《东京梦华录》，还是北宋中期著名宰相王安石推行市易法时发布的法令，所称均为"质库"而并非"解库"。直到南宋时期，北方人才习惯称其为"解库"，而南方人依旧称其为"质库"[③]。

---

① 张安治《为〈清明上河图卷〉挂历所作的说明》，中华书局1985年版。

② 朱家溍《关于〈清明上河图〉中的"解"字招牌》，《故宫博物院院刊》1960年第2期；刘坤太《〈清明上河图〉中的"解"》，《河南大学学报》1987年第1期；周宝珠《〈清明上河图〉与清明上河学》第5章《说"解"字招牌》，河南大学出版社1997年版。

③ （南宋）吴曾《能改斋漫录·以物质钱为解库》："江北人谓以物质钱为解库，江南人谓为质库，然自南朝〔即（南宋）〕已如此。"

质库虽不似如今的银行有着严格的安保措施，但因涉及银钱的储存和兑换，人们自然会在安全保卫上动一番脑筋。依据宋人话本整理的《古今小说·宋四公大闹禁魂张》中便说质库之中有陷马坑，有恶狗，还有重重机关陷阱。《清明上河图》中的这家"解"字店看上去很是简陋，恐怕难以适应质库经营的需要。

开封城内包括质库在内的各行各业均有自己的职业装。质库掌柜的标配是皂衫（即黑色短袖单衣）和角带（即以角为装饰的腰带），不戴帽子[1]，而《清明上河图》中的那位老者却并没有系腰带，头上戴着包巾，与文献中记载的质库掌事的装束有着较大差异。最为关键的是，围着他的那群人全都是空手而来，根本不像来质库抵押换钱花的人。

第八种说法是公证性质的书铺[2]。这种书铺虽是私人经营，却需要得到官府的审核，获得相应资质才能对外营业，主要承办六项业务：代人起草诉讼状、证明案件当事人供状、验证田产买卖契约、证明婚约、为参加铨试者和参选者办理验审手续，以及为参加礼部试的举人办理应考手续。

店铺门口之所以会悬挂"解"字招牌是因为其经营项目与解额息息相关。宋代贡举考试共分为三级，分别为发解试、省试和殿试。府、州一级地方政府和中央官学国子监都有资格组织发解试，但录取名额（即解额）却并非严格按照考生比例进行分配，更没有考虑到不同地域文化教育水平的差异，造成了各地发解试难度不一的局面。

东南地区通常有两三千人参加考试，录取名额只有二三十人，可谓是百里挑一；西北地区战事连连，百姓尚武，参加考试的考生还不到一百人，录取名额却有十余个，十人之中便可取一人，两者居然相差十倍之多[3]，这也使得宋代"高考移民"问题很突出，假冒户籍来都城开封参加发解试的考生甚至比正牌本地考生还要多[4]！

---

① （宋代）孟元老《东京梦华录·民俗》。
② 李合群《再释〈清明上河图〉中的"解"字招牌》，《中州学刊》2007年第2期。
③ （北宋）欧阳修《欧阳修集》。
④ （南宋）李焘《续资治通鉴长编》。

第七章 便利生活面面观

北宋天圣七年（公元1029年），有官员向仁宗皇帝赵祯控告，开封府共计选送一千九百余人前往尚书省参加进士科的省试，其中绝大多数考生都是假冒开封府户籍①，还列出假冒户籍人员名单，如王济的哥哥王修己在开封买了十八亩田，获得了开封户籍（估计当时与今天的买房落户政策差不多），王济冒充王修己的儿子来开封参加考试；还有一个叫王宇的考生也以王济家人的身份参加了考试，可见当时假冒开封户籍参考的现象很是普遍。

仁宗皇帝赵祯得到奏报后震惊不已，随即出台了极为严厉的惩戒措施——拥有开封户籍并且实际居住七年以上的考生才能在开封参加发解试。由于开封城中有大量流动人口，很多人在开封长期居住却并没有获得开封户籍，这类考生需要向有关部门提出申请，并且承诺不再参加其他州府组织的考试。由于各州府举行发解试的时间并不一致，朝廷此举是为了防止同一考生在两地参加考试。有关部门审核通过后，考生还需要请两位京朝官作保，方可在开封参加考试。若事后查出其确属假冒，这两名作保的官员将会被治罪。其他寄居在开封的考生一律返回原籍参加考试。如若有人胆敢通过贿赂等非法方式"乱认爹"进而达到在开封参加考试的目的，一旦发现必将严惩不贷②。

虽然仁宗皇帝出台了极其严厉的惩戒措施，但考生假冒开封户籍的现象却仍旧屡禁不止，以至于哲宗皇帝赵煦在位时不得不出台了更为严厉的惩戒措施——凡是冒充开封府户籍参加科举考试的考生一经查实便给予"杖一百"的处罚，即便已经高中也会被直接取消录取资格；凡是协助考生作假的官员、胥吏、里正乃至书铺的工作人员都会受到严厉惩处。朝廷还专门设立了悬赏制度，凡是检举揭发事后查实的，将会给予五十贯的赏钱③。开封城中的底层百姓辛辛苦苦干一天活，往往只能挣到一二百文，五十贯相当于他们一两年的收入，如此诱人的赏金怎会不令人不动心呢？可见朝廷为了打击猖獗的"高考移民"可谓是下了血本！

---

① （南宋）李焘《续资治通鉴长编·天圣七年十一月庚午》。

② （南宋）李焘《续资治通鉴长编·天圣七年十一月癸酉》。

③ （南宋）李焘《续资治通鉴长编·元祐七年六月甲子》。

因为假冒户籍的考生很多，因此朝廷要求参加省试的考生需要先向书铺投纳文卷试纸，书铺审核无误并书押盖印后才能送交考试主办机构贡院。书铺需要认真核对考生的户籍地，是否真正通过了发解试（称为"得解"），还会对考生进行相应的资格审查。

按照宋代规定，品行不良之人、正在服丧之人、工商业从业人员、曾受过刑事处罚之人、患有中风等严重疾病之人等都不具备考试资格，可由于当时交通、通信条件比较落后，一些考生心存侥幸，采取各种办法隐瞒自己的真实情形，以求能够蒙混过关。若是官府对每一位考生的相关信息都一一进行审核，无疑极为费时费力，于是便强制要求每位考生在报名前自行前往书铺进行公证。书铺见有钱可赚自然是乐此不疲，不过一旦被官府吊销许可证无异于自断财路，因此它们对调查核实之事也大都不敢怠慢。

考场礼部贡院位于开封内城朱雀门外东南处，汴河南岸至礼部贡院一带自然成为各路举子的集中地区，作为验证考生身份的书铺也多分布在这一带。

《清明上河图》中的"解"字店恰巧便位于汴河南岸外城内某条大街的南侧。店前棚下坐着的那位老者或许便是书铺主人，正在说着什么，周围围着或坐或立的考生，或许刚刚递送有关材料，或许正在打探有关信息。

不过这种说法却也有一个问题，那就是这家铺子的门口为何要横放着一张条案将来人拒之门外，反而在临时搭建的凉棚下办公呢？

第九种说法是考试办公室[1]。这家店铺悬挂的"解"字的确与科举考试有关，却并非是私人经营的书铺，而是礼部贡院下设的考试办公室，专门负责查验考生的解牒、家保状等资料。

挂着"解"字方牌的那扇门看似有些简陋，主要是因为它只是一处侧门。正门虽也不算宏大，却是悬山顶门屋样式，还使用了精美的铺作。尽管有部分铺作被后面那栋建筑遮挡，但可以推算出总共应有五个铺作，比街对面那处官宅居然还多出了两个铺作。铺作可不仅仅是承重物件，在宋代是等级的象征，大酒店孙羊正店虽修建得富丽堂皇，却一处铺作都没有。

① 黄杰《〈清明上河图〉"解"字招牌寓意补证》，《美术观察》，2019年第8期。

正门门屋正脊两端有鸱尾，形似鸥（也就是鹓鹰）的尾巴，明清时期改为鸱吻，也就是龙形神兽咬住房屋正脊。正门的四条垂脊上都有脊兽，但具体数量却看不太清，为3～4只。五个铺作、两个鸱尾和多只脊兽充分说明这处正门级别并不低，院内绝非普通店铺或者寻常人家。

正门后面的主体建筑依稀可见，也是悬山顶建筑，正脊两端有鸱尾，垂脊上有脊兽。建筑侧面有博风板，板上还有如意状惹草。悬鱼垂于两块博风板的人字形连接处，对博风板起到防护作用。

▲ "解"字店正门

①鸱尾　②脊兽　③博风板　④悬鱼　⑤铺作　⑥惹草

无论是正门形制，还是主体建筑形制，都透露出这处建筑应是一处官衙而并非是私人商铺！

在《西湖清趣图》中，一座气势恢宏的建筑的墙壁上也出现了"解"字，从建筑形制看肯定是一座官衙，据此推断"解"字店应该是一处主管考试事务的官衙。

再来看看貌似简陋且又奇怪的侧门。门口倚靠着两块巨大的长方形竖板，居然高过了屋檐，很可能是用来规范考生排队秩序的物件，类似于今天售票窗口外的钢护栏。进门位置横放着一张条案，带有"闲人免进"的意味，考生们将需要交纳或查验的材料放在条案上，送交工作人员进行审阅。门旁带盖的大桶形物件很可能用来储存考生们提交的相关考试材料。

▲ （元代）佚名《西湖清趣图》（局部）

"解"字

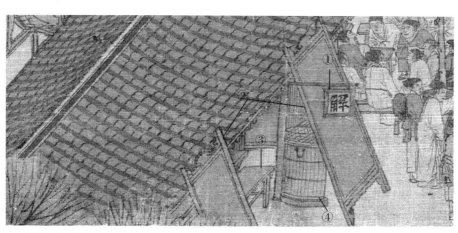

▲ "解"字店

① 写有"解"字的方牌　② 竖板
③ 条凳　④ 大桶形物件

　　至于《清明上河图》中凉棚下的那个老者，或许就是为那些惴惴不安的考生们占卜前程的术士，不过是在官衙外借了一块宝地做生意而已。

第七章　便利生活面面观

［1］李合群.再释《清明上河图》中的"解"字招牌［J］.中州学刊，2007（2）：3.

［2］李新丽.前数码时代的广告影像记忆——《清明上河图》广告探微［J］.新闻大学，2012（5）：8.

［3］姚朔民.中国纸币漫谈之二：第一张纸币［J］.金融博览，2008.

［4］方宝璋.宋代怎样防止纸币造伪［N］.学习时报，2018-7-11（3）.

［5］姜锡东.宋代榷货务的金融职能和性质［J］.中国钱币，1993（1）：11-14.

［6］郑学富.《清明上河图》里的中药铺［J］.党建文汇：下半月，2020（5）：1.

［7］刘顺安.从《清明上河图》谈北宋东京的药铺［C］//中国古都研究（第十辑）——中国古都学会第十届年会暨学术研讨会论文集，1992.

［8］范自青.宋代租赁业研究［D］.郑州：河南大学.

［9］张建.北宋东京寺院与官宅——《清明上河图》建筑二题［J］.同济大学学报：社会科学版，2006，17（3）：8.

［10］杨卉青.宋代契约中介"牙人"法律制度［J］.河北大学学报（哲学社会科学版），2010（1）：51-55.

第八章

城市管理的招法

※ 第一节　生活咋保障

肉类供应

▲ 城内肉铺

　　孙羊正店旁边便有一家肉铺，用于切肉的桌案看上去厚重而又坚实，外侧和两侧各有一根横枨，里侧却并没有横枨，这种设计使得掌柜站在里侧卖肉时会更为舒适。

349

这家肉铺门前挂着一块长牌子，上面写着"斤六十足"四个大字。"斤"自然是我们熟知的重量单位，"六十"指的也应是60文钱，但最后那个"足"字又是什么意思呢？

若想解开这个疑问，首先要搞清楚什么是短陌。唐代安史之乱前，市场交易几乎都是足陌[①]，也就是说某件商品的定价是60文，你必须要支付60文铜钱才能将这件商品买走。安史之乱后，朝廷见自身财政状况日趋恶化，于是便想出了短陌法，规定以85文为一陌，假如某样东西标价是一陌，也就是100文，官府想买的话，只需支付85文便可以将其买下。这实际上是对百姓的一种变相盘剥！

到了宋代，短陌不仅没有废止，反而从官方交易逐渐延伸到了各行各业，有官陌和私陌之分。官陌就是省陌（注意这个"省"字可不像很多人理解的那样是省去或省略的意思，而是尚书省的意思），宋代尚书省官方规定每陌为77文。私陌就是符合民间交易习惯的短陌法，主要分为市场通行的市陌和行业通用的行陌，比如街市通用标准是每陌为75文。但某些特殊行业却有着各自的潜规则，开封城中的鱼行、肉行、菜行规定每陌为72文，金银行规定每陌为74文，珠宝行、雇佣奴婢、买卖各种昆虫规定每陌为68文，代写书信、讼状的文字行规定每陌为56文[②]。

虽然短陌在宋代很流行，但足陌却依旧有存在价值，因为它并不需要进行换算，所以在要求精确计算的场合往往会倾向于使用足陌法，比如定罪量刑的时候："（建隆三年十二月）旧制，强盗赃满十匹者绞。庚寅，诏改为钱三千，足陌者处死。"[③]如若应用短陌法很容易引起争议，比如偷了文字行，56文就是一陌；若偷的是菜行，72文才是一陌，如此一来审判时岂不是会乱了套？因此认定赃款赃物时一律采用足陌法，也就是赃物必须足额达到3000文才会被判处死刑。

由于开封城内的肉行规定每陌为72文，若肉铺不特别标明"六十足"，那么只需支付46文或者47文便相当于60文；若是特别表明了"六十

---

① （宋代）洪迈《容斋随笔》。

② （宋代）孟元老《东京梦华录·都市钱陌》。

③ （南宋）李焘《续资治通鉴长编·建隆三年十二月庚寅》。

足"，那么顾客必须要实实在在地支付60文钱，一枚铜钱都不能少！

这家肉铺又卖些什么肉呢？生活在开封城内的宋人们又喜欢吃什么肉呢？

与今天有所不同，羊肉在很长一段时间内都位居宋朝第一肉食的地位，北宋开国皇帝太祖赵匡胤便对羊肉情有独钟，反而对猪怀有某种敬畏之心，以至于北宋前期的皇帝们几乎不怎么吃猪肉。神宗皇帝赵顼在位时，御厨一年耗用羊肉434463斤4两，同期消耗的猪肉仅为4131斤[1]，还不到羊肉消耗量的1%。

不仅皇帝爱吃羊肉，京师百官驻军早晚两餐也会供应酒和羊肉，不过低级官员的供应量却很有限。有个担任三班奉职（从九品）的低级武官每月的月俸仅为700文，羊肉也只发半斤。他感慨自己收入低，于是便在驿馆客房的墙壁上写道："三班奉职实堪悲，卑贱孤寒即可知。七百料钱何日富，半斤羊肉几时肥？"这首本是发牢骚的诗却意外走红，朝廷得知后给包括三班奉职在内的低级官员增加俸禄，同时还增加了羊肉供应[2]，堪称吐槽导致加薪的经典案例！

南宋的举子们极为崇尚大文豪苏轼的文章，普遍认为只有将他的文章读熟背熟、融会贯通后才有希望顺利考取进士，进而入朝为官有羊肉吃。因此当时流传这样一句谚言："苏文熟，吃羊肉；苏文生，吃菜羹。"[3]真可谓是书中自有千钟粟，书中自有黄金屋，书中自有颜如玉，书中自有羊肉吃！

虽然猪肉不怎么受皇帝青睐，但很多老百姓却热衷于食用价格相对低廉的猪肉。北宋大文豪苏东坡便极爱猪肉，他被贬为黄州（今湖北黄冈）团练副使时曾研发了一道以猪肉为原料的新菜，也就是后来大名鼎鼎的"东坡肉"。他还曾饶有兴致地写诗赞道："黄州好猪肉，价贱等粪土。富者不肯吃，贫者不解煮。慢著火，少著水，火候足时他自美。每日起来打一碗，饱得自家君莫管。"[4]

---

① （清代）徐松《宋会要辑稿·方域四》。

② （北宋）沈括《梦溪笔谈》。

③ （南宋）陆游《老学庵笔记》。

④ （南宋）周紫芝《竹坡诗话》。

第八章　城市管理的招法

开封外城南面的正门为南薰门，门后那条长长的御道直通皇宫，若是谁家死了人，出殡下葬的车子一律不得从此门出入——皇帝也怕沾染了他们的晦气。不过供应城内居民的猪群却可以从此经过，每次都会有上万头猪有秩序地穿过城门，驱赶这些猪的伙计虽只有区区几十个，但每个都是经验丰富并且头脑灵活之人，如此庞大的猪群从未因管理混乱而四处乱窜[1]。

▲ 城门外的猪群

羊肉适合烧烤（如羊肉串）、蒸煮（如涮羊肉）、做羹（如羊肉羹），却并不太适合炒，而猪肉却适用于各种烹饪方法，尤其是猪肉小炒既方便快捷，又美味可口，自然越来越受宋人的喜爱。

南宋朝廷仅仅拥有半壁江山，传统产羊地区几乎丧失殆尽，羊肉供给量自然是大不如前，一斤羊肉上涨到了九百文[2]，使得普通民众更加吃不起羊肉，猪肉也渐渐取代羊肉成为宋人首选之肉，一直延续到了今天。

再来说说牛肉。在《水浒传》中，那些梁山好汉们时常大口吃着牛肉，大口喝着酒。其实宋代严禁百姓吃牛肉，如有违反就如同如今吃老虎肉那样，可是要被判刑的！

牛是耕种的主力牲畜，为了严格保护耕牛，朝廷不允许私自屠宰耕牛，即使自家的耕牛病死了也必须要送到政府许可的地方进行屠宰，因此一般肉摊上根本不敢卖牛肉。

若想吃牛肉只能到黑市上寻，但价格却高得很。北宋的一位官员曾给徽宗皇帝赵佶算过这样一笔账：假如一头牛有二百斤，每斤牛肉可以卖到一百钱，那么一头牛的肉全部售出便可获得两万钱的收入，而一头活牛的价格却只有五千到七千钱[3]，可见宋代牛肉之贵！

---

① （宋代）孟元老《东京梦华录·朱雀门外街巷》。

② （南宋）洪迈《夷坚志·丁志·三鸦镇》。

③ （清代）徐松《宋会要辑稿·刑法二》。

宋代很多农民会饲养鸡、鸭、鹅等家禽，酒楼餐馆之中用鸡、鸭、鹅烹制的菜肴也有很多，走在开封街头，不时便会闻到各种美食诱人的香气，让人流连忘返！

布帛供应

吃饭和穿衣是人类两项最基本的需求，宋代衣料主要有两大类，一类为布，比如麻布、棉布等；一类是帛，指各类丝织品，明清时期称为绸缎，如今称为丝绸。

丝绸是我国享誉全世界的原创产品，是单独用蚕丝或是蚕丝与其他纤维交织而成的织物，可细分为绫、罗、绸、缎、纱、绢、绡、纺、绨、绉、葛、呢、绒、锦等14种之多，区别主要有两个：第一个是材质，纯用蚕丝还是掺入其他纤维，以及究竟掺入哪种纤维；第二个是织法，基础纹饰有平纹、斜纹、缎纹3种，后来又在缎纹的基础上发展出了提花等高端织法。

宋代皇帝所用衣料由谁来织造呢？"五监"之一的少府监下辖的五大机构不仅会让皇帝穿得暖，更能穿得好！

文思院下设绣作、裁缝作、丝鞋作、钉腰带作、缂丝作等42个手工业作坊，皇帝、后妃、官员服饰上所用的金饰、银饰和玉饰通常都会由文思院来供应，虽然都是些小物件，却可以给人眼前一亮的感觉！

绫锦院负责织造各类丝织品，汇聚了来自全国各地的纺织行业的能工巧匠。北宋初期，绫锦院的工匠便多达1034人，织机达到400余台[①]，纺车织机终日不停地响着，织造出整个大宋最高贵、最华美的衣料！

染院主要负责染色，无论是丝帛、毛线、棉线，还是绳子、皮革，抑或是纸张、藤子都能染出绚丽夺目的颜色。起初染院分为东、西两院，西染院占地面积很大，引金水河水用于染色，污水排向城外的护龙河。东染院实际上就是个仓库，所有需要染色的衣饰物品都要先放在东染院，染完

第八章　城市管理的招法

色的衣饰物品在被领取前也要先存放在那里。

　　裁造院其实就是皇家裁缝铺，主要负责裁剪衣服，后来也开始承担绣造卧房用具和仪仗器物的工作。文绣院起初隶属于裁造院，后来才得以独立出来，主要负责在衣服或者祭祀用品上刺绣。无论是裁造院还是文绣院，虽说工匠并不少，但相较于皇家巨大的需求量，有时还是显得力不从心，因此时常会临时招募民间工匠合力完成皇家订单。

　　上述五大机构主要为皇帝服务，有时也会惠及朝中官员，但普通老百姓却只能另觅他处了。

　　如今我们习惯于去服装店直接买成品衣服，但在宋代卖成品衣服的店铺并不多，即便有卖的也多是二手衣服。开封市民习惯于去布帛店买衣料，然后再去裁缝店或者自己裁制衣服。

　　宋代已经出现了专业程度很高的纺织业作坊，从养蚕到择茧，从缫丝到纺织一条龙作业，生产出来的布帛批发给布帛铺，然后再售卖给普通民众。

▲（南宋）梁楷《耕织图卷》中的上蚕、喂蚕、一眠、二眠、三眠场景

▲（南宋）梁楷《耕织图卷》中的采桑、捉绩、上簇、下簇场景

▲ （南宋）梁楷《耕织图卷》中的择茧、缫丝、络丝、经、纬、织场景

王家布帛店

　　高档布帛店通常还会兼营染色业务，经过染色的布帛不仅便于销售，还能满足不同客户的个性化要求，利润也是相当可观。不过小的布帛店却并没有染色的能力，只得委托染坊去染色。

　　相国寺前、传茗坊等处都有闻名全国的大染坊，经过染色的布帛比素色要亮丽许多。随着雕版印刷业的发展，花缬法应运而生，也就是先用雕版刻成各种精美的图案花纹，然后再印到布帛之上，极受达官贵人们的喜爱，由此涌现出了一批久负盛名的雕版大师！

　　对于乡村的农民、城市的贫民来说，他们根本没钱买布帛。即便自己养蚕，自己缫丝，自己纺织，织成之后也往往要售卖给旁人，自己却只能穿用麻布制成的衣服。

　　虽然宋代也有棉布，却受技术所限产量一直不高，直到元代科学家黄道婆改进了棉纺织机后，棉布才得以广泛使用。宋代穷苦人家主要使用麻布，就像《纺车图卷》中那两个妇人，自己虽是纺线织布人，但穿的却都是些破衣烂衫，颇有些"遍身罗绮者，不是养蚕人"的意味！

煤炭供应

百姓烧火做饭、作坊冶炼锻造都离不开燃料，那些生活在开封城中的宋人们最常使用的燃料为蒿草、木柴和煤炭，每天的需求量都很巨大。北宋至道三年（公元997年），仅仅通过官方运输途径运来开封的蒿草便有268万围，木柴有28万束，炭有50万秤[①]。

在这三种燃料中，蒿草价格最为便宜，但热量也最小；木柴热量虽然相对大一些，但燃烧时却往往会产生大量的烟；炭的热量高，烟雾小，但价格却最贵。

宋代的炭其实分为两种，一种是用木材烧制而成的木炭，另一种是从地下开采的煤，当时称为"石炭"。

通过官方运输途径运抵开封的燃料虽有很多，却主要用于官方的日常消耗，储存在司农寺（相当于农业农村部）下辖的内柴炭库和炭场。内柴炭库主要负责供应皇宫和皇帝的侍卫部队班直，炭场主要负责供应开封城内外的各政府机构，通常并不对外销售。

北宋熙宁十年（公元1077年），仅仅是专门为皇帝做饭的御厨一年便使用了木柴1450413.5斤，炭3557秤6斤[②]。做饭需要燃料，取暖需要燃料，熬药也需要燃料，生活之中处处皆需要燃料，因此皇帝嫔妃和皇室成员一年所耗用的燃料数量那是相当惊人！

不过皇帝也不能只想着自己，还得赐文武百官"薪火"，从乾德四年（公元966年）开始这已成为惯例[③]，从此官员们又增加了一项实物福利。比如宰相一级的官员，每月可以获得木柴1200束，从每年十月至正月的取暖季每月可以获得炭200秤，其他月份每月可以获得炭100秤。此外，皇帝还会赏赐给禁军将士们柴炭，以作取暖之用。

---

① （南宋）李焘《续资治通鉴长编》。

② （清代）徐松《宋会要辑稿》。

③ （南宋）李焘《续资治通鉴长编·乾德四年》。

除此之外，朝廷很多以手工业制造为主的官方部门，如窑务（烧造陶瓷器的单位）、染院（负责布帛染色的单位）、铸钱监（铸造铜钱的单位）、军器监（制造兵器的单位）、煎胶务（熬制药用胶的部门，类似于阿胶）等，为了完成全年生产任务也需要大量燃料。

即便每年都会向开封输送大量燃料，却也仅仅够皇家和官方所需。开封城中的普通百姓大多买不起炭，只能买些蒿草或木柴来用。开封城郊很多人以砍伐木柴、收割蒿草为生，砍伐收割后便运进城中去售卖。比如，《水浒传》中的石秀自幼父母双亡，终日以卖柴为生。虽然木柴和蒿草相对便宜，但生活穷苦的百姓却依旧买不起，只得自行到郊外去砍伐收割。

▲ 开封郊外运输煤炭的驴队

在《清明上河图》中，两人一前一后扬着手中的鞭子，驱赶着五头驴子向开封城的方向缓缓走去，每头驴的身上都驮着装满煤炭的竹篓。进城后，他们便会把这些煤炭拿去售卖。

▲ 开封城外的炭铺

第八章 城市管理的招法

357

开封城中专门设有大型交易市场炭坊，大街小巷之中还散落着一些卖炭的商铺，不过却只有家境相对殷实的家庭才能买得起炭，穷苦百姓一般消费不起。

每年人们对燃料的需求量很大，可树木生长得又比较缓慢，供求之间的矛盾日益凸显，于是新型燃料煤（当时被称为"石炭"）开始被大量使用。最迟从北宋熙宁七年（公元1074年）开始，开封城中的官营手工业作坊便开始使用石炭，石炭也被列入官方运输名单之中，被称为"石炭纲"。

朝廷将石炭列为官府专卖商品，还建立了管理机构"石炭场"。石炭场与之前的炭场虽只有一字之差，职能却有着很大差异。炭场隶属于司农寺（相当于农业农村部），只有收储和划拨木炭的权力，并不能随意对外售卖；石炭场却隶属太府寺（相当于市场监督管理局），所储存的石炭除了供应皇家和官府外，还可以销售给普通百姓。

随着煤的开采量不断增加，汴河两岸各设立了十所官营石炭场[1]，极大地满足了百姓们对石炭的需求。与此同时，开封城中也涌现出了街东车家炭、州桥炭张家等知名的炭铺，它们既供应木炭，也提供石炭，炭团（类似于如今的煤球）、香饼子[2]（专门为了焚香而制成的煤饼）等煤炭产品，广受开封市民的喜爱。

水的问题

《清明上河图》中共有两口水井，其中一口在郊外的田地之中，另一口在"赵太丞家"医馆的西侧，井旁有一棵大柳树为这口井遮阴。井四周是用青砖或青石砌成的方形台面，四壁用条形砖垒砌，特别之处是井口被木棍分割为田字形，井的北面和西面用土夯筑有矮墙，以防尘土被刮落到井中。

---

① （清代）徐松《宋会要辑稿·职官五六》。
② （宋代）孟元老《东京梦华录·诸色杂卖》。

井口放有五个水桶，三个人正在打水，其中一人正往井内放井绳，他左手扶着绳，右手还有几圈未放完，垂到井中的水桶应该已经接近井水了；另有一人双手正在挽着井绳，似乎已打完井水，正将桶从井中拽上来；还有一人将扁担放在肩头，双手扶着扁担，正准备挑着水回家。

作为一座人口众多的大城市，居民饮水是关系到国计民生的大事。虽然开封附近水源丰富，水网密布，更是有四条河流穿城而过，但饮水却一直是困扰开封市民的一个老大难问题，甚至还曾发生过百姓大规模渴死的恶性事件。

由于蔡河、汴河和五丈河泥沙含量太大而难以饮用，唯有金水河的水质较为优良，于是朝廷修建沟渠将金水河的水从天波门一直引到皇城宣德门前，在御街向东转，绕过太庙。水堤两岸大量种植树木。车马经过的地方还会用石头搭建桥梁，以免污染水源。同时，朝廷在水堤沿途凿出许多口方井[①]。

北宋庆历六年（公元 1046年），仁宗皇帝赵祯又新开凿了三百九十口井，在此之后，即便遇到大旱，史书之中也未曾再有大规模渴死人的记载，可见此举基本上解决了城中百姓的用水问题。

由于金水河是开封市民赖以生存的重要水源地，朝廷对金水河采取了极其严格的保护政策：严禁在金水河流经的河道上私搭乱盖；私自开掘沟渠偷引河水亦属于违法行为；有些河道处于封闭或半封闭状态，即便在封闭物上放置重物也会被给予"杖八十"的处罚。

第八章 城市管理的招法

---

① （元代）脱脱等《宋史·河渠四》。

如若发现上述违法行为，向巡逻的巡卒或者管理河道的工作人员控告，抓获犯罪人员后将会奖励三贯钱，不过这笔奖金却并非由政府买单，而是从罪犯的私有财产中扣除①。

皇宫用水也取自金水河，为了加强调度，他特地将金水河流经开封城内的重要河段交由西水磨务来进行管理。西水磨务是司农寺的下属部门，主要职责是用河水磨麦子并供皇宫和百官使用，因此在那里任职的官员大多精通水利。朝廷要求他们不管河水涨落、流量多少，必须要保证皇宫、太庙、万寿观等重要区域的供水，稍有差池便会问责涉事官员！

开封城地势低平，附近河道纵横，每到春夏暴雨季节，排水便成为另外一个棘手问题。同时城中人口众多，还有大量流动人口，每天会产生大量的生活垃圾和污水。城中还有数不胜数的手工业作坊，每天也会产生大量的生产废料和污水，若是处置不当将会严重影响城市环境卫生和居民出行生活，甚至还可能会引发瘟疫蔓延。

为了妥善解决排水问题，朝廷在开封城内挖掘了各种暗渠水沟并与城内外各个河道相连，以便及时将城中积水排出去。对于城中的253条排水渠，开封府也派出士卒定期进行巡逻，以免被百姓丢弃的垃圾灰烬堵塞②。每年二月，开封府还会征调民壮对排水渠进行整修疏浚，从而保障排水渠的畅通。

① （南宋）李焘《续资治通鉴长编·元符元年十月戊子》。
② （南宋）李焘《续资治通鉴长编·天圣四年秋七月丙寅》。

※ 第二节　报警找谁去

宋代的匪警

开封城中拥有近百万人口，若是不慎被盗被抢，又该到何处去报警呢？

开封城内外官衙众多，既有中央机构，也有地方机构，还有专门负责皇帝嫔妃的内省，可谓是林林总总。若是跑错了地方，不光解决不了问题，说不定还会吃板子。

在众多的行政机构之中，拥有治安管理权的机构主要分为两大体系。

第一个体系是以开封府为中心的行政体系。府一级负责治安管理的部门有好几个，分别是开封府界提点司、开封府界提刑司、开封府界提举贼盗巡检公事司、提点开封府界诸县镇公事司，注意这几个部门都是编制外部门，并未纳入国家正式编制，负责这些部门的长官都属于差遣性质。宋代官制的一个特点就是同一件事却有好几个部门同时在管，新部门隔三岔五就会出现，以至于有时连他们自己都搞不清楚这件事究竟该由谁来管！

开封城中设立了厢，厢在唐代属于军事建制，厢的最高行政长官为都所由，主要由虞候等中下级武官担任，最初主要承担维护京城稳定等军事职能。

不过随着开封人口的急剧膨胀，原有的府县两级机构越来越难以应对，所以厢的数量也不断增加，起初只设立8厢，后来连城外的近郊也陆续设立厢，最终增至17厢，下辖135个坊。管辖坊数最多的厢为新城城西厢，管辖25坊之多；管辖坊数最少的厢如京东第一厢、第二厢，京北第二厢都仅仅管辖1个坊。地处郊区的外城外9厢总共才管辖14坊，不过管辖地域并不小，只是因为相对比较偏僻，与城中相比人口很稀疏，所设的坊就

第八章　城市管理的招法

比较少。在数量不断增多的同时，厢也承担起消防、治安等行政职能，渐渐被纳入行政体系之中，对下管辖坊，对上开始接受由文官担任主官的都厢的领导。

北宋熙宁三年（公元1070年），神宗皇帝赵顼设立了新城左、右厢和旧城左、右厢，在京朝官中选拔曾经担任过通判、知县的官员担任上述四厢的主官。这四厢比之前设立的17厢级别更高、权力更大、地域更广，民间称之为"都厢"，由此形成了开封府、都厢、厢、坊四级管理架构。

假如将开封府比作如今的北京市，4个位于开封城中的都厢就好比是北京市下辖的东城区、西城区，位于最核心、最繁华的区域；厢就好比是东城区、西城区下辖的街道办事处；坊就如同街道办事处管理的居委会。

隶属开封府的开封、祥符两县的管辖范围名义上仍包括开封城，但实际管辖的区域却只有城外的郊区，外城外9厢仍旧归属两县管辖。除了这两个赤县，开封府还管辖着15个畿县，有的距离开封城还算近些，类似于北京市下辖的昌平区、通州区；有的却距离开封城比较远，类似于北京市下辖的延庆区、密云区。

第二个体系是以三衙为中心的军事体系。殿前司、侍卫马军、侍卫步军合称"三衙"，统领禁军部队。四个都厢均设有厢巡检，由禁军之中的都指挥使一级的将领兼任。厢巡检统领一定数量的士卒，承担着防火防盗、解送公事、申报平安等职能。厢巡检之上还设有都巡检，旧城都巡检由侍卫马军司的长官兼任，新城都巡检由侍卫步军司的长官兼任，开封城四面各设一名都巡检，由侍卫步军司的长官兼任。

仁宗皇帝赵祯从京城驻军之中挑选精干军士驻守军巡铺。开封城内坊巷之中，每隔三百多步便设立一所军巡铺，负责纠察一切违法事项。它们既是负责社会治安的派出所，也是负责灭火的消防救援站，还是负责城市管理的综合执法队。

　　《清明上河图》中的这处院落的用途一直众说纷纭。有的学者认为是一处大户人家，但这处院落的大门上却有四行门钉，每一行均有五枚门钉，而寻常人家是不允许使用门钉的；同时，门上似乎还张贴着告示，因此这里应该是一处官衙。不过这处院落并不大，建筑等级也不高，因此应该并不是什么大衙门。

　　有的学者认为这是一处递铺。重要公文的传递往往会通过驿站，驿站负责供给马匹和船只；一般公文的传递不能使用驿站，但传送公文的人也需要在中途歇歇脚，喝口水，专门为这类人服务的递铺便就此诞生了。

　　不过这处院落却不太像是递铺，门口横七竖八地坐着几个人，其中四人昏昏欲睡，此外还有一人躺在地上熟睡，居然睡得连裤子都掉落下来都不曾察觉，露出了里面的内裤。

① 消防用具
② 告示
③ 四行五列门钉
④ 熟睡的铺兵

露出内裤的
熟睡铺兵

　　他们的身旁还放着一根根长长的杆子，看上去既不像是宋代的制式兵器，也不像是朝廷的仪仗用具，比较像专用的消防用具，所以此处应该是一处军巡铺。

　　不过据《东京梦华录》记载，每个军巡铺只有铺兵五人，而此处仅仅是院门口，或坐或躺的便有八人之多，人数似乎与历史记载有些不太相符。其实《东京梦华录》的这段记载未免有些太过绝对，毕竟开封城内外的军巡铺有大有小，所属铺兵数量自然不会一模一样。军巡铺昼夜都要有人值班，应对可能发生的突发事件，若总共只有五人，恐怕连排班都会很困难，因此很有可能是每个军巡铺每班有五人。

　　《清明上河图》中的这些铺兵之所以表现得很是懒散，或许是因为他们刚刚值了一宿夜班，抑或刚刚灭火归来。

　　当你穿行在开封城内外，如若遇到小偷小摸这样的普通治安案件，可以直接去军巡铺报案。城中大街小巷遍布着一个又一个军巡铺，铺兵接到报案后会在第一时间对犯罪嫌疑人进行抓捕。如果遇到故意杀人、故意伤害等重大刑事案件，你也可以直接向更高一级的厢去报案。

　　开封府所属机构只能管内城和外城，皇帝嫔妃们居住的宫城的治安由皇城司来负责。皇城司内设有亲从官和亲事官，亲从官负责皇城治安；亲事官与明代锦衣卫差不多，主要从事特务活动，暗中侦查官吏们有没有非法举动，将士们有没有叛乱迹象，百姓们有没有过激言行。很多官员便栽在皇城司的手中，比如仁宗朝群牧判官李寿朋被皇城司告发大搞享乐主义、奢靡之风，很快便被贬为知汝州（今河南汝州）[1]。

---

① 　（元代）脱脱等《宋史·李若谷传》。

开封府下辖的畿县属于农村地区，在北宋前期实行乡里制度。里正主要负责征收赋税，耆长负责率领本村身强体壮的男子维持治安，抓捕盗贼。王安石变法后，乡村地区也实行保甲制度：十户为一保，设保长；五十户为一大保，设大保长；十大保为一都保，设都保正、副保正。拥有两个男丁以上的家庭需要选派一名青壮年男子充当保丁，定期参加军事训练并且随保正或保长们维持当地治安[①]。

保甲法设立的初衷既是"捕盗"，更是"弭盗"。以抢劫偷窃为毕生奋斗目标的职业盗贼终究是少数，更多的盗贼白天是良民，晚上才变身盗贼四处劫掠。保甲法无疑编织了一张严密的治安网络，不仅使盗匪难以得手，还很容易暴露自己，因为他们的左邻右舍都已成为官府的眼线。

若是在乡村被偷了，被抢了，最有效的办法就是立即禀告当地的保长，由其出面缉捕盗贼。他们通常也不会袖手旁观，因为若是成功捕获盗贼将会获得官府的奖励。朝廷为此还出台了专门的奖励规定《编敕赏格》，除了赏格中规定的奖金外，他们还会获得额外奖励，金额大小与盗贼量刑轻重密切相关：每捕获一名判处有期徒刑以上的盗贼赏钱三千文；每捕获一名判处杖刑以上的盗贼赏钱一千文。"重赏之下必有勇夫"，此举极大地激发了保长、保丁们缉捕盗贼的热情！

宋代的火警

随着坊市制度的终结，开封城也展现出前所未有的活力，但也面临着前所未有的消防压力。唐长安城实行严格的坊市制度，用于居住的坊与用于交易的市严格分开，各坊均建有高大的坊墙；晚上实施宵禁，如若没有紧急事务不得随意上街，否则便会受到相应惩处，因此绝大部分百姓只要天一黑便会关灯睡觉。

可到了宋代，坊墙拆除了，各式店铺如雨后春笋般不断涌现，甚至还

① （南宋）李焘《续资治通鉴长编·熙宁三年十二月乙丑》。

私搭乱盖，大肆侵街；宵禁也取消了，即便是半夜时分，很多瓦子、妓院、夜市、酒楼、餐馆、茶肆依旧是灯火通明。

大量外来人口涌入开封城中，居住需要房子，经营也需要房子，建造楼房的成本很高，只得最大限度地利用平面空间，以至于屋挨着屋，房靠着房，几乎每一块空地都被利用起来，甚至连街道、河边都不放过，侵街、侵河的现象也是屡禁不止。

城内砖瓦房所占的比例却并不高，绝大多数房屋都是用茅草覆顶，很容易起火，又失去了坊墙的阻隔，往往是一家起火很快便会殃及邻里，进而迅速向四周蔓延开来。

面对如此严峻的形势，官府只得大力规范百姓日常用火，要求百姓经常打扫厨房，尤其是要清除灶前剩余的柴火①，以免因疏忽大意而引发火灾。虽然很多店铺都是通宵营业，但官府对普通百姓夜间用火的管理却比较严格，通常并不允许在夜间掌灯，做完晚饭后便要熄灭灯烛，以防夜深人困时不慎引起火灾②。如若因祭祀或丧葬等特殊情形需要夜间用火，必须提前向所在厢坊报告，即便是官员也不例外。

① （宋代）袁采《袁氏世范》。
② （宋代）李元弼《作邑自箴》。

仁宗朝枢密使狄青就曾因未及时上报而引发一场政治风波，在政敌的攻击下被贬往陈州（今河南周口）。陈州出产一种梨，名叫"青沙烂"，因此曾有人劝过狄青，此一去恐怕便会烂死在陈州。果不其然，狄青很快便郁郁而终，年仅五十岁。在此后七十一年的时间里，直到北宋灭亡，武官再也没能担任过枢密院正职，即便是副职也几乎都是文臣。

《清明上河图》描绘的开封城内的各色建筑，放眼望去全都是清一色的瓦房，这是因为朝廷大力倡导以瓦易草，积极推广用砖瓦建房，城内外的军营、官舍陆续接受了房屋提升改造，也有很多民居换成了瓦房顶。

367

▲ 开封郊外的茅草屋

　　不过在开封城外居住的却多是穷苦人，终日为了温饱而奔波忙碌，没有闲钱买瓦，更没有时间进行改造。那些简陋的茅草房极易燃烧，存在着极大的消防安全隐患。

　　即便是防火政策再有效，拥有近百万人口的开封城中仍旧时不时便会发生火灾。军巡铺的重要职能就是防火灭火。夜晚通常是火灾高发时段，铺兵们要在夜间定期巡逻，督促辖区内居民按时熄灯，消除火灾隐患，及时发现火情。

　　地势稍高之处还会建有望火楼，令专人在楼上值守，以便尽早发现火情，及时报警。望火楼下通常有官舍，驻兵五百余人，随时准备去灭火，还会配备大小桶、洒子（灭火用的喷壶）、麻搭（扑打火苗的杆子）、斧锯、梯子、火叉（拨火用的铁叉）、大索（长绳索）、铁猫儿（救火用的铁钩子）等消防用具[①]。

　　一旦发生火灾，军巡铺、望火楼的军士们会立即携带消防器械，奔赴失火地点进行扑救，同时迅速报告失火地段的厢坊负责人、开封府尹以及三衙（殿前司、侍卫亲军马军司、侍卫亲军步军司）的长官。

　　在灭火过程中，各支救火队伍往往是密切配合，有的划定警戒区域，疏散闲杂人等，维持现场秩序；有的营救受伤居民，将其送到相关地点进行救治；有的抢救财产，避免遭受更大损失；有的运水灭火，遏制火势蔓延。

---

① （宋代）孟元老《东京梦华录·防火》。

▲ 望火楼

《清明上河图》中的望火楼上却空无一人，望火楼下的官舍早已变为了饭馆茶肆，可见到了北宋末年，消防管理日渐松懈，表面的繁华之下其实危机重重。

在救火过程中，如若火势实在太大，难以控制火势的蔓延，往往会将周围的建筑物统统拆除——没有了可以继续燃烧的物质，火势自然会慢慢变小，扑救的难度也会大幅下降，这个办法也一直沿用至今！

不过这个颇为有效的灭火措施也为那些别有用心之人提供了可乘之机。他们往往并不专注于救火，而是在火灾附近区域寻找相对富裕些的人家，找到之后便用手中的铁猫儿钩住人家的屋子，趁机勒索些钱财。如若对方不肯或者满足不了他们的胃口，他们便会以阻断火势蔓延为由将人家的房屋硬生生拽倒拆掉。

对于这些害群之马，官府会根据他们攫取的不义之财的数量从重定罪，如若情节极其恶劣，也会直接上奏皇帝来进行惩处！

宋代户籍警

汉唐时期盛行的坊市制度在宋代走向了终结，之前以坊为单位进行户籍管理的旧法子自然也就行不通了，只得另行探索新型户籍管理制度。户籍管理不仅是要摸清有多少人口，而且关系到能否及时足额地征税，还关系到社会治安与社会福利，可谓是基础性、支柱性行政管理制度。

随着工商业的快速发展，户籍管理制度也发生了重大变革，将人口按照居住地划分为乡村户和坊郭户，类似于如今的农业户口和非农业户口。凡是居住在城市里的居民被称为"坊郭户"，居住在府、州、军、监城池之内的居民被称为"州坊郭户"，居住在县城里的居民被称为"县坊郭户"，居住在市镇城池之中的居民被称为"镇坊郭户"。坊郭户的范围后来又有所扩展，距离城池比较近的郊区（比如开封城外的外城外9厢）的居民也被列入其中。探索建立城乡二元化户籍管理模式无疑是户籍管理制度上的重大进步。

宋代实行严格的户籍登记制度，不仅要详细登记每一户的人口数量、人员状况、财产情况等基本信息，还会对其进行等次评定。开封府还会将坊郭户按照从事的职业划分为"坑冶户""园户""机户""染户""绣户""匠户""药户""染户""陶户""酒户"等类型，以便依托行会的力量对他们加强管理。

随着坊墙的拆除，坊与坊之间已经失去了物理上的阻隔，以街巷为单位进行管理的办法渐渐失效，于是政府强制推行"户牌制"，也就是每家每户的门前都要悬挂一块户牌，相当于将家中的户口本做成牌子挂在最为显眼的地方。户牌上要写明户主、妻子、子女、奴仆、寄居亲友等共同生活人员的姓名、年龄、相貌特征等。家中若是有人去世，要及时将死者的姓名从户牌上抹去；如若娶了媳妇、生了孩子、招了仆人，还需要将他们的信息也写在户牌上。若是家中有亲友前来投靠，还需要登记他们的信息并写明前来投靠以及预计离开的时间。

每月的初一、十五，厢巡检会派遣巡卒挨家挨户查核人口变化并对户牌上的信息进行更正，同时将这些户籍变化情况登记在册，送交厢里归档备查。

在每家每户设置户牌的同时，居住区还要设立街楼，列明本坊巷名称、人口数量等基本信息，便于在抓捕罪犯、抢险救灾时快速掌握坊巷的基本状况，从而制订更为科学有效的搜捕方案或者营救方案。

户牌与街楼制度为实现户籍精细化管理提供了重要支撑，但也会带来一定的负面影响，因为户牌将家中情形写得清清楚楚，明明白白，无异于将家中隐私毫无保留地告诉了外人。一些不安好心的泼皮无赖专门挑选家中没有男人的女户（一家全是女人）下手，无端地惹出了许多是非。

《宋刑统》会对故意隐瞒户籍的人员进行相应的处罚。若是不如实申报本家所有户口，称为"脱户"，家中主事的男子，也就是"家长"，将会被判处三年有期徒刑。如若这个家庭并不承担赋税和徭役的责任，罪责将会减轻二等，如若是女户又会减轻三等[1]。若是隐瞒家中部分人口（即脱口），增减年状（即篡改年龄，比如虚增年龄而享受老人的相关优惠政策，或者虚减年龄而享受小孩的相关优惠政策），最高可判处三年有期徒刑[2]。

开封府下辖畿县的乡村户基本上都从事农业生产，自然也就无须按照职业进行分类。北宋前期为里正，后期为保长，负责对辖区内百姓户籍进行管理，如果玩忽职守或者滥用职权也将受到法律惩处。

除了常住人口之外，开封城中还有数量众多的流动人口，对这些人的管理也没有放松，管控的重点就是这些人来开封后的居住地。来开封当仆人、使女的人通常会住在雇主家中，雇主必须及时进行申报，厢巡检会派人定期更正户牌信息，及时将这些人的信息添加上，将其纳入行政管辖范围之内。

稍稍富裕一点的人来开封后往往会选择住在旅馆中，每一家旅馆都必须按照官府要求留存"店历"，详细登记客人往来住宿的有关情况，遇到逃兵、逃犯不仅不能容许他们住宿，还要及时报告官府；对于入住手续不全的人不能留宿；对于手续齐全的客人的行踪也要留意，发现可疑行径及时禀告官府。

① （北宋）窦仪《宋刑统·户婚律》。
② （北宋）窦仪《宋刑统·户婚律》。

※ 第三节　慈善怎么搞

林林总总的福利机构

福田院原本是唐代寺院创办的慈善组织。"福田"是佛教用语，佛教徒相信"轮回报应"，施贫救苦会"行者得福"，就如同种田会有所收获一样，因此施贫救苦等善举皆被称为"福田"。

北宋初年，政府继续沿用唐代旧例，在京城开封设置了东、西福田院，但偌大的开封城中能够得到接济的却仅仅只有24个人①。英宗皇帝赵曙又增设了南、北福田院，每院统一建制，各盖房屋50间，收容300人，四处福田院共有房200间，可收容1200人，规模较以前有了大幅增加，运营所需经费由官府拨给。

北宋元符元年（公元1098年），哲宗皇帝赵煦创建了居养制度，但直到徽宗在位时期，在宰相蔡京的大力倡导之下，居养院才得以快速发展起来，从都城开封到外地州县，甚至连城镇之中都设有居养院。

居养院起初的定位是官办养老院，主要是为了使那些老无所依的老人安度晚年，不过后来救助范围却有所扩大，没人抚养的幼儿、没人照料的病人、没饭可吃的残疾人、没地可住的乞丐都可以申请入住居养院。

与福田院有所不同的是，官府会派驻官吏对居养院进行监管，因为居养院所需经费主要来自官府收缴的那

▲（明代）周臣《流民图》（局部）

① （元代）脱脱等《宋史·食货上六》。

些无人继承的财产。福田院与今天的福利院类似，都是让受助者集中住在一起进行供养，但居养院却是分散居住，所住房屋就是那些户绝者所遗留下并被官府征收的房屋。

此外，朝廷还建立了安济坊，服务对象是患病的贫民，凡是病卧无依之人都可以送入安济坊进行医治。安济坊与居养院同时设立，一起发展，不过之后却随着蔡京宦海沉浮而几度兴衰。等到南宋建立后，居养院和安济坊都渐渐走向衰落，它们的职能逐渐被养济院所代替。

养济院设立之初的职能定位是综合救助站，每年隆冬时节，相关人员按照朝廷指令在大街上搜罗无家可归的乞丐，将其收养到养济院中，收养时间是从十一月一日至转年二月，若是天气仍旧寒冷，可以宽限到四月底，要是有病的人甚至可以被供养到七月新粮下来之后①。养济院的职能后来不断扩展，兼具居养院和安济坊的职能，开始赡养老人，收治病人。

未成年人保护措施

南宋绍兴八年（公元1138年），高宗皇帝赵构正式下诏，在全国范围内实行生育补贴制度，禁止民间生子后随意遗弃，如果确实因为家庭贫困而无力抚养，政府将会给予一定的补贴②，不过却并未明确具体发放标准。

南宋乾道五年（公元1169年）四月，孝宗皇帝赵昚明确了生育补贴发放标准——每生一个孩子给予一硕常平米和一贯钱③。在妻子怀孕分娩期内，朝廷还会豁免她丈夫的各种杂役，使其有更多的

▲ （明代）周臣《流民图》（局部）

---

① （南宋）潜说友《咸淳临安志》。

② （元代）脱脱等《宋史·高宗本纪六》。

③ （清代）徐松《宋会辑稿·食货五九》。

时间照顾怀孕的妻子，对鼓励生育起到了积极作用。

对于那些生下孩子后无力抚养的贫困家庭，政府还是采取特殊保障政策。各州县乡村户五等以下、坊郭户七等以下的贫困家庭，若是遇到抚养困难，不管是生男还是生女，按照每人四千文的标准支付现钱①，不过很快便改为支付义仓米一斛。之所以要变更支付方式，主要是因为资助贫困家庭的资金大多来自免役宽剩钱，也就是相对富裕的人家不愿意到官府服劳役，为了求得豁免而支付一定的金钱。但富人们通常与官府交结很深，会用各种办法来逃脱劳役，因此各地官府入库的免役宽剩钱数额有限，渐渐无力支付资助，而常平义仓存储的粮食却相对丰盛，于是便改为支付义仓米。

每每到了大灾之年，那些灾民不愿自己活活饿死，更不忍眼睁睁地看着儿女活活饿死，万般无奈之下只得卖儿鬻女，价格惊人的便宜——一斗米便可买一个妇女，半斗米便可买一个孩子。等灾难过后，灾民们渐渐安顿下来，其中一些人便想着要将卖出去的妻子儿女再赎回来，却又碍于囊中羞涩，此时便可请官府代为赎回②。

灾害来临时，很多灾民甚至会将自己的孩子遗弃在路边，对于这些被遗弃的孩子，官府自然无力全部收养，于是便鼓励民间收养弃婴，还为此专门出台了养子法令，通过法律形式确认收养者与养子女之间的父子或母子关系，之后即便是亲生父母找来了也不能相认。同时官府每月还会给收养者一贯钱和三斗米，连续支付三年③。

等养子长大之后，养父母膝下并无儿女，养子若是胆敢随意离开，狠心抛弃养父母，将会被判处两年有期徒刑。如若养子女不足三岁时便被养父母收养，养父母还可以让他改姓自己的姓④。收养被遗弃儿童的年龄原本

---

① （南宋）留正（据传）《皇宋中兴两朝圣政》。

② （元代）脱脱等《宋史·太宗本纪二》《宋史·真宗本纪二》《宋史·仁宗本纪三》。

③ （南宋）吴自牧《梦粱录·恩霈军民》。

④ （北宋）窦仪《宋刑统·户婚律》。

为三岁以下，但从南宋乾道元年（公元1165年）开始提高到了十岁[1]，此举使得更多的儿童被人收养，从此过上了相对稳定的生活。

对于无人收养的弃婴，各县知县也要妥善处置，通常会交由县尉去具体办理。年龄稍大些的孩子，若是生活能够自理，官府往往会将其交由寺观进行抚养，官府会按照抚养人数定期给寺观提供钱米。寺观主持每半月需要向官府汇报收养弃婴的人数及身体健康情况，如果有弃婴患有疾病，官府也会直接提供药品或者请医生前去诊治。

虽然朝廷是如此规定的，但知县、县尉平日里公务繁忙，自然没有太多精力来关注此事，导致部分地区的弃儿抚养问题始终得不到妥善解决，于是慈幼庄、婴儿局、幼儿局便应运而生了。但它们都是有良知、有能力的官员在特定区域内所办的儿童收养机构，全国性机构还未曾出现。

南宋淳祐七年（公元1247年），理宗皇帝赵昀下诏在南宋都城临安府创办慈幼局，专门收养被遗弃的儿童，后来又陆续推广到其他各地[2]，使得不计其数无依无靠的孩子们得以长大成人！

福利公墓漏泽园

"死无葬身之地"并非只是一句诅咒，而是客观现实，因为很多挣扎在社会最底层的人活着很不易，死也死不起！

鉴于很多穷苦百姓无钱安葬，北宋元丰二年（公元1079年），官办公墓漏泽园在开封府应运而生。

其实在此之前，官府也会出钱安葬那些倒毙街头后迟迟无人安葬的人——有的没有家人，有的虽有家人却一时联系不上，有的虽能够联系上却无力安葬。由于并无官办公墓，大多只能在近郊找个地方草草安葬。

漏泽园设立之后，那些无人来认领的尸骨便有了集中安置的场所。北宋崇宁三年（公元1104年），徽宗皇帝赵佶诏令各地官府普遍设立漏泽

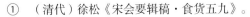

① （清代）徐松《宋会要辑稿·食货五九》。
② （元代）郑元祐《遂昌山樵杂录》

园，通常每个县会设立一到两所漏泽园，但个别财力比较雄厚的县也会设置多所漏泽园，规模也不尽相同，大的占地三五顷，小的不过才几十亩。

安葬死者需要采买棺材、购置物品，官府对相关安葬费用有专门经费予以保障。真宗皇帝赵恒下诏，成年尸身的棺材按照六百文的标准、幼儿尸身的棺材按照三百文的标准进行采买。神宗皇帝赵顼将相关丧葬费支出标准提高到了两千文，所需经费从政府管理的户绝人家遗留的财产中支付，不过后来徽宗皇帝赵佶又将相关经费支出改为从常平钱中支付。南宋高宗皇帝赵构在位时将丧葬费的标准提高到了三千文。丧葬费标准的一路上涨也反映了宋代通货膨胀日趋严重，不仅影响着活人，连死人都不会放过！

［1］韩顺发，刘颖林.《清明上河图》事物考［J］.中国历史文物，2005（2）：5.

［2］毛金帅.钱陌研究［D］.昆明：云南大学，2012.

［3］马泓波.宋代火禁制度初探［J］.社会科学研究，2011（1）：4.

［4］陈德文.北宋东京城管理机构浅析［J］.遵义师范学院学报，2007，9（1）：3.

［5］张新宇.试论宋代漏泽园公墓制度的形成原因和渊源［J］.四川大学学报（哲学社会科学版），2008（5）：127-133.

［6］郭文佳.宋代幼儿生养与救助述论［J］.烟台大学学报（哲学社会科学版），2003，16（3）：6.

［7］郭文佳.宋代官办救助机构述论［J］.信阳师范学院学报（哲学社会科学版），2003，23（2）：118-121.

［8］陈鸿彝.宋代城市治安管理模式杂谈［J］.公安大学学报，2001（2）：7.

［9］杨瑞军.北宋东京治安研究［D］.北京：首都师范大学，2012.

［10］陈德文.北宋东京城管理研究［D］.长沙：湖南师范大学，2007.

［11］王赛时.论宋代肉鱼食品的资源供应与食用结构［J］.饮食文化研究，2004（1）：19.

［12］张蓓蓓.论宋代纺织技术与丝绸服饰质料［J］.丝绸，2012（2）：47-51.